O.W. BARTH ✶

Jack Kornfield

Wahre Freiheit

Der buddhistische Weg,
in jedem Augenblick
glücklich und geborgen zu sein

Aus dem amerikanischen Englisch
von Jochen Lehner

O.W. BARTH ✱

Die amerikanische Originalausgabe erschien 2017 unter dem Titel
»No Time like the Present« bei Atria Books, ein Imprint von
Simon & Schuster, Inc., New York, USA.

Leserhinweis: Namen und Eigenschaften von wirklichen Personen
sind geändert worden. In einigen Fällen sind Aspekte
von verschiedenen Personen zu einer zusammengefasst worden.

Besuchen Sie uns im Internet:
www.ow-barth.de

© 2017 Jack Kornfield
Für die deutschsprachige Ausgabe:
© 2018 O.W. Barth Verlag
Ein Imprint der Verlagsgruppe
Droemer Knaur GmbH & Co. KG, München
Alle Rechte vorbehalten. Das Werk darf – auch teilweise –
nur mit Genehmigung des Verlags wiedergegeben werden.
Redaktion: Ralf Lay
Covergestaltung: ZERO Werbeagentur, München
Coverabbildung: Nngk Phakayaem / Alamy Vektorgrafik;
© FinePic / shutterstock
Illustration im Innenteil: Myper / Shutterstock.com
Satz: Sandra Hacke
Druck und Bindung: CPI books GmbH, Leck
ISBN 978-3-426-29282-2

2 4 5 3 1

Für meinen Zwillingsbruder Irv,

diesen Liebhaber des Lebens,
Abenteurer und ungezügelten Geist.

Ein Vogel singt nicht, weil er Antworten weiß,
sondern weil er ein Lied hat.
Joan Walsh Anglund

Inhalt

Einladung zur Freiheit   13

ERSTER TEIL: Freier Geist   19

1 In der unendlichen Weite zu Hause   21
Der Tanz des Lebens 21 · Der Erkennende 23 ·
Heilige Stille 25 · Liebendes Bewusstsein 26 ·
Von Hyänen gehetzt 28 · »In Liebe ausruhen« 29
Übung: Bereit sein für das liebende Bewusstsein 30 ·
Übung: Weit wie der Himmel 31

2 Frei sein für die Liebe   33
Die Kraft der Liebe 33 · Die vielen Gesichter
der Liebe 36 · Die Furcht, zu lieben 38 · Mit Liebe
antworten 40 · Das Glitzern in deinen Augen 41 ·
Begegnung mit den Göttern 44 · Liebe verkörpern 45 ·
Liebe frisch gebacken 46 · Liebe bringt Achtung mit
sich 48
Übung: Metta, die Meditation der Herzensgüte 50

3 Dem lebendigen Universum vertrauen   53
Unseren Garten pflegen 53 · Der Tanz des Lebens 56 ·
Weises Vertrauen 58 · Das Ende der Verzweiflung 62 ·
In den Armen eines lebendigen Universums 64 ·
Vertrauensvoll altern 68
Übung: Auf das große Ganze vertrauen 69 ·
Übung: Dem tiefen Wissen vertrauen 69 ·
Übung: Inspirierendes Vertrauen 70

4 Ewige Gegenwart   72
Nur dieser Augenblick 72 · Das Jetzt bemerken 74 ·
Die moralische Mathematik des Augenblicks 77 ·
Anfängergeist 78 · Wie also sollen wir leben? 80 · Einen
Schutzraum finden 82 · Zeitlosigkeit in der Natur 83 ·
Die Liebe zum Augenblick 85 · »Speziell für Sie« 86
Übung: Aus der Zeit heraustreten 89

ZWEITER TEIL: Was die Freiheit hindert   91

5 Die Furcht vor der Freiheit   93
Trauma, Angst und Freiheit 93 · Selbsthass 97 ·
Es allen recht machen wollen 99 · Die Furcht vor dem
Absturz 101 · Bedenkenlos handeln 102 · Sich gegen
den Wind stemmen 104
Übung: Unerwartete Hilfe in schwierigen Zeiten 108

6 Verzeihen   111
Sich und anderen verzeihen 111 · Unsere Biografie
legt uns nicht fest 113 · Der Vergangenheit ihr Recht
geben 116 · Die Göttin des Erbarmens 118 · Mut und
Klarheit 119 · Wahre Versöhnung 121 · »Ich bring
dich um« 123 · Loslassen, der Schlussakkord 124
Übung: Vergebungsmeditation 126

7 Frei sein von verstörenden Gefühlen   129
Für unsere Feinde beten 129 · Innere Kräfte 132 ·
Frieden schließen 134 · Konflikte lösen 137 · Sich den
Dämonen stellen 138 · Wie Mitgefühl wächst 140
Übung: Mitgefühl 142 ·
Übung: Mit beschwerlichen Gefühlen umgehen 145

DRITTER TEIL: Verwirklichte Freiheit — 147

8 Schöne Unvollkommenheit — 149
Im Auge des Betrachters 149 · Die Tyrannei des Perfekten 150 · Wilde, unvollkommene Schönheit 152 · Augen der Liebe 155 · Was einem geblieben ist 157 · Meisterschaft 159 · Die Freiheit des Unvollkommenen 160
Übung: Ich sehe dich, Mara 163 ·
Übung: Sich mit dem Unvollkommenen anfreunden 164

9 Die Gabe der Aufgeschlossenheit — 167
Zen in der Kunst der Unvoreingenommenheit 167 · Vorurteile und der Blick für die Dinge 169 · Barrieren überwinden 172 · Bin ich ganz sicher? 175 · Augenblick für Augenblick 176 · Die heilende Kraft der Worte 178 · Wahre Kommunikation 180
Übung: Ist das so? 183

10 Authentisch sein — 184
Der Geist der Kindheit 184 · Zu sich halten 186 · Ihre eigene Geschichte 187 · Beginnen Sie da, wo Sie sind 190 · Innen bewusst, außen in Ruhe 191 · Gefühlen stattgeben 193 · Wünsche 196 · Die Freiheit, ein Mensch zu sein 199
Übung: Sich treu sein 200

11 Die Freiheit, zu träumen — 201
Schöpferische Freiheit 202 · Gegen alle Vernunft 203 · Es sind Ihre Träume 204 · Das Leben als Leinwand 206 · Kreativität und Interesse 208 · Die Ströme des Lebens 209 · Hemmungslos träumen und tanzen 211
Übung: Sie sind ein Künstler 212

VIERTER TEIL: Freiheit leben   215

12 Geben, was Sie zu geben haben   217
Die Freiheit, zu handeln 218 · Ein neuer Anlauf 219 ·
Vision und Aktion 221 · Deine Gaben mitbringen 223 ·
Selbstloses Dienen 226 · Die Welt braucht Sie 228 ·
Die kleinen Dinge 231
Übung: Seine Gaben darbringen 233

13 Freiheit in schwierigen Zeiten   235
Standhalten in der Verunsicherung 235 · Mit dem
Herzen lauschen 237 · Ein World Wide Web der fürsorglichen Zuwendung 240 · Wir sind der Wandel 242 ·
Menschlichkeit zeigen 245 · Den Ausschlag geben 247 ·
Sie sind nicht unvorbereitet 250
Übung: Stellung beziehen 255

14 Geheimnisvolles Leben   256
Nicht weit weg 257 · Das Mysterium der Inkarnation 258 · Die Erde atmet uns 261 · Biografien und
Rollen 263 · »Intersein«: Sie sind nicht allein 265 ·
Alle gewinnen 266 · Äußere und innere Freiheit 268 ·
Die Leere ist unser Zuhause 271 · Vision 273 · »Hab
ich dir doch gesagt!« 275
Übung: Bereit sein für das Geheimnisvolle 278 ·
Übung: Wie ich 279

15 Die Freude, lebendig zu sein   282
Grundlos glücklich 283 · Freudensprünge 284 ·
Dankbarkeit 285 · Das reine Herz 287 · Glück steht uns
zu 290 · Wunderbar! 292 · Es liegt in unserer Hand 293 ·
Das freie Herz 295

Dank   297

Einladung zur Freiheit

Liebe Freunde, nach über vierzig Jahren, in denen ich Tausenden Menschen auf dem spirituellen Pfad Achtsamkeit und Mitgefühl vermittelt habe, ist dies die wichtigste Mitteilung, die ich machen kann: *Ihr müsst auf die Freiheit nicht warten. Ihr braucht das Glück nicht aufzuschieben.*

Viel zu oft verbindet sich die schöne Praxis der Achtsamkeit und des Mitgefühls mit Vorstellungen von Selbstdisziplin und Pflichterfüllung. Wir sehen uns von ihnen auf einen langen Hindernisparcours geführt, an dessen fernem Ende die angestrebten Ergebnisse winken. Ja, es gibt sie, die Arbeit des Herzens, und unser Leben hat seine Zyklen, die uns so manches abverlangen. Doch wo jeder Einzelne auch stehen mag auf seinem Weg, es existiert noch eine andere wunderbare Wahrheit, und die heißt »Die Früchte ernten« oder »Mit dem Ergebnis beginnen«. Die Früchte des Wohlbefindens, der Freude, der Freiheit und der Liebe sind schon jetzt in unmittelbarer Reichweite, wie auch immer Ihre Lebensumstände sein mögen.

Als Nelson Mandela nach siebenundzwanzig Jahren Haft die Gefängnisinsel Robben Island verließ, war er ein Mann voller Würde und Großmut, so ganz und gar bereit zu verzeihen, dass sein Geist das Land verwandelte und für die Welt zur Inspiration wurde. Auch Sie können diese Freiheit und Würde leben, und zwar genau da, wo Sie jetzt sind. Die Umstände mögen schwierig, die Zeiten unsicher sein – vergessen Sie nie, dass Freiheit nicht für ganz besondere Menschen reserviert ist. Niemand kann Ihren Geist einsperren.

Wenn Sie zum Chef zitiert werden und Sie Befürchtungen oder bange Erwartungen in sich aufsteigen fühlen,

wenn jemand in Ihrer Familie unter Konflikten und Nöten zusammenzubrechen droht, wenn die zunehmenden gesellschaftlichen und politischen Probleme der Welt Ihnen schwer zu schaffen machen, haben Sie immer verschiedene Möglichkeiten, darauf zu reagieren. Sie können dann erstarren und sich wie bewegungsunfähig fühlen, oder aber Sie nutzen die schwierige Phase, um sich weiter zu öffnen, bis sich Ihnen zeigt, wie Sie während dieses Abschnitts auf Ihrem Weg sinnvoll und weise reagieren können. Zyklisch geht das Leben mal seinen ruhigen Gang, dann wieder stellt es uns vor große Herausforderungen oder bringt tiefe Schmerzen mit sich, und manchmal scheint die ganze Gesellschaft ringsum im Umbruch zu sein. In alldem bleibt uns immer die Möglichkeit, tief durchzuatmen, den Blick ein wenig weicher werden zu lassen und uns in Erinnerung zu rufen, dass Mut und Freiheit in unserem Inneren darauf warten, dass wir uns ihrer bewusst werden, um auch andere daran teilhaben zu lassen. Selbst unter ganz düsteren Umständen bleibt die Freiheit des Geistes bestehen – auf wundersame Weise großartig und einfach zugleich. Wir sind in diesem Leben frei und fähig zu lieben, was auch immer geschehen mag.

Ganz in unserer Tiefe wissen wir das. Wir wissen es immer dann, wenn wir uns in etwas Größeres eingebunden fühlen – wenn wir Musik hören, bei der Liebe, beim Wandern in den Bergen oder beim Schwimmen im Meer, wenn wir am Sterbelager eines geliebten Menschen Zeugen dieses Mysteriums werden, dass der Geist still wie eine Sternschnuppe den Körper verlässt, oder bei der Geburt eines Kindes. In solchen Momenten geht eine Welle freudevoller Offenheit durch unseren Körper, und unser Herz ist in Frieden gehüllt.

Freiheit fängt da an, wo wir sind. Sara musste als alleinerziehende Mutter für zwei Kinder sorgen, und eines Tages

stellte sich heraus, dass ihre achtjährige Tochter Alicia Leukämie hatte. Sara war entsetzt und voller Ängste – unendlich traurig, dass Alicia ihre Gesundheit eingebüßt hatte, und wie gelähmt von dem Gedanken, dass sie ihre Tochter verlieren könnte. Das erste Jahr nach der Diagnose bedeutete für Alicia mehrere Chemotherapien, Klinikaufenthalte und die Bekanntschaft mit vielen Ärzten. Es herrschte gedrückte Stimmung im Haus, und die Angst begleitete das Kind Tag für Tag. Doch einmal, beim nachmittäglichen Spaziergang mit Sara, sagte sie: »Mama, ich weiß nicht, wie lange ich noch lebe, aber ich wünsche mir, dass es fröhliche Tage werden.«

Das weckte ihre Mutter auf wie ein kalter Guss ins Gesicht. Sara begriff, dass sie aus dem Angstdrama aussteigen und zu einer vertrauensvollen Haltung zurückfinden musste, um dem freien Geist ihrer Tochter auf gleicher Höhe begegnen zu können. Sie umschlang sie fest und machte ein kleines Tänzchen mit ihr. Da verflüchtigte sich die ganze Angst.

Alicia wurde übrigens wieder gesund! Sie ist jetzt zweiundzwanzig und hat gerade ihren Collegeabschluss gemacht. Aber wenn sie nicht gesund geworden wäre, hätten Sie ihr nicht trotzdem genau diese Einstellung gewünscht? Es lässt sich nicht viel aus einem Leben machen, das man als erbärmlich empfindet. Wäre es nicht besser, trotz allem fröhlich zu sein?

Als ich acht war, sind mein Zwillingsbruder Irv und ich einmal an einem bitterkalten und windigen Wintertag warm eingepackt zum Spielen im Schnee nach draußen gegangen. Ich, eher ein Hänfling, zitterte in der Kälte, aber mein Bruder, einer von der starken, wilden und robusteren Sorte, musste lachen, als er mich so ängstlich in mich verkrochen dastehen sah. Er lachte immer noch, als er anfing, sich auszuziehen, zuerst Handschuhe und Mantel, dann Pullover,

Hemd und Unterhemd; und so stapfte und tänzelte er schließlich in diesem eisigen Wind durch den Schnee. Wir sahen mit großen Augen und unter lautem Gelächter zu.

In dem Augenblick habe ich von meinem Bruder etwas gelernt, nämlich Freiheit, zu wählen, und dieser Geist ist mir bis heute gegenwärtig geblieben. Ob wir tatsächlich in einem Schneesturm stehen oder einen Verlust, Schuldzuweisungen und unsere kollektive Verunsicherung als schneidend kalten Wind erleben, der Wunsch nach Freiheit ist immer präsent. Wir möchten Ängste und Sorgen abschütteln und uns nicht von Verurteilungen anderer beengen lassen. Wir können es. Wir können lernen, zu vertrauen, zu lieben, uns selbst Ausdruck zu geben und glücklich zu sein.

Haben wir Vertrauen und Freiheit einmal in uns selbst aufgespürt, werden wir auch Wege finden, sie mit der Welt zu teilen. Hier die Worte von Barbara Wiedner, der 2001 verstorbenen Gründerin der Bewegung »Grandmothers for Peace«:

Ich fing an, mich zu fragen, was für eine Welt ich eigentlich meinen Enkeln hinterlassen möchte. Ich malte mir ein Transparent mit der Aufschrift »A Grandmother for Peace« und stellte mich damit an eine Straßenecke. Später schloss ich mich anderen an, die sich als menschliche Barriere vor eine Munitionsfabrik knieten. Ich wurde festgenommen, musste in der Untersuchungshaft eine Leibesvisitation über mich ergehen lassen und wurde in eine Zelle gesteckt. Da ging mir etwas auf: Mehr als das konnten sie mir nicht antun. Ich war frei!

Die »Großmütter für den Frieden« sind heute auch in etlichen anderen Ländern aktiv.

Ebendiese Freiheit haben auch Sie. Jedes Kapitel dieses Buchs stellt die Einladung zu einer bestimmten Form der

Freiheit dar. Wir beginnen im persönlichen Bereich mit der Freiheit des Geistes, der Freiheit des Neubeginns, der Freiheit jenseits der Angst und der Freiheit, zu sein, was wir sind. Wir erschließen uns die Freiheit, zu lieben, die Freiheit, für das einzustehen, was wirklich zählt, und schließlich die Freiheit, glücklich zu sein. Anhand von Geschichten, Überlegungen, Lehren und Übungen führen wir uns vor Augen, wie wir uns festfahren und wie wir frei werden können. Frei werden, das ist ein nie abgeschlossener, stets aktiver Prozess, der Herz, Verstand und Gemüt einbezieht. Die Mittel und die Ziele sind dabei eigentlich dieselben: man selbst sein, träumen, vertrauen, mutig sein und handeln.

Sie können wählen, in welchem Geist Sie leben möchten. Freiheit, Liebe und Freude jedenfalls gehören Ihnen bereits, und das unter allen Umständen. Sie sind Ihr Geburtsrecht.

Jack Kornfield
Spirit Rock Meditation Center

Erster Teil
Freier Geist

Sag mir, was hast du vor mit deinem einzigen,
wilden und kostbaren Leben?
Mary Oliver

1
In der unendlichen Weite zu Hause

Manchmal tue ich mir selbst leid,
wo mich doch
große Winde durch den Himmel tragen.
Ausspruch der Ojibwa-Indianer

Ein leuchtendes Gestirn trägt uns mit bald siebeneinhalb Milliarden unseresgleichen im Tanz des Lebens vereint. Die Weite des Alls ist unsere Heimat. Wenn uns die Unermesslichkeit unseres äußeren und inneren Universums aufgeht, öffnet sich die Tür zur Freiheit. Sorgen und Konflikte werden in ihrer wirklichen Größenordnung erkannt, Emotionen sind leichter zu ertragen, und im Trubel der Welt wahren wir Frieden und Würde.

Der Tanz des Lebens

In der Mitte ihres Lebens sah sich Whitney großen Problemen gegenüber. Ihre Mutter war an der Hüfte operiert worden, und ihr Vater litt an den Erscheinungen einer Alzheimer-Erkrankung im Frühstadium. Whitney wünschte sich, dass ihre Eltern weiterhin in ihrem Haus in Illinois würden wohnen können, aber das selbstständige Leben war durch die gesundheitlichen Einschränkungen schwierig geworden. Ihr Bruder in St. Louis wollte mit alldem nichts zu tun haben. Whitney musste sich allein darum kümmern.

Sie nahm sich einen Monat Urlaub, um bei den Eltern sein und aushelfen zu können. Das Haus war ein einziges Durcheinander, als sie ankam. Ihre Mutter brauchte Zeit, um sich von der Operation zu erholen, der Vater konnte sich nicht einmal selbst versorgen. Häusliche Pflege rund um die Uhr konnten sie sich nicht leisten, es schien klar, dass sie umziehen mussten.

Whitney machte einen Spaziergang den Hang hinauf, der ihr seit Kindertagen vertraut war. Sie wollte das Heim der Familie nicht aufgeben, ihre Eltern sollten dort bis zum Ende bleiben können – und sie wollte auch ihre Eltern nicht verlieren. Sie weinte auf dem Weg, aber als sie die Hügelkuppe erreicht hatte, beruhigte sie sich ein wenig. Sie setzte sich und ließ den Blick über die Weite des Mittleren Westens mit seinen bis zum Horizont reichenden Feldern schweifen. Kumuluswolken trieben über den Himmel und warfen Schatten auf die kleinen Ansammlungen von Häusern rings um die Ortschaft.

Angesichts dieser grenzenlosen Weite fühlte sie sich auf einmal nicht mehr ganz so allein. Sie spürte, dass alles seine Rhythmen hatte, das Kommen und das Gehen, das Aufblühen und Welken, das Werden und Schwinden. Wie viele Menschen, überlegte sie, mochten wohl gerade in einer ganz ähnlichen Lage wie sie sein? Und je leichter ihr Atem ging, desto mehr löste sie sich innerlich. »Nicht nur ich habe alte Eltern«, sagte sie sich. »Es gehört einfach zum Menschsein dazu.« Und als sie sich innerlich öffnete, spürte sie neues Zutrauen wachsen.

Wir sind alle in der Lage, die Dinge aus dieser Perspektive zu betrachten. Wir können den Blick weiter werden lassen, und wenn im Herzen mehr Raum entsteht, erinnern wir uns an das Gesamtbild. Auch falls ein Nahestehender krank wird, ein Elternteil stirbt oder ein anderer großer Verlust droht, können wir uns immer wieder vor Augen halten,

dass dies einfach das Leben mit seinen wechselnden Höhen und Tiefen ist.

Wie wäre es wohl, das Ganze mit allem Drum und Dran einfach so zu lieben, wie es ist, und die Liebe trotz allem größer sein zu lassen als all den Kummer? So viele Menschen erleben Veränderungen, Verluste und Erneuerungen. Aber die Welt dreht sich weiter, die Bauern fahren ihre Ernte ein, auf den Märkten wird gehandelt, und die Musiker spielen ihre Lieder. Wir leben inmitten eines großen Paradoxons, das sich immer wieder anders darstellt.

Atmen Sie. Entspannen Sie sich. Leben Sie immer nur diesen einen Tag.

Der Erkennende

Wenn das Herz weit wird, erinnern wir uns an diesen alles umfassenden Blick, den wir schon fast vergessen hatten. Das weite Herz gibt den weit ausgreifenden Geist zu erkennen. Das ist der Geist, der schließlich doch lacht, nachdem Sie sich die Zehen angestoßen haben und jammernd herumgehopst sind. Und wenn Sie sich über Ihren Partner oder Ihre Partnerin geärgert haben, ist es der Geist, der schlafen geht und beim Aufwachen weiß, dass es keine so große Sache war.

Dieser weiträumige Geist ist unser natürliches Bewusstsein, das alles kennt und allem Raum bietet. Mein Meditationslehrer in der thailändischen Waldtradition, Ajahn Chah, sprach hier vom »Erkennenden« oder »Wissenden«. Das sei die ursprüngliche Natur des Geistes, sagt er, der schweigende Zeuge, eine alles umfassende Bewusstheit. Entsprechend einfach war seine Unterweisung: Werde Zeuge von allem, einer mit Überblick, ein Erkennender.

Achten Sie einmal auf den »Film«, der in Ihrem Leben gerade läuft. Wie sieht der Plot aus – ist es ein Abenteuer,

eine Tragödie, Liebesgeschichte, Seifenoper oder ein Kampfgetümmel? »Die ganze Welt ist eine Bühne«, schrieb Shakespeare. Es kommt vor, dass wir uns in den Plot hineinziehen lassen. Aber Sie sind eben auch der Zuschauer, also atmen Sie tief durch, sehen Sie sich um, seien Sie Zeuge all dessen, eine umfassende Bewusstheit, ein Erkennender oder Wissender.

Ich saß einst am Bett einer Frau mit Bauchspeicheldrüsenkrebs im Endstadium. Sie war erst einunddreißig, und es ging zu Ende mit ihr. Wir blickten einander in die Augen, und Schicht um Schicht fiel alles weg – ihr ausgezehrter Körper, ihr Geschlecht, ihre poetischen Werke, ihre Familie, ihre Freunde. Ich erfuhr die Gnade, Zeuge ihres Geistes zu sein. »Wie sieht es aus?«, fragte ich sehr sanft und fuhr fort: »Wie es scheint, ist diese Inkarnation bald vorbei. Das darf so sein, weißt du? Es ist ganz natürlich, zu sterben.« Und was aus tiefen, wissenden Augen zurückblickte, war nichts als unendliche Weite und zärtliche, zeitlose Freiheit.

In dieser raumgreifenden Bewusstheit spüren Sie die Gegenwart der Liebe. Der Erkennende wird liebender Zeuge aller Dinge. Man wird ganz liebendes Bewusstsein. Diese Freiheit ist immer gegeben, aber es kostet ein bisschen Übung, sich an sie zu erinnern und das Vertrauen zu gewinnen, dass sie immer da ist. Wenn Sie sich verrannt haben, in irgendeinem winzigen Ausschnitt des Gesamtbilds festhängen, sich beengt oder vom Strudel der Ereignisse mitgerissen fühlen, atmen Sie tief durch, um innerlich einen Schritt zurückzutreten. Mit weit offenem Geist können Sie sogar Zeuge solcher geduckten Zustände sein und sie innerlich liebevoll umfangen.

Entspannen Sie sich. Sie können Ihre Gefühle, Ihre Gedanken und alle Umstände liebevoll betrachten. Eben jetzt. Während Sie diese Seite lesen, betrachten Sie den Lesenden mit liebevollem Bewusstsein, lächeln Sie ihm oder ihr zu.

Lassen Sie jeden Tag beim Aufwachen mit liebevollem Bewusstsein beginnen. Lassen Sie sich auf den Sie umgebenden Raum ein, den Raum da draußen, das unermessliche Land, das sich über den Kontinent erstreckt. Fühlen Sie in die Weite des Himmels hinein und des Alls mit Mond, Planeten und Galaxien.

Lassen Sie Herz und Geist zu diesem Raum werden. Atmen Sie in Ihr Herz. Betrachten Sie die ziehenden Wolken, werden Sie der Himmel. Die Wolken sind nicht einfach da draußen, sie sind auch in Ihnen. Fühlen Sie, wie die Landschaft, die Bäume, die Berge, die Gebäude in Ihrem Herzen sind. Lassen Sie sich weit und offen werden und liebevoll mit dem Raum verschmelzen. Überlassen Sie sich dem Unermesslichen ringsum, das auch in Ihnen ist. So weit kann liebendes Bewusstsein reichen.

Seien Sie als Erkennender ein Zeuge all dessen, lassen Sie das liebende Bewusstsein offen für alles sein, für Langweiliges und Interessantes, für Furcht und Vertrauen, für Lust und Schmerz, Geburt und Tod.

Heilige Stille

Im Hochwald oder in einer Kathedrale treten wir in eine tiefe, heilige Stille ein. Dann weitet sich in unserem Inneren etwas, und wir nehmen in uns selbst eine tiefe Stille wahr. Das kann im ersten Moment ein wenig beunruhigend sein, aber es ist auch das, wonach wir uns sehnen. Es ist die grenzenlose Stille, von der das Leben umgeben ist. Vertrauen Sie sich ihr an, um in ihr zur Ruhe zu kommen. Das Herz weitet sich und erwacht zu seiner wahren Lebendigkeit. Alles, was sich in dieser Stille sonst noch bemerkbar macht, ist nur wie eine Wolke am Himmel, eine Welle im Meer. Verweilen Sie in der Tiefe der Stille.

Bewusstsein ist seiner Natur nach grenzenlos. Wenn Sie es direkt betrachten, sehen Sie, dass der Geist durchsichtig und randlos ist, er hat keine Grenzen, Ihr Herz ist groß und weit wie die Welt. Sie überlassen sich dieser Unermesslichkeit, und jetzt können Sie die Wogen des Lebens einfach kommen und gehen lassen. In der Stille sehen Sie das Mysterium, wie es das Leben und alle Gedanken, Gefühle und Wahrnehmungen hervorbringt. Die Wellen des Lebens steigen und fallen, dehnen und stauen sich, das Herz schlägt, die zerebrospinale Flüssigkeit pulsiert – und dazu noch die Rhythmen und Phasen des Mondes, der Wechsel der Jahreszeiten, die Zyklen des weiblichen Körpers, die wirbelnden Galaxien und, ja – der Aktienmarkt.

Achten Sie einmal auf die Pausen zwischen den Wellen, die Lücken zwischen den Atemzügen und Gedanken. Sie wirken anfangs flüchtig, allzu schnell vorbei, doch mit der Zeit werden Sie in diesen Pausen Ruhe finden. Die Wellen steigen und fallen, und Sie selbst werden stilles liebendes Bewusstsein. Diese Stille hat aber nichts von Rückzug oder Teilnahmslosigkeit. Sie ist nicht die Abwesenheit von Gedanken. Sie hat etwas Geräumiges und Erfrischendes, eine zärtliche Stille, von der aus Sie lernen, lauschen und tief blicken können.

Liebendes Bewusstsein

Liebendes Bewusstsein erfüllt Zeit und Raum. Hier ist das Mysterium Zeuge seiner selbst. Im liebenden Bewusstsein strömt der Fluss der Gedanken und Bilder ohne Urteil. Hier erleben Sie den Strom der Gefühle, ohne sie zu fürchten, ohne von ihnen mitgerissen zu werden oder sich an sie zu klammern. Lust und Beklommenheit, Ärger, zärtliche Zuneigung und Verlangen, sogar Kummer und Tränen, alles ist

hier willkommen. Im liebenden Bewusstsein kann sich die Freude zu ihrer ganzen Fülle entfalten, wahres Wohlbefinden kann in ihr wachsen.

Auch das Vertrauen nimmt zu. Sie bauen darauf, dass das Universum schon weiß, wie es laufen soll, und Sie trauen Ihrem Bewusstsein zu, das alles zu umfassen. Ich weiß noch gut, wie ich im Schwimmbad der Universität das Schwimmen lernte. Ich war ein schmächtiges, zitterndes siebenjähriges Kerlchen. Ich strampelte wild herum, bis mich der Schwimmlehrer irgendwann in Rückenlage an der Wasseroberfläche hielt. Dann zog er die Hand weg, und ich merkte, dass ich mich an der Oberfläche halten konnte. Es erschien mir wie ein Wunder. Und richtig schwimmen lernte ich dann ebenfalls. So können Sie auch lernen, sich Ihrem liebenden Bewusstsein anzuvertrauen. Es wird Sie immer halten.

Versuchen Sie einmal, nicht bewusst zu sein. Nehmen Sie sich eine halbe Minute, in der Sie alle Wahrnehmungen auszuschalten versuchen – Sinneseindrücke, Gedanken, Gefühle und so weiter. Geben Sie sich alle Mühe. Selbst wenn Sie die Augen schließen und sich die Ohren zuhalten, es geht einfach nicht, oder? Sie können nicht aufhören, bewusst zu sein. Das Bewusstsein ist immer da.

Sie können es freilich so wenig sehen, wie Fische das Wasser erkennen. Aber Sie können es erfahren, und das ist die Basis Ihres Vertrauens. Liebendes Bewusstsein ist weiträumig, offen, transparent, still, unendlich tief – und ansprechbar wie ein Spiegel. Sie können immer zu ihm zurückkehren, es ist zeitlos, wach und stets aufgeschlossen. Es sieht, ohne zu besitzen. Es ist voller Wertschätzung, hält aber nicht an Erfahrungen oder Dingen fest. Wie der amerikanische Schauspieler, Autor und Stand-up-Comedian Steven Wright einmal sagte: »Ich besitze die größte Muschelsammlung der Welt. Ich bewahre sie an den Stränden der Erde auf. Vielleicht hast du sie schon mal gesehen.«

Von Hyänen gehetzt

Benjamin war vierundsechzig, als er im Jahr 2008 infolge der Finanzkrise um mehr als die Hälfte seiner erhofften Altersbezüge gebracht wurde. Ihm war bewusst, dass er und seine Frau es immer noch besser getroffen hatten als andere, deren Immobiliendarlehen völlig abgestürzt waren, sodass sie ihr Zuhause verloren. Dennoch war er fast krank vor Zukunftssorgen. Zehnmal am Tag überprüfte er die Wertpapierstände, in seinen Träumen ertrank er, er wurde von Hyänen gehetzt oder verlief sich irgendwo. In der Familie sagten sie ihm, er solle sich doch nicht so verrückt machen, aber er wusste nicht, wie er das abstellen konnte. Als er zum ersten Mal zur Meditation kam, war es ihm fast unmöglich, still zu sitzen. Die Angst erzeugte schwer erträgliche Körperempfindungen, und in seinem Kopf jagten sich die Gedanken. Sollte er seine Wertpapiere nicht lieber schnell zu Geld machen? Oder würde er noch mehr verlieren, wenn er aus einem fragwürdigen und höchst spekulativen Immobilienprojekt ausstiege?

Als er das zweite Mal an diesem Meditationskurs teilnahm, machte ich mit der Gruppe eine geführte Meditation über den Raum, bei der es darum ging, um Körper und Geist herum eine offene Weite entstehen zu lassen. Wir lauschten den tibetischen Klangschalen im Meditationsraum, aber auch den von draußen hereindringenden Verkehrsgeräuschen und Stimmen so, als wäre unser Geist groß und weit wie der Himmel, über den die Geräusche wie Wolken zogen. Benjamin fühlte sich ein wenig erleichtert und erwarb eine Meditations-CD, mit der er zu Hause üben konnte. Mit der offenen Weite als Mantra konnte er sich zunehmend aus der Umklammerung der zwanghaften Gedankengänge lösen. Wenn er jetzt in der Nacht aus Angstträumen hochschreckte, wusste er, wie er mit ihnen um-

gehen konnte. Dann gab es auch wieder eine Perspektive. Er würde sein Geld künftig konservativer anlegen und damit dessen Schwund aufhalten. Überhaupt legte sich die zwanghafte Vorsorge für die Zukunft ein wenig. Das Grübeln ließ nach, und er konnte wieder mehr für seine Familie da sein.

Solche Richtungswechsel sind uns allen möglich, schließlich hat jeder von uns schon Zeiten erlebt, in denen wir gelassen und ruhig waren. Da hören wir aufmerksamer zu, sehen klarer, beweisen mehr Augenmaß. In offener Bewusstheit wird auch unser Innenleben klarer. Schwierige Gefühle klären sich, die in ihnen gebundene Energie wird wieder frei. Die Depression gibt zu erkennen, um was es überhaupt geht, um welchen Schmerz, welchen Ärger, welche nicht befriedigten Bedürfnisse. Wenn wir die Geschichten, die sich um unsere Ängste ranken, deutlich erkennen, lösen sie sich bereitwillig. Die Freiheit des weit offenen Geistes und Herzens steht uns immer zur Verfügung, wir müssen uns ihr nur ganz zuwenden. Machen Sie sich für die offene Weite erreichbar, sooft Sie können. Werden Sie der Himmel des liebenden Bewusstseins.

»In Liebe ausruhen«

Weiträumigkeit, Bewusstheit und Liebe haben sehr viel miteinander zu tun. Mein Freund Frank Ostaseski, Mitbegründer des Zen-Hospizes in San Francisco, erzählte mir von einem Bewohner dieses Hospizes, der heftige Schmerzen litt und sich erkundigte, ob da mit Meditation etwas zu machen sei. Er hatte Magenkrebs im Endstadium. Sie meditierten also, und bei der Meditation ging es darum, den Körperempfindungen freundliche Aufmerksamkeit zuzuwenden.

Doch als der Mann sich für seine Schmerzen erreichbar zu machen versuchte, waren sie einfach zu stark, und er

schrie: »Ich kann nicht, es ist zu viel. Es tut weh, es tut weh, es tut weh!« Frank beruhigte ihn und sagte, er werde etwas anderes versuchen. Er legte ihm sanft die Hand auf den Bauch und fragte, wie das sei. »Es tut immer noch zu sehr weh«, stöhnte er. »Dann versuchen wir es so«, sagte Frank und entfernte seine Hand ein wenig vom Bauch. »Schon ein bisschen besser«, seufzte der Mann. Jetzt hielt Frank seine Hände etwa einen halben Meter vom Körper des Mannes entfernt, und er sagte: »O ja, das ist besser.«

Das war keine spezielle Form von Körperarbeit, keine esoterische Übung. Es ging einfach darum, dem Schmerz immer mehr Raum zu geben. Nach ein paar Minuten hatten sich die Züge des Mannes entspannt. »Können Sie sich hier einfach ausruhen?«, fragte Frank. Und der Mann sagte leise: »In Liebe ausruhen.« Immer wenn die Schmerzen in der Folgezeit so heftig wurden, dass er seine Morphinpumpe betätigen musste, wiederholte er dazu seine Worte: »Ruhe in der Liebe aus, Ruhe in der Liebe aus.«

Und so ist es bei allen körperlichen oder seelischen Schmerzen: Wenn Sie allem Raum geben, kann sich etwas ändern. Wie die Dinge auch liegen mögen, weiten Sie einfach den Raum, erinnern Sie sich an die offene Weite; lassen Sie Leichtigkeit einkehren und mit ihr den Blick für die tatsächliche Größenordnung der Dinge. Diese Weitung ist die Tür zur Freiheit. Das große Herz ist Ihr wahres Zuhause.

ÜBUNG:
Bereit sein für das liebende Bewusstsein

Erinnern Sie sich an eine Zeit, in der Sie ganz offen, weit und von Liebe erfüllt waren. Das kann während einer Bergwanderung gewesen sein, beim Blick in den sternenübersäten

Nachthimmel oder nach der Geburt eines Kindes. Rufen Sie sich in Erinnerung, wie dieses ausgreifende Bewusstsein sich im Körper angefühlt hat und wie im Herzen. Lassen Sie innerlich Ruhe einkehren. Wie still das war, wie präsent Sie sein konnten.
Schließen Sie die Augen. Fühlen Sie genau diese Weite hier und jetzt. Entspannen Sie sich, um der Raum des liebenden Bewusstseins zu werden, der allem mit friedvollem, gewährendem Herzen Platz bietet – Sonnenschein, Gewitterwolken und Blitzen, Lob und Tadel, Gewinn und Verlust, Expansion und Kontraktion und einer Welt, die sich immer wieder neu hervorbringt – in Ihrem bergenden, friedvollen Herzen.

ÜBUNG:
Weit wie der Himmel

Setzen Sie sich bequem hin. Lassen Sie den Körper zur Ruhe kommen und den Atem ganz natürlich sein. Schließen Sie die Augen. Atmen Sie ein paarmal tief ein und aus, wobei der ausströmende Atem sanft verklingen soll, bis Sie ganz still werden.
Wenden Sie Ihre Wahrnehmung jetzt vom Atem weg und den Umgebungsgeräuschen zu. Achten Sie darauf, ob sie laut oder leise, fern oder nah sind. Lauschen Sie nur. Merken Sie, wie alle Laute anklingen und dann spurlos verschwinden? Horchen Sie eine Weile ganz entspannt und offen hin. Während Sie noch lauschen, stellen Sie sich vor oder nehmen Sie wahr, dass Ihr Bewusstsein nicht auf den Kopf beschränkt ist. Versuchen Sie zu spüren, dass Ihr Geist weit wie der Himmel wird – offen, klar und grenzenlos wie der Raum. Er hat kein Innen und kein Außen. Erlauben Sie dem Geist und seinem Bewusstsein, sich in alle Richtungen auszudehnen.

Lassen Sie die Geräusche in der Himmelsweite Ihres Geistes kommen und gehen. Entspannen Sie sich in dieser grenzenlosen Offenheit und lauschen Sie nur. Die Geräusche von nah und fern kommen und gehen wie Wolken am Himmel Ihres Bewusstseins. Sie ziehen spielerisch durch diese Weite, erscheinen und vergehen ohne Widerstand.

Achten Sie in dieser offenen Bewusstheit darauf, wie auch Gedanken und Bilder auftauchen und wieder verschwinden. Sie sind wie Wolken. Lassen Sie die Gedanken und Bilder kampf- und widerstandslos kommen und gehen. Angenehme und unangenehme Gedanken, Bilder, Worte und Gefühle tummeln sich ungehindert im Raum des Geistes. Probleme, Möglichkeiten, Freuden und Kümmernisse, sie kommen und gehen an diesem weiten, freien Himmel des Geistes.

Nach einer Weile wenden Sie diese alles umfassende Bewusstheit dem Körper zu. Sie nehmen seine Festigkeit wahr. Die Empfindungen des Körpers, des Atems, schweben durch den gleichen offenen Himmel und wandeln sich dabei. In dieser Wahrnehmung kann man den Körper als schwebende Zonen der Festigkeit und Weichheit, des Drucks oder Kribbelns im Raum des Geistes fühlen. Spüren Sie, dass der Atem sich selbst atmet wie ein Windhauch?

Lassen Sie all diese Erfahrungen wie Wolken sein. Der Atem geht seinen eigenen Gang. Empfindungen schweben dahin und verändern sich. Sie lassen alle Gedanken, Bilder, Gefühle und Geräusche am klaren, weiten Himmel des Bewusstseins ziehen, wie sie wollen.

Wenden Sie sich am Schluss dem Bewusstsein selbst zu. Es ist ein weiter Raum von natürlicher Klarheit und Transparenz, zeitlos und konfliktfrei. Er lässt alle Dinge zu, ist aber nicht von ihnen bestimmt. Das ist Ihre wahre Natur, offen und rein wie der Himmel. Kehren Sie dahin zurück. Vertrauen Sie darauf. Da ist Ihr Zuhause.

2
Frei sein für die Liebe

Was nutzt ein klarer Geist
ohne ein liebevolles Herz?

Liebe ist die Ordnung der Natur, die Hauptattraktion, sie bewegt Nationen. Liebe ist der Flug der Bienen im Frühling, die sanfte Berührung, das erste und das letzte Wort. Sie ist wie die Gravitation, eine geheimnisvolle Kraft, die alles zusammenhält. Liebe ist die Erinnerung an das Dasein im Mutterschoß und die große Einheit vor dem Urknall. Die Weite des Himmels hat ihre Parallele in der des Herzens. Jeder Mensch will lieben und geliebt werden.

Aus neurowissenschaftlicher Sicht ist Liebe eine Notwendigkeit, wo sie fehlt, nimmt nicht nur der Einzelne Schaden, sondern ganze Gesellschaften kranken daran. Unser Gehirn verlangt nach nährender Nähe. Enge emotionale Bindungen formen unsere Nervenschaltkreise, unser Ich-Gefühl und unser Vermögen, uns in andere einzufühlen. »Für sich allein finden Menschen in manch wichtiger Hinsicht keine Stabilität«, schreibt Thomas Lewis in *A General Theory of Love*.

Die Kraft der Liebe

Ein einziger Augenblick der Liebe inspirierte Dante zu seinem monumentalen Werk *Die Göttliche Komödie*, und diese Liebe lebt weiter bis heute. Der Tiefenpsychologe Robert A.

Johnson, ein Vertreter der Schule C. G. Jungs, erzählt uns die Begebenheit: Es war einige Jahre vor der Wende zum 14. Jahrhundert, als Dante einmal am Ponte Vecchio stand, jener anmutigen Arno-Brücke in Florenz. Er sah eine junge Frau namens Beatrice auf der Brücke stehen. Der Anblick löste bei ihm eine die Ewigkeit umspannende Vision aus. Er sprach einige Male mit Beatrice, die jedoch kurz darauf der Pest zum Opfer fiel. Der Verlust erschütterte Dante zutiefst, doch Beatrice lebt in seinem Werk weiter. Sie war seine Muse, seine Anima, die Brücke zwischen seiner Seele und dem Himmel.

Jahrhunderte später, im Zweiten Weltkrieg, ging es im Jahr 1944 darum, die deutsche Wehrmacht aus Italien zu vertreiben. Bei ihrem Rückzug zerstörten die Deutschen alles, was dem Vormarsch der gegnerischen Streitkräfte hätte dienen können, auch die Brücken. Aber am Ponte Vecchio zögerten sie. Es gibt verschiedene Erklärungen für dieses Vorgehen. Eine lautet so: Niemand wollte den Ponte in die Luft jagen, weil Beatrice auf ihm gestanden und Dante dies beschrieben hatte. Die Brücke überlebte den gnadenlosesten Krieg der Neuzeit dank einer großen Liebe.

Erinnern Sie sich an Zeiten der jungen Liebe, wie das war an Frühlingstagen mit Krokussen und Pflaumenblüten oder an frischen Herbsttagen mit dem Duft von Holzfeuern in der Luft – wie das Herz da himmelan strebte, wenn Sie der oder dem Geliebten begegneten. Und sollten Sie nie verliebt gewesen sein, weil die Umstände oder ein Übermaß an Schmerz es nicht zuließen, ruft Ihnen der persische Dichter Rumi zu: »Heute ist der Tag dafür.«

Liebe und das alles einschließende Bewusstsein sind unsere wahre Natur. Der indische Weise Nisargadatta Maharaj hat es so ausgedrückt: »Weisheit sagt, ich bin nichts. Liebe sagt, ich bin alles.« Bewusstsein erkennt, Liebe verbindet. Angst und Getrenntheit können zeitweilig vorherrschen,

wir alle kennen das. Doch dann erinnert sich das liebende Bewusstsein: Ach ja, auch dies ist ein Ort der Liebe.

Liebe ist einschließend, großzügig und bodenständig. Der amerikanische Jesuitenpriester Gregory Boyle schreibt in seinem Buch *Ins Herz tätowiert* über seine Arbeit mit Jugendbanden in den Einwanderergemeinschaften von Los Angeles. Er betreut außerdem die Dolores Mission Church, die in den Achtzigerjahren Einwanderern ohne Dokumente Zuflucht bot. Neu angekommene Männer aus Mexiko und Zentralamerika schliefen nachts in der Kirche, Frauen und Kinder im Konvent. Einmal sprühte irgendein aufgebrachter Einheimischer in der Nacht »Wetback Church« (»Nassrücken-Kirche«) auf die Eingangsstufen, was nur als heftiger Affront gemeint sein konnte. Das Schimpfwort *wetbacks* stammt aus den Zwanzigerjahren des vorigen Jahrhunderts, als man erstmals illegale Einwanderer aus Mexiko so bezeichnete, die den Rio Grande schwimmend überquert hatten und dabei natürlich nass geworden waren. Boyle war ebenso aufgebracht wie traurig und versicherte den Leuten, er ließe das später von einem der Homies (ehemaligen Gang-Mitgliedern) wegmachen. Diese Kids, mit denen Boyle arbeitete, übernahmen bereitwillig solche kleinen Jobs.

Da erhob sich jedoch Petra Saldana, ein sonst eher stilles Gemeindemitglied, und wandte sehr entschieden ein, das solle man nicht wegmachen! Wenn es hier Leute gäbe, die verachtet, gehasst und ausgeschlossen würden, weil sie *mojados (wetbacks)* seien, dann sollten sie sich eben stolz »Wetback Church« nennen.

Solidarität, Mitgefühl, Liebe.

Die vielen Gesichter der Liebe

Liebe ist nicht aufzuhalten, auf tausenderlei Weise dringt sie doch in unsere Worte und Taten ein. Manchmal scheint sie begrenzt, ein andermal allumfassend zu sein, immer jedoch setzt sich das Mysterium der Liebe durch und reißt nie ab. Und sie hat Tausende Gesichter, etwa wenn man Schokoladeneis »liebt« oder »liebend« gern eine neue Wohnung, einen neuen Job oder sonst etwas hätte. Dann gibt es das Verliebtsein und eine Liebe, die Gedichte und Opern schreibt, die in Gesängen und Geschichten von Schwärmerei und Betörung erzählt, aber auch von Besessenheit und von einer Liebe wie der zur schönen Helena, die einen Krieg auszulösen vermochte.

Dann die Geschwisterliebe, die mitmenschliche Liebe, für die alle Menschen ein und derselben Familie angehören. In vielen Kulturen war es immer schon üblich, einander mit Verwandtschaftsbezeichnungen anzusprechen, und das setzt sich bis heute fort bei Nobelpreisträgern bis zu Politikern, wenn etwa von »Großvater Tutu« oder »Mutter Merkel« die Rede ist.

Weiterhin gibt es die Elternliebe, die unerschütterliche, bedingungslose Bereitschaft, für sein Kind da zu sein und es zu retten, dokumentiert in so fantastischen, aber wahren Geschichten von Müttern, die ein Auto hochzuheben vermochten, unter dem ihr Kind lag, oder von Vätern, die ohne Zögern in brennende Gebäude liefen.

Es gibt die anbetende Liebe, und es gibt die göttliche Liebe, eine spirituelle Ekstase, die grenzenlos wie das Meer wird.

Und es gibt die Liebe, die keinen Grund hat, Lebensliebe, mit unerschütterlicher Freude verbundene Liebe, einfach offenherzig und überströmend, natürlich und frei wie der Frühlingswind.

Wenn Sie auch nur für eine dieser Formen der Liebe offen sind, spüren Ihre Mitmenschen das. In der Neurowissenschaft bezeichnet man dies als »limbische Resonanz«. Ihre Spiegelneuronen und das gesamte Nervensystem stehen ständig in Wechselwirkung mit den Spiegelneuronen anderer Menschen in Ihrem Umfeld – Liebe teilt sich mit. Man »fängt sie sich von anderen ein«. Liebe tränkt und verändert alles. Als Neem Karoli Baba, der Guru von Ram Dass, einmal gefragt wurde, wie man Erleuchtung finde, sagte er: »Liebe die Menschen und gib ihnen zu essen.«

Der Arzt Jerry Flaxstead erzählte von einem Patienten namens Frank, den er anfangs nur abstoßend fand. Frank war tobsüchtig, fettleibig und obdachlos, er hatte Diabetes, war immer ungewaschen und seine Beine waren brandig und voller Geschwüre. Wenn er die Medikamente für seine psychischen Störungen nicht einnahm, schlug er um sich und schrie allen ringsum Schimpfwörter und Flüche zu. Er wurde immer wieder mal in die Klinik eingeliefert. Er gehörte zu den Patienten, die für einen Arzt schwer zu ertragen, geschweige denn zu »lieben« sind, wie Dr. Flaxstead sagte.

Einmal wurde Frank mit akutem Herzversagen eingeliefert. Sein Zustand war ernst, und Dr. Flaxstead bemühte sich nach Kräften um ihn. Während er sich anschließend um einen anderen Patienten auf seiner Station kümmerte, kamen etwa zwanzig Mitglieder der Kirchengemeinde, in deren Notunterkunft Frank manchmal schlief, um ihm einen Besuch abzustatten. Sie hatten ihm Blumen und Selbstzubereitetes mitgebracht, sie sangen ihm Kirchenlieder – ein wahres Fest der Mitmenschlichkeit und Fürsorge. Als Dr. Flaxstead zurückkam, sah er Frank lächeln, in Liebe gebadet. Da wurde ihm klar, dass er Frank zum ersten Mal wirklich sah.

Die Furcht, zu lieben

Genau da, wo Sie sind, können Sie die Welt mit den Augen der Liebe sehen. Ohne Liebe ist alles irgendwie nur halb oder verfälscht. Mit Liebe stehen wir vor den Mysterien des Lebens, dann können wir eine leuchtende Aprikose, einen abgenutzten Baseballhandschuh, das Foto eines Kindes oder eine angeschlagene alte Schale in der Hand halten, und auf einmal bricht die Liebe aus uns heraus. Wir halten einen Stein und fühlen den ganzen Berg. Der Anblick einer Kiefer löst die Liebe zur gesamten Erde aus. Wenn Liebe in uns ist, erwidert die Welt unseren Blick strahlend und segnend.

Bill Moyers kamen beim Filmen einer Serie über Tod und Sterben Bedenken, ob die jungen Angehörigen seines Produktionsteams je schon mit dem Tod in Berührung gekommen waren. Er bat Frank Ostaseski um ein Treffen mit seiner Crew, bei dem er die Stadien des Sterbens beschreiben und etwas über die Menschen sagen konnte, die gefilmt werden sollten. Damit das von Anfang an eine menschliche Dimension bekam, teilte Frank große Schwarz-Weiß-Fotos aus, sehr persönliche Nahaufnahmen von Leuten, die im Lauf der Jahre durch dieses Hospiz gegangen waren. Die Mitglieder des Filmteams saßen still da und betrachteten die Gesichter dieser todgeweihten Menschen. Nach fünf Minuten forderte Frank die Leute auf, ihr Foto im Kreis herum zum rechts sitzenden Nachbarn weiterzugeben. Sie konnten es nicht. Jeder hatte sich in den Menschen »verliebt«, den er auf dem Foto vor sich sah.

Das menschliche Herz möchte lieben und geliebt werden, nur fürchten wir uns oft davor. Wir sind gekränkt, verraten, verlassen, missverstanden, aufs Korn genommen und ausgeschlossen worden, und aus unserer Liebes- wurde eine Horrorgeschichte. Das Gespenst der Verluste und Schmerzen verfolgt uns, mahnt zu übervorsichtigem Einsatz, zu

Schutzschilden, die uns vor weiteren Enttäuschungen bewahren sollen.

Ablehnung ist für uns besonders schwer zu ertragen, sie weckt die Urangst der Verlassenheit und den alten Irrglauben, etwas sei nicht in Ordnung mit uns, wir seien wertlos, unattraktiv und nicht liebenswert. Welche ursprüngliche Verletzung wir möglicherweise auch erfahren haben – ein Familientrauma, Missbrauch, die Vernachlässigung durch eine überforderte Familie oder desinteressierte Institution –, sie kann dazu führen, dass wir Liebe fürchten. Es fällt uns schwer, uns zu öffnen, sogar für die Liebe uns selbst gegenüber. Aber jeder Mensch ist in seiner unergründlichen, staunenswerten Einzigartigkeit absolut liebenswert.

Neben Ablehnung kann auch Todesangst oder Angst vor dem Unbekannten unsere Liebe lähmen. Dann klammern wir uns an unsere schützende Schale und verkriechen uns in dieses kleine Ich, das sich sicher fühlen und das Leben kontrollieren möchte. Wir tun so, als seien wir unverletzbar, was natürlich nicht zutrifft. Wir wohnen in diesem allzu verletzlichen Körper, eingebunden in die Gemeinschaft des Lebens. Unsere Sinne sind von subtilster Empfänglichkeit für diese immer wieder neue Welt von Lust und Schmerz, Süße und Bitterkeit, Gewinn und Verlust. Liebe und Freiheit laden uns ein, uns voll und ganz auf diese Welt einzulassen. Sie bieten uns das Geschenk eines großzügigen Herzens, das aller Erfahrung Raum bietet, ebenso ansprechbar wie sicher gegründet.

Andere Menschen bringen uns zur Welt und versorgen uns, und so sterben wir auch. Für die Zeit, die wir uns hier aufhalten, sind wir auf das Gewebe des Lebens angewiesen. Wir essen, was die Bauern auf ihren Feldern erzeugen, wir vertrauen darauf, dass entgegenkommende Fahrer auf ihrer Seite bleiben, wir verlassen uns auf die Strom- und Wasserversorgung, auf die Lehrer, auf Krankenhaus und Feuer-

wehr, von denen unser Leben abhängen kann. Hören wir, was Mutter Teresa sagt: »Wenn wir keinen Frieden finden, dann, weil wir vergessen haben, dass wir alle zueinandergehören.« Unsere Verletzlichkeit und unsere Abhängigkeit vom Gewebe des Lebens, im rechten Licht betrachtet, machen uns bereit für die Liebe.

Ja, Sie haben möglicherweise eine Kränkung erlebt und sich im Stich gelassen gefühlt, aber irgendwie haben Sie die traumatische Vergangenheit überlebt, und jetzt ist die Gefängnistür entriegelt; Sie können jederzeit gehen. Wie lange wollen Sie Ihr Herz noch verschlossen halten, wie lange der Liebe den Rücken kehren? Letzten Endes ist das, was Ihre Liebe hindert, ohne Gewicht. Wie es bei W. H. Auden heißt: »Du sollst lieben deinen krummen Nachbarn mit deinem krummen Herzen.« Fassen Sie Mut. Engagieren Sie sich ruhig politisch, setzen Sie sich für kommunale Belange ein, aber vergessen Sie nicht, dass es am Ende vor allem auf Ihre Liebe ankommt. Liebe ist Ihr Tor zur Freiheit und Ihr letztes Wort.

Mit Liebe antworten

Ismael und Bridgit begegneten sich in Indonesien und verliebten sich. Bridgit war vor Kurzem von einem Fulbright-Stipendium in Amerika zurückgekehrt und arbeitete für eine internationale Nichtregierungsorganisation. Beiden lag die Bildung von Kindern in ländlichen Gebieten am Herzen. Ismael kam aus einer wohlhabenden Unternehmerfamilie, die in Singapur und Brüssel lebte. Sie waren sunnitische Muslime, gebildet und fromm. Bridgit hatte eine moderne europäische Erziehung genossen, und Ismaels Eltern zuckten zusammen, als sie erste Fotos von ihr im kurzen Trägerkleid sahen. Eltern sehen ihre Kinder immer gern

mit jemandem verheiratet, von dem sie sich Glück und Erfolg und eine Fortsetzung der Familientradition erhoffen. Wie in einem Shakespeare-Stück unternahmen sie alles, um die Beziehung zu hintertreiben, sie drohten mit dem Entzug von Geld und sprachen von Verrat an der Familie. »Sie wollten nicht, dass wir uns liebten«, erzählte Bridgit, »dabei hatten wir doch nichts anderes vor, als mehr Liebe in die Welt zu bringen.«

An einem Abend in London sahen sie und Ismael einander an und boten dann alle familienbedingten Schmerzen und Ängste dem Licht dar. Sie tranken Tee und machten eng umschlungen einen Spaziergang unter dem Sternenhimmel. Erstmals sahen sie klar, dass sie nicht an die Meinungen und Urteile anderer gebunden waren. »Wir wussten von innen heraus, dass wir einander lieben durften und dass es das Richtige war.« Sie fühlten in ihr Herz hinein und kamen zu dem Schluss, dass sie mit Liebe antworten würden.

Sie heirateten in einer Kapelle in Schottland, auch Ismaels Eltern nahmen an der Trauung teil. Sie hatten eingesehen, dass ihr Sohn unter allen Umständen ihr Sohn war. Der Geistliche las etwas über Liebe und Barmherzigkeit aus dem Koran, und allen standen die Tränen in den Augen. Eine neue Welt tat sich auf, Ismael und Bridgit fühlten sich ganz frei für ihre Liebe. Sie haben inzwischen zwei hübsche Kinder und arbeiten in Afrika für die Vereinten Nationen.

Das Glitzern in deinen Augen

Erste Liebe kann wachsen, wenn wir es zulassen. Anfangs idealisieren wir den anderen vielleicht, und es hat auch oft etwas Besitzergreifendes. Eifersucht kommt hinzu und das Gefühl, den anderen zu brauchen. Popsongs und Filme sind voll von dieser idealisierenden Liebe mit ihrer sexuellen

Seite. Sie sehen jemanden, der Ihrem inneren Partnerbild weit genug entspricht, und schon kommen Ihre Gefühle in Wallung, der Liebesrausch setzt ein, und dabei geht es keineswegs nur um das Aussehen, den Charme und die sonstigen Stärken des anderen, sondern um die möglichst genaue Übereinstimmung mit Ihrer Schablone. Dann wird dieser Mensch für Sie das, was Beatrice für Dante war, ein Ideal, das Ihr liebendes Herz auf den Plan ruft. Sie übertragen Ihre Sehnsüchte auf diesen Menschen und sehen in ihm Schönheit, Kraft, Mut, Intelligenz und Verlässlichkeit. Diese Eigenschaften liegen auch in Ihnen, aber Sie sehen sie nicht immer. Sie sind Ihnen nicht bewusst, und dafür ist jetzt der geliebte Mensch der Träger Ihrer eigenen Qualitäten, und wenn er in Ihrer Nähe ist, können Sie sich liebenswert und ganz fühlen.

Wie das in der Regel weitergeht, wissen Sie. Die Verherrlichung des geliebten Menschen funktioniert eine Weile, doch irgendwann wird in all dem goldenen Schimmer auch der Erdenkloß sichtbar, der rülpst und auch mal schmollt oder gereizt reagiert, der klammert oder unnahbar wird und zu schlampig oder zu penibel ist – ein Mensch eben. Dann kann man die Liebe erkalten lassen und sich schließlich nach »etwas Besserem« umsehen, und das kann natürlich endlos so weitergehen. Aber wenn die idealisierende Liebe enttäuscht wurde, eröffnet sich auch die Möglichkeit einer freieren Liebe. Wenn Sie und Ihr Partner oder Ihre Partnerin gut genug zusammenpassen, kann die Beziehung bestehen bleiben und tiefer werden, bis sich schließlich wahre und echte Liebe entwickelt, die nicht mehr von Erwartungen geprägt ist und ohne Projektionen und ohne Anklammern Bestand hat.

Aber Liebe verbindet sich nur allzu leicht mit Anhaftung, Klammerung und Ansprüchen. Dabei werden Sie lernen, dass es Verletzungen nach sich zieht, wenn Sie sich allzu sehr

darauf versteifen, dass Ihr Partner, Ihre Kinder oder wer auch immer Ihren Vorstellungen zu entsprechen haben. Ihr Partner möchte keine Überwachung und Gängelung erfahren. Er will geliebt, gesehen, angenommen werden und sich in Ihr Herz geschlossen fühlen – respektiert, geachtet und mit Ihrer Liebe beschenkt.

Wenn wir nicht aneinander festhalten, was hält uns dann zusammen? Nun, Fürsorge, Verpflichtung und Widmung halten uns zusammen. Verpflichtung heißt, dass Sie den anderen nicht nur lieben, wenn er tut, was Sie möchten, wenn er Ihre Bedürfnisse befriedigt und so lebt, wie Sie es für gut halten. Sie lassen sich bewusst darauf ein, diesen Menschen so zu lieben, wie er ist, und Sie bieten ihm den Rahmen, in dem er das leben kann, was ihn wahrhaft ausmacht. Der andere wird sich entwickeln und verändern und seine Möglichkeiten austesten. Manchmal tut er, was Sie möchten, und manchmal nicht. Das ist das Paradoxon der Liebe, dass sie nicht Besitz ergreift: Sie lässt den anderen sein. Sie ist großzügig und weitherzig, sie segnet. Wir lieben erst ganz, wenn wir uns von Erwartungen lösen, wie wir erst ganz beten, wenn wir nicht mehr auf einem bestimmten Ergebnis beharren. »Lehre uns, zu sorgen, und nicht, uns zu sorgen«, schrieb T. S. Eliot.

»Wenn du auch nur eine Seele geliebt hast«, sagte der indische Mystiker Meher Baba, »ist das, als hättest du dein Leben um ihres erweitert.« Ohne Wenn und Aber geschenkte Liebe beschenkt den anderen reich und befreit zugleich uns selbst – aus ganzem Herzen spontan gegebene Liebe, bedingungslos zugewandt. Sie lassen sich darauf ein, zu lieben, und nichts ist wichtiger als die Herzensverbindung.

Begegnung mit den Göttern

Der Chirurg und Autor Richard Selzer erzählte einst die folgende Geschichte:

Ich stehe am Bett einer frisch operierten jungen Frau, das Gesicht noch wie narkotisiert, aber der Mund irgendwie schief, clownesk. Ein winziger Zweig des Gesichtsnervs, der die Mundmuskeln versorgt, ist durchtrennt worden. Sie wird von jetzt an immer so aussehen. Bei der Operation war ich dem Verlauf der Fasern mit allergrößter Sorgfalt gefolgt, das versichere ich Ihnen, aber der Tumor in der rechten Wange der jungen Frau ließ sich nicht ohne Beschädigung des Nervs entfernen. Der junge Ehemann ist ebenfalls im Zimmer. Er steht auf der anderen Seite ihres Betts, und die beiden sind wie miteinander ins Licht der Nachtlampe gehüllt, ganz für sich, isoliert von mir. Es kommt mir so vor, als wüsste ich nicht wirklich, wer sie sind, der Mann und dieser Schiefmund, für den ich verantwortlich zeichne, wie sie einander so ganz und gar, ja zügellos betrachten und berühren.
»Bleibt der Mund so?«, fragt sie.
»Ja«, sage ich, »der Nerv wurde durchtrennt.«
Sie nickt und schweigt. Der junge Mann lächelt. »Ich mag ihn so«, sagt er. »Hat was Pfiffiges.«
Da weiß ich, wer er ist, und senke den Blick. Den Göttern tritt man nicht einfach so frontal entgegen. Als wäre ich gar nicht da, beugt er sich zu ihr hinunter und küsst diesen verzogenen Mund, ich sehe sogar, wie er seine Lippen den ihren anpasst, damit sie weiß, dass Küssen noch geht.
Mir fällt ein, dass die Götter im alten Griechenland oft in Menschengestalt auftraten. Mit angehaltenem Atem verfolge ich das Wunder.

Überschreiten Sie einfach die Grenzen der Liebe. Fangen Sie genau da an, wo Sie sind. Begrüßen Sie jede Form Ihrer Liebe als Bewegung in Richtung Verbundenheit. Auch Liebe mit Verlangen ist Suche nach Ganzheit. Verliebtheit öffnet die Augen für Blicke ohne Angst und Urteil. Lernen Sie, den anderen mit den Augen der Liebe zu sehen, dann werden Sie sich selbst auch in diesem Licht sehen, aber nicht in narzisstischer Selbstverliebtheit, sondern mit Selbstachtung, mit Wertschätzung Ihrer selbst. Lieben Sie sich selbst.

Liebe verkörpern

Betrachten Sie Ihren Körper, dieses erstaunliche Kunstwerk der Natur, im Spiegel. Wecken Sie Liebe für alles, was Sie da sehen – Nase, Augen, Haar, die Hände, der Bauch und Po, Ihre Brüste, Ihre Haltung. Der uruguayische Schriftsteller Eduardo Galeano schreibt:

> *Die Kirche sagt: Der Körper ist sündig.*
> *Die Wissenschaft sagt: Der Körper ist eine Maschine.*
> *Die Werbung sagt: Der Körper ist ein Geschäft.*
> *Der Körper sagt: Ich bin ein Fest.*

Lieben Sie Ihre Lebendigkeit. Lieben Sie Ihren kreativen, abgelenkten, überarbeiteten Kopf. Lieben Sie Ihre Angst und Niedergeschlagenheit, Ihre Sehnsucht und Weisheit. Lieben Sie Ihr Essen, gratulieren Sie sich dafür, dass Sie bisher am Leben geblieben sind, verfolgen Sie mit allen Sinnen den geheimnisvollen Zusammenfluss des Lebens da, wo Sie gerade sind.

Lieben Sie auch die Natur ringsum. Die Dichterin und Essayistin Annie Dillard hält, wie sie sagt, in allem immer

»Ausschau nach dem Baum mit Lichtern«, und es gibt ja diese Augenblicke, in denen ein überirdisches Licht aus einer Zitterpappel, aus dem Herbstlaub eines Ahorns oder aus Wolkengebilden leuchtet und ein Himmelslicht alle Schleier durchdringt und ganz alltägliche Dinge heraushebt, als wären sie Werke Michelangelos. Lieben Sie die Wesen dieser Erde, die Würmer und Bakterien im Boden, die Bienen und all die Tiere, die in stetigem Werden und Vergehen diesen abgekühlten Gestirnsklumpen bevölkern. Fangen Sie irgendwo an zu lieben – Hunde, Katzen, Delfine, Eichhörnchen, Spottdrosseln, Eidechsen, Elefanten. Lieben Sie Männer und Frauen, Stämme und Völker, die unendliche Vielfalt menschlicher Gestalten und Bühnenstücke. Liebe ist eine heilige Quelle, die nie versiegt. Die Freiheit der Liebe geht von ihrer immerwährenden Erneuerung aus, und sie kann sogar wachsen. Das ganze Leben ist ein Kurs in Liebe.

Liebe frisch gebacken

Manchen fällt die Liebe zu, wenn ihre Kinder geboren werden, andere lernen sie, wenn ihre Kinder in Schwierigkeiten geraten. Für manche kommt sie, wenn sie sich verlieben, oder sie lernen zu lieben, wenn jemand zu versorgen ist. Liebe und Bewusstsein sind unser wahres Wesen, aber manchmal vergessen wir das, und auch das ist menschlich verständlich. Deshalb sagt die amerikanische Schriftstellerin Ursula K. Le Guin: »Die Liebe sitzt nicht einfach da wie ein Stein; sie muss [täglich neu] gemacht werden, wie Brot.«

Die Neurowissenschaft bestätigt, dass Liebe in unserer Natur liegt, zugleich aber entwickelt werden kann. Man kann die Liebe einladen, erwecken und aufbauen wie Dankbarkeit und Vergebung. Sie kann aufblühen und größer

werden. Sie kann unsere Daseinsform werden, die unter allen Umständen bestehen bleibt. In allen großen spirituellen Traditionen wird das auch so gesehen. Ekstatische Musik und Kunst, Gebet, Ritual und kontemplative Praktiken weisen Wege, sich für die Liebe zu öffnen. Aus neurowissenschaftlicher Sicht verändern Liebe und Mitgefühl unser Nervensystem so, dass noch mehr Liebe und Mitgefühl möglich werden.

Aus der östlichen Philosophie übernommene Übungen für Herzensgüte und Mitgefühl finden heute Eingang in Medizin, Erziehung, Psychotherapie, Konfliktlösung und sogar in die Geschäftswelt. Meditation und Gebet stimmen uns auf die Wellenlänge der Liebe ab. Sie stoßen uns immer wieder auf die Realität der Liebe, bis sie unser Herz aufsprengt, blitzschnell eindringt, uns erfüllt und wir nicht mehr Nein sagen können.

Denken Sie an Menschen, die die Liebe gewählt haben, und machen Sie sich klar, dass Sie sich diesen Menschen anschließen können. Die erwähnten Übungsformen können Ihre Einstellung zu anderen Menschen vollkommen ändern. Thupten Jinpa, der Übersetzer Seiner Heiligkeit des Dalai Lama, erzählt die Geschichte eines Internisten in mittleren Jahren, der zu den an der Stanford University abgehaltenen Übungskursen über Herzensgüte und Mitgefühl kam. Er war ziemlich desillusioniert. Der Funke zündete bei seiner Arbeit einfach nicht mehr, er empfand nur noch den Druck und die Hetze, die das Versicherungssystem der ärztlichen Arbeit auferlegt. Nach zwei Wochen in diesen Kursen sagte er, er empfange seine Patienten jetzt anders und gehe viel mehr auf sie ein. Durch Meditation hatte er eine neue Beziehung zu sich selbst und zu den Menschen gefunden, die er behandelte. Eine seiner Patientinnen, eine ältere Dame, fragte ihn sogar: »Herr Doktor, Sie sind anders, irgendwas ist mit Ihnen. Haben Sie sich verliebt oder so?«

Liebe bringt Achtung mit sich

Bei einem Retreat für Männer erzählte Richard den anderen Teilnehmern eine Geschichte von seiner Arbeit als Moderator einer Radiosendung in Los Angeles, die sich dem Blues widmete. Er bekam viele Hörerzuschriften, auch von treuen Fans, die in südkalifornischen Gefängnissen einsaßen. In einem dieser Briefe wünschte sich ein älterer Herr namens Walter Jones etwas von den frühen Größen des Blues: Blind Lemon Jefferson, Muddy Waters und Big Joe Williams. Richard widmete eines Sonntags einen Teil der Sendung diesen Blues-Ikonen und sagte an, es sei der Wunsch eines Mr. Walter Jones, der sich offensichtlich in der Geschichte des Blues bestens auskannte. Wochen später erhielt er von diesem Mann einen Brief aus dem Gefängnis, in dem er sich bedankte und hinzufügte: »Es war das erste Mal, dass ich meinen Namen mit Respekt genannt hörte.«

Yasim war siebzehn, als sie aus dem Kosovo floh und in die Vereinigten Staaten gelangte. Sie war voller Ängste und Sorgen, desorientiert und hilflos. Sie hatte sich in einem Community-College als Medizintechnikerin ausbilden lassen und in einer großen städtischen Klinik einen Job bekommen. Aber der ganze Stress des amerikanischen Gesundheitssystems überforderte sie.

Sie nahm an einem Wochenend-Retreat teil und lernte Metta, die Meditation der Herzensgüte. Yasims Meditationen waren sehr visuell und farbenprächtig, was wohl in ihrer Natur lag, jedenfalls konnte sie die neu entdeckte Fähigkeit gleich bei ihrer Arbeit anwenden. Bei jedem neuen Patienten spürte sie sofort die Farbe, die diesen Menschen umgab, und teilte dieser Farbe Liebe mit. Sie sah einfach mehr als die Äußerlichkeiten wie Auftreten, Kleidung, Krankheit oder Stimmungslage, und das machte es ihr leicht, die Leute ins Herz zu schließen.

Sich selbst zu lieben fiel ihr allerdings schwer. In ihrer Familie daheim im Kosovo war es im täglichen Überlebenskampf eher rau zugegangen, und das verfolgte sie auch jetzt noch. Sie war von Zweifeln geplagt, selbstkritisch und voller Scham. Wenn sie an Freunde oder die Patienten in der Klinik dachte, besaß jeder eine Farbe, aber wenn sie sich selbst Liebe zukommen lassen wollte, traf sie auf eine schwarze, verhärtete Stelle in ihrem Herzen.

Einmal bekam sie eine sehr freundliche Nachricht von einer Kollegin, in die sie heimlich verliebt war. Die Worte erfüllten ihr Herz mit Wellen von Herzenswärme und einem goldenen Farbton. Noch eine Nachricht kam, und die Freude wurde immer größer. Als sie jetzt die Metta-Meditation für sich selbst zu machen versuchte, verflüchtigte sich das schwarze Loch in die offene Weite und von Licht erfüllte Wolken erschienen. Zu mir sagte sie: »Die Liebe zu anderen hat mein Herz halb geheilt. Die andere Hälfte konnte heilen, als ich mich geliebt fühlte.« Natürlich kam es zu Rückfällen, sodass sich für Yasim die Notwendigkeit ergab, ihre Praxis fortzusetzen. Offenheit bleibt nicht immer ein für alle Mal. Das Herz öffnet und schließt sich wieder, Gefühle scheinen zeitweise zu verblassen. Aber jetzt weiß Yasim, wie es ist, geliebt zu werden und sich selbst zu lieben.

Vertrauen Sie darauf, dass Sie gut genug sind. Suchen Sie sich ein sicheres Umfeld, in dem Sie sich öffnen können. Lassen Sie sich von der Liebe zu neuem Leben erwecken. Ihre magnetische Kraft wird Sie wieder an die Lebensenergie anbinden, mit der Sie geboren wurden. Lassen Sie sich von der Liebe still, zärtlich, stark und fürsorglich machen, zum Tanzen überreden. Sie werden die Liebe entdecken, die Ihr Zuhause ist. Leben Sie aus der Liebe, die Sie sind.

ÜBUNG
Metta, die Meditation der Herzensgüte

Größer bin ich, als ich dachte.
Ich habe nicht gewusst,
dass ich so viel Gutes enthalte.
Walt Whitman

Wenn Sie mit der Praxis der Herzensgüte anfangen, sollten Sie anfangs fünfzehn bis zwanzig Minuten an einem Platz meditieren, an dem Sie ungestört sind. Nehmen Sie eine bequeme Sitzhaltung ein. Lassen Sie den Körper ruhig und das Herz weich werden.

Zuerst lassen Sie den Menschen Herzensgüte zukommen, die Sie lieben – einfach deshalb, weil es vielen schwerfällt, sich selbst Liebe zukommen zu lassen. Stellen Sie sich einen anderen Menschen vor, den Sie ohne Vorbehalt lieben können. Vielleicht ein Kind? Fangen Sie also da an, wo das Herz ganz leicht aufgeht. Es kann sogar ein Haustier sein.

Atmen Sie ruhig und leicht und sprechen Sie innerlich die traditionellen vier guten Wünsche:

Mögest du von Herzensgüte erfüllt sein.
Mögest du dich sicher und geborgen fühlen.
Möge es dir körperlich und geistig gut gehen.
Mögest du entspannt und glücklich sein.

Wiederholen Sie die Sätze, während Sie das geliebte Wesen mit Herzensgüte umfangen. Sie können die Worte und begleitenden bildhaften Vorstellungen so abwandeln, dass sich Ihr Herz mühelos öffnet. Wiederholen Sie diese guten Wünsche immer wieder, bis Sie ganz von den Gefühlen durchdrungen sind.

Diese Meditation kann sich zeitweilig ein wenig mechanisch oder aufgesetzt anfühlen, sie kann sogar eine gewisse Ärgerlichkeit auslösen. Sollte das der Fall sein, werden Geduld und Freundlichkeit sich selbst gegenüber besonders wichtig, damit Sie alles, was sich zeigen mag, im Geist der Freundlichkeit und wohlwollenden Güte betrachten können.

Gehen Sie nach einigen Minuten zu einer anderen Person über, der Sie vorbehaltlos Gutes wünschen können, und sprechen Sie innerlich wieder die vier Sätze der Herzensgüte. Es spielt keine Rolle, ob die Bilder und Gefühle ganz klar werden oder nicht. Bringen Sie einfach weiter die Saat der guten Wünsche aus, wiederholen Sie ohne Druck die Sätze, ohne sich von irgendetwas stören zu lassen. Bei dieser Übung der Herzensgüte geht es einfach darum, dass Sie den Weg einschlagen, auf dem es Ihnen leichtfällt, Ihr Herz zu öffnen.

Nach einiger Zeit werden Sie bereit sein, sich selbst Gutes zu wünschen. Stellen Sie sich einfach vor, dass diese beiden geliebten Menschen nun Sie mit dem gleichen Wohlwollen anschauen. Sie wünschen auch Ihnen Herzensgüte, sie möchten, dass Sie sich gut aufgehoben fühlen, dass es Ihnen gutgeht und Sie glücklich sind. Sehen Sie vor dem inneren Auge, wie diese beiden Menschen freundlich zu Ihnen sagen:

Mögest du von Herzensgüte erfüllt sein.
Mögest du dich sicher und geborgen fühlen.
Möge es dir körperlich und geistig gut gehen.
Mögest du entspannt und glücklich sein.

Nehmen Sie die guten Wünsche dankbar entgegen, lassen Sie sie nach einigen Wiederholungen tief in sich eindringen. Vielleicht möchten Sie sogar die Hand aufs Herz legen. Und jetzt wiederholen Sie für sich selbst:

Möge ich von Herzensgüte erfüllt sein.
Möge ich mich sicher und geborgen fühlen.
Möge es mir körperlich und geistig gut gehen.
Möge ich entspannt und glücklich sein.

Wenn sich das Gefühl der Herzensgüte der eigenen Person gegenüber stabilisiert hat, können Sie andere nahestehende Menschen in Ihre Meditation einbeziehen. Wählen Sie jemanden, dem Sie viel zu verdanken haben, der Sie geliebt und versorgt hat. Stellen Sie sich diese Person bildlich vor und wiederholen Sie die Sätze sehr bewusst.
Sobald die Herzensgüte für diesen Menschen ganz klar geworden ist, können Sie weitere Personen einbeziehen, die Ihnen etwas bedeuten. Stellen Sie sich diese Leute vor und wiederholen Sie die Sätze, bis sich das Gefühl der Herzensgüte einstellt. Danach weiten Sie den Kreis und beziehen auch entferntere Freundschaften ein, dann Schritt für Schritt Menschen aus Ihrem engeren und weiteren Umfeld – zuerst Nachbarn, dann Landsleute, schließlich alle Menschen auf der Erde sowie Tiere, alle Wesen, den ganzen Planeten …
Zuletzt beziehen Sie auch noch einmal besonders die schwierigen oder sogar feindseligen Menschen in Ihrem Leben ein und wünschen ihnen Herzensgüte und Frieden. Da werden Sie ein wenig üben müssen. Aber wenn Ihr Herz einmal für geliebte Menschen und Freunde aufgegangen ist, werden Sie irgendwann feststellen, dass Sie es gegenüber niemandem mehr verschließen möchten.
Metta können Sie überall üben, zum Beispiel im Stau, bei Busfahrten und im Flugzeug. Wenn Sie unter Leuten sind und still Ihre Meditation machen, werden Sie eine wunderbare Verbundenheit spüren. Das ist die Kraft der Herzensgüte. Sie beruhigt den Geist, öffnet das Herz und lässt Sie mit allen Lebewesen verbunden bleiben.

3
Dem lebendigen Universum vertrauen

Sie können alle Blumen abschneiden, aber nie
werden sie den Frühling aufhalten können.
Pablo Neruda

Wir sind nicht dieses kleine Ich, als das wir uns in unseren Sorgen sehen. Wir sind Leben, das sich immer wieder selbst erneuert. Vertrauen ist das Wissen, dass nichts Reales je verloren gehen kann. Immer wenn ich zu meinem Lehrer Ajahn Chah ging, um mit ihm etwas zu besprechen, was ich wichtig fand – eine fieberhafte Erkrankung, eine lichtvolle Meditation oder meine Sorgen um das Wohl der Welt –, sah er mich lächelnd an wie ein Großvater einen kleinen Knirps, der ihm seine Sandburgen zeigt, und rief mir erneut in Erinnerung: »Wenn Sie an irgendeiner Erwartung festhalten, entgeht Ihnen die Weisheit. Das alles ist vergänglich. Seien Sie der Erkennende, der Zeuge all dessen. So wächst Vertrauen.« Und so wächst auch Liebe. Vertrauen und Liebe, das sind die beiden Schlüssel.

Unseren Garten pflegen

In dem Jahr, in dem Marias Mann arbeitslos wurde und ihr Sohn sich wegen seiner Crystal-Meth-Sucht in Behandlung begab, erlitt sie einen Schlaganfall. Sie fühlte sich wie der biblische Hiob. Sie bekam zwar Krankengeld, aber es bestand doch die Befürchtung, dass sie ihr Haus verlieren wür-

den. Als ihr Lehrer leitete ich sie bei der Übung des Vertrauens und des Jetzt-Gewahrseins an. Mithilfe einer Gebetskette, die ihr vor allem in den Monaten der Rehabilitation die geistige Sammlung erleichterte, rezitierte sie: »Ruhe in der Gegenwart. Genese in der Gegenwart. Vertraue.«

Als es ihr und ihrem Sohn allmählich besser ging, übte sie sich in Selbstfürsorge und nahm an Treffen der Anonymen Alkoholiker teil. Am Ende einer langen und schwierigen Zeit wurde sie gesund, ihr Mann fand einen neuen Job, ihr Sohn beendete ein ganzes Jahr in der Reha und ist seitdem clean. »Ohne Vertrauen hätte ich das nie geschafft«, sagte sie.

Wir sind in den großen Plan des Lebens eingebunden. Wenn Einzelne von uns Verluste erleiden oder es zu kollektiven Tragödien kommt, sind das keine Irrtümer. Wir sind dafür gerüstet, solche Zeiten tapfer durchzustehen. Wir können überleben und stärker werden, wie jene Bäume auf windgepeitschten Bergrücken, die allen Stürmen standgehalten und sich zu einer besonderen Schönheit entwickelt haben. Vertrauensvoll bringen wir unser Saatgut aus und pflegen die Pflänzchen, und dabei zeigt sich, dass wir zwar den Lauf der Welt nicht in der Hand haben, aber nichts uns daran hindern kann, den Garten unseres Lebens zu bestellen.

Vertrauen macht stark. Ich denke an den norwegischen Geistlichen, der im Zweiten Weltkrieg in aller Stille Juden, Homosexuelle und Zigeuner vor der Verfolgung durch die Nationalsozialisten rettete. Einmal wurde er von der Gestapo verhört. Auf einem Metallstuhl und im Licht einer grellen Lampe saß er bei diesem Verhör einem Offizier gegenüber, der eine Pistole zog und auf den Tisch zwischen den beiden Männern legte. Der Pfarrer zögerte keinen Moment, griff in seine Schultertasche und legte eine Bibel neben die Pistole. »Was soll das?«, raunzte der Offizier. »Ihre Waffe,

meine Waffe«, lautete die Antwort. Der Geistliche glaubte an seine Sache, und so stand er das lange Verhör durch und konnte sich anschließend mit dem gleichen Todesmut wieder seiner gefährlichen Aufgabe widmen.

Überlegen Sie einmal, wie es sich anfühlen würde, vertrauensvoll zu leben, immer in dem Gefühl, dass die Dinge sich schon fügen werden, vielleicht nicht unbedingt so, wie wir es für richtig halten, aber wunderbar und zutiefst befriedigend. Spüren Sie, wie sich Ihr Körper entspannt und das Herz leichter wird? Rumi rät uns, so zu leben, als sei das Leben zu unseren Gunsten manipuliert. Auch Gandhi schöpfte aus dieser Sicht Mut und Vertrauen. »Wenn ich verzweifelt bin«, schrieb er, »sage ich mir immer wieder, dass in der Geschichte der Weg der Liebe und Wahrheit immer gesiegt hat. Es mag Tyrannen und auch Mörder gegeben haben, die, so schien es manchmal, unbesiegbar waren. Aber irgendwann wurden sie doch gestürzt.«

In schwierigen Zeiten setzt Vertrauen voraus, dass wir uns vom kleinen Ich, dem »Furchtkörper«, abwenden, um die Verbindung zu etwas Größerem, Heiligem zu suchen. Wir bauen auf die Größe des menschlichen Geistes.

Nach einem schmerzhaften Vertrauensbruch kann es einige Zeit dauern, bis wir wieder an das Leben glauben. Aber das Vertrauen wird erneut wachsen. Es geht ja auch nicht nur Ihnen so, fast alle Menschen erleben Verrat, Vertrauensbrüche oder gar Misshandlungen. Das kann schon in der Kindheit anfangen, oder es geschieht später im Leben: Liebespartner leisten sich Seitensprünge, Sie wurden von Geschäftspartnern übers Ohr gehauen, es gibt Streitigkeiten in der Familie, vielleicht kommt es im Haus oder auf der Straße zu Übergriffen Fremder, oder Sie bekommen es mit Institutionen zu tun, die Ihnen nicht die Wahrheit sagen. Das alles sind Vertrauensbrüche, über die man nicht so leicht hinwegkommt und die auch keineswegs kleingeredet

oder gar gerechtfertigt werden sollen. Aber Sie können lernen, wieder zu vertrauen. Aufgeklärtes Vertrauen ist nicht naiv. Sie vertrauen, schützen jedoch trotzdem Ihren Körper, Ihr Herz und Ihren Besitz. Dieses Vertrauen setzt kluges Augenmaß voraus. Sie müssen erkennen können, was wirklich vertrauenswürdig ist und, noch wichtiger, wo Sie sich selbst vertrauen müssen.

Wir können darauf bauen, dass alles, was uns an Freude und Leid gegeben ist, dem Zweck dient, uns zur Freiheit zu führen. Schwere Zeiten und Verluste sind die hohe Schule des Vertrauens. Hier lernen wir, zu überleben und dabei unverrückbar frei zu sein. Unzählige Generationen, von denen das Leben zuletzt auf uns übergegangen ist, hinterlassen uns eine Kraft, die in uns neu geboren wird. Und jetzt liegt es an uns, sie zu nutzen. Wenn wir Geld, unsere Arbeit, eine Beziehung oder die Hoffnung verloren haben, bedeutet das nicht das Ende. Wie Gras, das aus Rissen im Asphalt wächst, kann auch das Vertrauen wieder wachsen. Selbst wenn wir uns völlig verloren und verlassen fühlen, erwartet uns etwas Neues, das Leben geht weiter.

Der Tanz des Lebens

Wir leben in einer Kultur, in der man uns einredet, alles sei beherrschbar. Wir ernähren uns gesund, informieren uns fast ununterbrochen über Sturmwarnungen, stehen am Flughafen Schlange an den Sicherheitskontrollen. Aber am Ende kann doch niemand Krankheiten, Wirbelstürme oder Unfälle voraussagen – ebenso wenig wie Regenbögen, ein Lächeln, Gesten der Liebe oder das Lebensende. Politiker schüren Ängste, wenn sie Gefahren heraufbeschwören oder uns mit düsteren Szenarien traktieren. Einst waren wir gehalten, Kommunisten, den Atomkrieg und Homosexuelle

zu fürchten, jetzt sind es Terroristen, Einwanderer und Muslime.

Schon Henry Louis Mencken, der in den Zwanzigerjahren des vergangenen Jahrhunderts als Journalist arbeitete, sah dieses Schüren von Ängsten als typisch für die Politik. Er schrieb, der Politik gehe es stets darum, die Bevölkerung mit immer wieder neuen und ganz überwiegend erfundenen Schreckgespenstern in Unruhe zu halten, damit sie nach sicherer Führung durch eine starke Hand rufe. Das ist heute noch so zu beobachten. Mit endlosen Schauergeschichten und direkten Lügen wissen manche Politiker virtuos auf der Klaviatur unserer Ängste zu spielen.

Natürlich sind die Dinge wirklich ungewiss, aber mit Liebe, Augenmaß und Vertrauen fahren wir trotzdem besser. Es ist einfach klüger, mit einem vertrauensvollen Herzen zu leben. Howard Zinn, der Autor des berühmten Standardwerks *Eine Geschichte des amerikanischen Volkes,* sieht revolutionäre Umbrüche als eine endlose Folge von Überraschungen. Er führt dafür den Fall der Sowjetunion, den Weg Spaniens vom Faschismus in die Demokratie und die Öffnung des chinesischen Kommunismus für den Kapitalismus an.

Er begegne immer wieder jungen Leuten, die bei allem Schrecklichen in der Welt Anlass zur Hoffnung gäben. Hunderttausende engagierten sich für etwas Besseres. Hoffnung in schwierigen Zeiten sei nicht einfach romantische Verklärung, sagt Zinn, sondern gehe von dem Wissen aus, dass die Menschheitsgeschichte nicht lediglich eine Chronik von Grausamkeiten, sondern ebenso voller Mitgefühl, Opferbereitschaft, Mut und Güte sei. Wie unser Leben aussehe, hänge immer davon ab, welche Anteile dieser Geschichte wir in den Vordergrund rückten. Wer nur das Schlimme sehe, untergrabe damit unsere Handlungsfähigkeit. Und wenn wir uns die vielen Fälle vergegenwärtigten,

in denen Menschen über sich hinausgewachsen seien, bekämen wir Mut, zu handeln und der Welt vielleicht einen anderen »Drall« zu geben. Das Leben werde auch in Zukunft aus gegenwärtigen Augenblicken bestehen, und wenn wir jetzt trotz allem, was ringsum falsch laufe, so lebten, wie Menschen leben sollten, sei das bereits ein großartiger Sieg.

Was für das Kollektiv gilt, trifft auch für jeden Einzelnen zu. Wenn es ganz schlimm kommt, verlieren Sie vielleicht Ihre Arbeit oder Ihr Zuhause, werden ernsthaft krank oder müssen eine bittere Scheidung durchstehen – aber das Herz kann trotzdem vertrauensvoll bleiben. Das ist dann kein naiver Optimismus, und Sie rechnen nicht unbedingt mit einem konkreten Endergebnis, etwa mit einem speziellen neuen Job oder der vollständigen Wiederherstellung Ihrer Gesundheit. Aber das Herz vertraut in einem geistigen Raum, der hinter dem im Vordergrund stattfindenden Tanz liegt.

Wir können nicht wissen, welchen Verlauf das Leben nehmen wird. Manchmal folgen auf Krisen ganz überraschend bessere Zeiten, doch darauf ist nicht immer Verlass, und es bleibt einfach eine schwierige Lektion für die Seele. Alles ist Teil vom Tanz des Lebens, und mit allem lässt sich irgendwie zurechtkommen. Ein weise vertrauendes Herz kann unter jeglichen Umständen frei sein.

Weises Vertrauen

Als Alvaros Vater starb, stritten sich seine sechs Geschwister um das Bauunternehmen der Familie, zwei von ihnen schreckten in ihrer Habgier auch vor Lügen nicht zurück. In den folgenden beiden Jahren wäre es ihnen beinah gelungen, Alvaro um sein Erbe zu bringen. Aber sie waren eben alle seine Familie, die Eltern von Nichten und Neffen, die

ihm viel bedeuteten. Bei jeder Familienzusammenkunft war er dabei gewesen, zu Hochzeiten, Feiertagen und Quinceañeras (das sind in manchen lateinamerikanischen Ländern besondere Feiern zum fünfzehnten Geburtstag eines Mädchens). Die Familie war sein Leben. Es waren für ihn erschütternde Zeiten, in denen er mit Verlusten, mit Wut, Traurigkeit und Tränen zu kämpfen hatte. Nach einem Jahr kam er darauf, wie er seinen Geschwistern neues Vertrauen schenken konnte: Er konnte höchstens darauf vertrauen, dass sie so waren, wie sie eben waren. Aber er wollte nicht länger zulassen, dass sie sein Herz und sein Leben mit Ärger und Groll befrachteten. Seinem Anwalt trug er auf, sein Erbe mit allen rechtlichen Mitteln zu verteidigen. Aber er war nicht bereit, seine Verwandten nicht mehr zu lieben. Da er sie jetzt ganz klar sah, gewann er neues Vertrauen zu sich selbst. Es gab zwar immer noch schmerzliche gerichtliche Scharmützel, aber jetzt wusste er, wie er für sich selbst sorgen und zu einem neuen und weiseren Vertrauen finden konnte.

Bei zwei der besten »Heilanwendungen«, Therapie und Meditation, geht es immer um Vertrauen, echtes Vertrauen. Ihr Kind ist in Schwierigkeiten, Ihr Job ist unsicher, Sie wissen nicht, wie Sie weiterhin zurechtkommen sollen, alte Traumatisierungen verfolgen Sie – das ist nicht das Ende der Welt.

Meine Kollegen Michael Meade, Luis Rodriguez und ich veranstalten für Kriegsheimkehrer aus dem Irak und Afghanistan, aber auch für andere traumatisierte Männer mit Gewalterlebnissen Retreats in einer Hütte tief im Wald. Hier können sich die Männer frei über Sehnsüchte und Schrecken, Liebe und Verlust aussprechen. Sie tragen ihre nie erzählten Geschichten vor, und es gibt Zeremonien für ihre Wiederaufnahme in die Gemeinschaft. Bei einem dieser Retreats ging es um Beschäftigungen, die es ihnen erleich-

tern sollten, wieder mit sich selbst und mit anderen in Kontakt zu kommen – kreatives Schreiben, auch von Gedichten, dazu Gesang, Rituale und Kampfkünste. Sie lernten die Mythen und Gesänge heimkehrender afrikanischer, irischer, tibetischer und Maya-Krieger kennen, aus denen der tröstliche Ruf nach Erbarmen und Verständnis klingt. Jeden Abend war die alte Hütte aus Stein und Holz von Kerzen erleuchtet, und die Männer konnten aufstehen und ihre Geschichten erzählen.

Eines Abends war das der Jüngste in der Runde, TJ, der einer Street Gang in Los Angeles angehört hatte. Mit zittriger Stimme erzählte er von einer Kampfszene zwischen den Crips und den Bloods, von einem langsam vorbeifahrenden Wagen aus der Sozialbausiedlung, von Schüssen, die ein Feuergefecht auslösten. Das war gerade erst eine Woche her. Als die Schießerei losging, rannte TJ davon, aber sein Freund war zu langsam und wurde tödlich getroffen. Sobald es möglich war, lief TJ zu seinem Kumpel zurück und drängte sogar die inzwischen eingetroffenen Polizisten zur Seite. Jetzt weinte er und überlegte laut, ob er nicht mehr hätte tun können, um seinen Freund zu retten.

Rudy, ein erst kürzlich aus dem Irak zurückgekehrter Ex-Marine, ging zu TJ hinüber, legte ihm den tätowierten Arm um die Schultern und sagte: »Du hast das ganz richtig gemacht. Wenn die Schießerei losgeht, suchst du Deckung, aber du lässt deinen Kameraden nicht im Stich.«

Nach einer tief bewegten Stille erzählte Rudy nun seinerseits von einer tragischen Verstrickung, die ihm offenbar keinerlei Möglichkeit eines richtigen Handelns gelassen hatte. Seine Augen wurden feucht, als er von einem Abend in Anbar berichtete, an dem er einen Checkpoint zu bewachen hatte. Eine Gruppe von Irakern näherte sich. Rudy ließ sie anhalten, damit sie durchsucht werden konnten – es hatte erst kürzlich wieder Selbstmordanschläge gegeben. Sie

gehorchten, aber ein älterer Mann kam weiter auf ihn zu, Rudy rief ihn auf Englisch und Arabisch an, aber er kam einfach weiter auf das Einfahrtstor zu. Schließlich schoss Rudy, und der Mann stürzte zu Boden. Die irakischen Frauen in der Gruppe schrien auf und riefen etwas. Ein Übersetzer sagte zu Rudy: »Hast du denn nichts gemerkt? Er ist taub.«

Rudy und TJ weinten. Irgendwann standen hundert Männer im Kerzenlicht unter der dunklen Holzdecke auf und begannen das schmerzlich schöne Heimkehrlied afrikanischer Krieger zu singen. Eine halbe Stunde lang umgaben sie TJ und Rudy mit diesem tiefen, dröhnenden Gesang, bis die beiden ganz allmählich in ihre Körper zurückfanden. Rudy arbeitet heute als Betreuer und Berater junger Männer, die aus dem Bandenwesen aussteigen.

Uns allen kann es passieren, dass wir von alten Traumatisierungen verfolgt werden, bis es uns schließlich gelingt, mit ihnen ins Reine zu kommen. Das kann durch Meditation und Therapie, durch Kunst und Gemeinschaft, durch Ritual und Redezeit geschehen. Dabei finden wir heraus, dass Freiheit nicht unbedingt die Auflösung der schmerzlichen Erlebnisse bedeuten muss. Sie sind eher wie die Narben, die den Massai-Krieger zieren, wie die Dehnungsstreifen auf dem Bauch einer Mutter – die geheime Medizin, die man auf seinem weiten Weg erringt. Durch Traumata bedingte eingefahrene Reaktionsweisen oder Vermeidungsstrategien können dann eine milde Erinnerung bleiben, die uns weiterhin ratgebend begleitet. Sie lassen die Flamme des Lebens heller in uns brennen.

Das Ende der Verzweiflung

Unsere Leiden sind nicht schon alles, wir müssen uns nicht von ihnen beherrschen lassen. An Rumis Grab stehen diese ihm zugeschriebenen Verse:

Komm, komm, wer du auch sein magst,
Wanderer, Götzendiener oder Feueranbeter,
komm wieder. Dies ist die Tür der Hoffnung, nicht der Verzweiflung.
Auch wenn du tausendmal dein Versprechen gebrochen hast,
komm, komm wieder!

Ob andere ihre Versprechen gebrochen haben oder wir selbst es waren, jedenfalls gilt es nach Rumis Worten weiterzumachen, und zwar nicht verzweifelt, sondern in vertieftem Vertrauen. Vertrauen liegt zuerst in der Arglosigkeit, mit der ein Kind sich auch den unfähigsten Eltern in die Arme wirft. Dann kommen die Enttäuschungen des Lebens und mehr oder weniger Leid. Daran ist nichts Falsches. Verlust und Vertrauensbruch sind einfach Bestandteile des Lebens, Bedingungen der menschlichen Inkarnation. Äußere Verluste werfen uns zurück auf uns selbst, auf die Suche nach dem wahrhaft Vertrauenswürdigen. Aus der Desillusionierung kann Mitgefühl erwachsen, unser Horizont weitet sich. Dadurch bildet sich neues Vertrauen, das jetzt tiefer und weiser ist.

Keith war ein Schüler in der Tradition des tibetischen Buddhismus, als er zu mir kam. Er widmete sich der traditionellen Vajrayana-Praxis der hunderttausend Niederwerfungen, bei denen man jedes Mal Zuflucht zum Buddha, seiner Lehre (Dharma) und der buddhistischen Gemeinschaft (Sangha) nimmt. Sein Lama hielt sich daheim in

Nepal auf und würde erst im nächsten Jahr wiederkommen. Nach einigen Tausend Niederwerfungen geriet Keith in eine ausweglos erscheinende Lage. Immer wenn er mit der Verbeugung begann, hatte er Schmerzen am ganzen Körper, seine Gefühle waren wie tot, und er konnte sich kaum auch nur zu einer einzigen weiteren Prostration überwinden. Wir sprachen über seine Praxis. Ich erklärte ihm, dass es bei wiederholten Übungen wie seiner Niederwerfungspraxis um Reinigung geht und durch die Verbeugung alte körperliche, seelische und geistige Muster aktiviert werden, die seine rückhaltlose Hingabe und Ergebung blockierten. Und genau an dieser Stelle, fügte ich hinzu, setzen tiefgreifende Veränderungen ein.

Ich schlug gemeinsame Verbeugungen vor, einfach um zu sehen, was passieren würde. Wir stellten uns nebeneinander und wollten eben unsere erste Verbeugung mit der Zufluchtnahme zu Buddha, Dharma und Sangha machen. Ich forderte Keith auf, ganz besonders auf seinen Körper zu achten. Ihm wurde plötzlich kalt, er schauderte, Angst stieg in ihm auf. Er blieb bei diesen Empfindungen, und sie wurden stärker. Ich begann mit der Verneigung, und als er zu folgen versuchte, schnürte es ihm die Kehle zu, das Herz pochte wie wild. Ich ließ ihn die Augen schließen und genau auf die Empfindungen achten. Dann fragte ich unvermittelt, wie alt er sich fühle. Die Augen füllten sich mit Tränen, und mit bebender Stimme sagte er: »Sechs.« – »Und was ist passiert?«, fragte ich nach. Da brach die ganze Geschichte aus ihm heraus: Sein Vater, der ihn geliebt und beschützt hatte, wurde eines Tages mit einem Herzinfarkt ins Krankenhaus eingeliefert. Keith blieb mit seinem weinenden kleinen Bruder und einer psychisch gestörten Mutter zurück. Als sein Vater einen Monat später aus dem Krankenhaus zurückkehrte, hatte er nichts mehr von dem, den Keith als seinen Vater gekannt hatte. Er war ein kranker,

gebrochener Mann. Er wurde dann auch immer schwächer und starb einige Jahre darauf. Keith sah seine Hoffnungen zerstört, das wohlbehütete Leben war dahin.

»Und wo liegt der Zusammenhang mit den Niederwerfungen?«, fragte ich, während wir immer noch dort standen. Keith schüttelte den Kopf. »Als mein Vater tot war«, sagte er, »habe ich aufgegeben. Das Leben war nur noch schwierig, und ich sagte mir, dass man auf nichts bauen kann, auf nichts ist Verlass. Ich mag nie wieder Zuflucht suchen, nirgendwo. Was es auch sei, es kann mir von jetzt auf gleich wieder genommen werden wie mein Vater.«

Ich bat ihn, innerlich dieses verlassene sechsjährige Kind zärtlich und mitfühlend in die Arme zu nehmen. Nach einiger Zeit sah ich ihn direkt an und fragte: »Dieser verängstigte Sechsjährige – sind Sie das wirklich?« Er verstand sofort. Er hatte all die Jahre eine unbewusste Angst mit sich herumgetragen. Er verstand auch, dass er kein Kind mehr war, dass er den Verlust des Vaters überlebt hatte. Ihm wurde klar, dass er neues Vertrauen finden und im Hier und Jetzt leben konnte.

Als er bereit war, verneigten wir uns gemeinsam, und natürlich hat er seine hunderttausend Niederwerfungen später ohne Probleme absolviert.

In den Armen eines lebendigen Universums

Jede menschliche Inkarnation endet. Der Tod kommt zu jedem und wischt die Tafel frei, wie bedeutend er auch gewesen sein mag. »Die Friedhöfe sind voll von unersetzlichen Männern!«, merkte Charles de Gaulle einst an. Wie also leben wir mit der Tatsache unseres Todes, jenes letzten Mysteriums? Es kann uns lähmen. Oder wir wenden uns ihm bewusst zu, verneigen uns und leben in Freiheit.

Angst kann höchst irrational sein. Der primitive Teil unseres Gehirns fürchtet am meisten Haie, Terroristen und Flugzeugabstürze. Nun, im vergangenen Jahr zum Beispiel gab es in den USA weniger als dreißig nichtprovozierte Haiangriffe, aber 4,5 Millionen Hundebisse. Siebzehn Amerikaner kamen bei terroristischen Angriffen ums Leben, während 36 000 an der Grippe starben. Die Wahrscheinlichkeit, bei einem Autounfall ums Leben zu kommen, ist hundertmal höher als ein Flugzeugabsturz mit tödlichem Ausgang. Die Angst vor Haien, Terroristen und Abstürzen beruht größtenteils auf Einbildung, aber auch die Illusion, es gebe ein »sicheres« Leben. Wie die taubblinde amerikanische Schriftstellerin Helen Keller sagte: »Sicherheit ist meist ein Irrglaube. Sie kommt in der Natur nicht vor … Das Leben ist entweder ein großes Abenteuer oder nichts.«

Als Rosina zu mir kam, hatte sie zwei Söhne, die sieben und zehn Jahre alt waren. Rosina hatte metastasierenden Brustkrebs. Sie war in Behandlung, aber es bestand wenig Aussicht, dass sie noch länger als ein paar Monate leben würde. Sie gab sich alle Mühe, achtsam im Augenblick zu leben, aber sie war natürlich aufgewühlt und voller Angst. Mit etwas Anleitung fand sie in ihren Körper zurück und gelangte zu einer Haltung der freundlichen Zuwendung zu der ganzen Enge und Panik. Aber die Schmerzen blieben schwer erträglich, und sie dachte mit Schrecken an das schwarze Loch des Todes, an dessen Schwelle sie ihre Kinder würde zurücklassen müssen.

Wir trafen uns regelmäßig, und Rosina lernte, diesen heftigen Gefühlen und Empfindungen mitfühlend zu begegnen. Sie weinte, zitterte und setzte sich den Wellen ihres Entsetzens aus. Nach und nach fand sie ein wenig Ruhe, und schließlich konnte sie ihre Krankheit und die damit verbundenen Gefühle annehmen. Sie sah ein, dass wir den Zeitpunkt unseres Todes nicht wählen können.

Einmal war sie schließlich bereit, sich ihrer größten Angst zu überlassen, dem Abgrund des Todes. Sie hatte dabei ein Gefühl des Fallens und wollte sich halten, dann ließ sie los und stürzte in bodenlose Schwärze. Nun nahm sie jedoch überrascht wahr, dass sich der dunkle Raum in weichen schwarzen Samt vor dem Sternenhintergrund verwandelte. Sie konnte sich diesem Wunder öffnen und sah staunend und tief erleichtert, dass für sie ein Vertrauen möglich wurde, das größer war als ihre Ängste. Sie fühlte sich von einem lebendigen Universum gehalten.

Janice kämpfte mit häufigen Angstanfällen. Ich empfahl ihr, darüber Tagebuch zu führen und sich dieses Muster der Sorgen, Ängste und Selbstverurteilungen exakt bewusst zu machen, wenn es sich wieder einstellte. Aber je genauer sie achtgab, desto mehr wuchs ihre Verstörung. Sie notierte einen nicht enden wollenden Strom von Sorgen und Versagensgefühlen. Doch bei der Durchsicht ihrer Notizen hatte sie ihr ganzes Leiden auf einmal klar vor Augen. Sie weinte, sie fühlte ihr Herz nachgeben und weich werden.

Nachdem sie sich zugestanden hatte, ihre ganze Traurigkeit und all den Kummer über ihr Leben zu fühlen, erwachte in ihr der Wunsch, zu wissen, was da eigentlich los war. Es stellte sich dann auch ein Bild ein: sie als verängstigtes kleines Mädchen, das alles irgendwie zusammenzuhalten versuchte. Die Familie hatte ihr Haus verloren, ihre Eltern stritten viel und gaben sich gegenseitig die Schuld und gegenüber Janice und ihrem Bruder wurden sie zunehmend strenger und regten sich über jede Kleinigkeit auf. Wenn Janice für sich allein war, setzte sie sich eine kleine Figur eines Dämons auf die Hand, der ihr dann alle ihre Ängste zuschrie und sie beschimpfte. Jetzt begriff sie auf einmal, dass dieser Dämon sie eigentlich hatte beschützen wollen. Sie seufzte: »Oje, vierzig Jahre später tue ich mir das immer noch an.«

Diese Verunsicherung hat etwas mit der Anlage unseres Gehirns zu tun. Seine evolutionsgeschichtlich älteren Anteile halten ständig nach möglichen Gefahren und Schwierigkeiten Ausschau. Mit Vertrauen hat das nichts zu tun, und klug ist es auch nicht unbedingt. Echte Klugheit, Weisheit, möchte uns zu einem Leben mit vertrauensvollem Herzen bewegen. Bewusstsein und Mitgefühl erlauben uns, diese Ängste zu lösen. Wo wir vertrauen, können wir die Dämonen unserer Angst und Verunsicherung wieder absetzen und dem Leben seinen Lauf lassen. Ein vertrauensvolles Herz macht uns liebevoll und gelassen – offen für alles, was kommen mag.

Ein für seinen freien Geist bekannter Sufi-Meister starb zu seiner Zeit und stand gleich darauf vor der Himmelspforte. Ein Engel rief ihn an: »Nicht weiter, Sterblicher! Beweise erst, dass du es verdienst, Zutritt zum Paradies zu erhalten.« Der Meister erwiderte: »He, Moment mal, kannst du denn beweisen, dass das hier der Himmel ist und nicht einfach eine Wunschvorstellung meines durch das Sterben verstörten Geistes?« Bevor der Engel etwas erwidern konnte, ertönte von drinnen eine Stimme: »Lass ihn ein, er ist einer von uns.«

Was will uns das sagen? Sehen Sie sich Ihre Vorstellung vom Tod sehr genau an. Die Gestorbenen, die Sie gekannt haben, sind die einfach fort, oder lebt ihr Geist weiter? Haben Sie diese Menschen verloren, oder tragen Sie jeden einzelnen in sich? Antoine Lavoisier, einer der Mitbegründer der modernen Chemie, stellte fest: »Nichts geht verloren, nichts wird geschaffen, alles verwandelt sich.« Was sagen Sie?

Vertrauensvoll altern

In jedem Abschnitt und Bereich des Lebens geht es um die Kunst des Vertrauens. Täglich sterben wir, wenn wir uns abends dem Schlafvergessen anheimgeben, und morgens werden wir wiedergeboren, wenn wir in den Sonnenschein erwachen. Wir durchlaufen die Phasen unseres Lebens wie Jahreszeiten. Statt uns dagegen zu wehren, können wir einen Tanz daraus machen.

Joan Baez hat zusammen mit ihrer zweiundneunzigjährigen Mutter bei der Feier meines sechzigsten Geburtstags gesungen, der mit dem einundzwanzigsten Geburtstag meiner Tochter zusammenfiel – ich im Smoking und ganz obenauf. Wenn ich jetzt, zehn Jahre später, in den Spiegel blicke, sehe ich einen Kerl mit schütter werdendem Haar, der für seine einundsiebzig Jahre ganz gut in Form ist, aber ich spüre durchaus das Abnehmen der Kraft, des Gedächtnisses und anderer Fähigkeiten. In Phasen der klugen Fügsamkeit sehe ich das Altern als eine ganz natürliche Sache. So geht es dem Körper nun mal in der letzten Phase einer Inkarnation. Es gibt aber auch Zeiten, in denen ich das nicht wahrhaben möchte und gegen den Strom des Lebens anzuschwimmen versuche. Nichts gegen ein gesundes Leben, mit dem man sich fit und aktiv hält, aber der Niedergang ist nun mal Realität und unausweichlich.

Man leistet Widerstand oder trägt es mit Fassung, aber wer im Alter kein Vertrauen hat, verkriecht sich leidend in sein Schneckenhaus und geht bereits dem Tod entgegen. Dann ist das Herz nicht frei, zu lieben und jeden Tag zu genießen, nicht frei für den Tanz des Lebens.

Für mich ist das Leben noch nicht gelaufen, es hat sich nur verändert. Ich möchte der Welt dienen und vertrauensvoll in ihr Leben, ich möchte lieben und bis zuletzt präsent bleiben. Mit vertrauendem Herzen leben, das ist die große

Einladung des Lebens an uns. Darin liegt Freiheit. Große Zen-Meister haben gesagt: »Erleuchtung erfüllt sich im vertrauenden Herzen.«

ÜBUNG
Auf das große Ganze vertrauen

Setzen Sie sich still hin. Spüren Sie, wie der Körper atmet, 15 000 Atemzüge und 90 000 Herzschläge pro Tag. Ihre Sinne, Ihre Verdauung, alles arbeitet in vollkommenem Vertrauen. Jetzt fühlen Sie die Erde ringsum, die Bäume, die kleineren Pflanzen, und denken Sie an den Lauf der Tage und Jahreszeiten, fühlen Sie die Sterne hoch oben über der sich drehenden Erde funkeln. Entspannen Sie sich. Sie sind Teil des großen Ganzen, des Laufs, den das Leben insgesamt nimmt – lassen Sie dieses Vertrauen aufkommen. Sie stehen in einer unübersehbar langen Kette von Menschen, und das Leben selbst hat Sie nun in dieses menschliche Dasein gestellt und wird Sie Jahr für Jahr durch alle Höhen und Tiefen tragen. Atmen Sie tief im Rhythmus des Lebens, entspannt, vertrauensvoll.

ÜBUNG
Dem tiefen Wissen vertrauen

Vertrauen Sie Ihrem Körper. Fangen Sie damit an, dass Sie achtsam und liebevoll verfolgen, was im Körper vor sich geht. In welcher Verfassung ist er heute, was signalisiert er, was braucht er? Hören Sie genau hin. Was wünscht er sich an Zuwendung, an Heilsamem? Und was hat er selbst an Weis-

heit mitzuteilen? Ihr Körper wartet immer auf diese Zuwendung. Vertrauen Sie ihm. Auch wenn Sie sich schon lange nicht mehr wirklich auf ihn eingelassen haben, können Sie jetzt wieder mehr auf Ihre Körpererfahrung vertrauen und dadurch auch Schritt für Schritt mehr Selbstvertrauen gewinnen.
Sie sollten auch lernen, Ihrer Intuition und Ihren Instinkten mehr zu vertrauen. Fragen Sie sich in allen Situationen oder angesichts von Problemen, was Ihre Instinkte Ihnen sagen. Lauschen Sie tief in sich hinein, unterbrechen Sie alles andere solange. Unter allen Geschichten, Gewohnheiten und unmittelbaren Reaktionen liegen Schichten eines tieferen Erkennens – Gefühl, Intuition, Gewissen, Umsicht. Nehmen Sie sich Zeit dafür, achtsam und respektvoll. Lassen Sie Ihr Zutrauen zu Ihrer Intuition und damit Ihr Selbstbewusstsein wachsen. Trauen Sie dem liebenden Bewusstsein zu, dass es Platz für Erfahrungen jeder Art hat. Trainieren Sie Ihre zugewandte Achtsamkeit, und Sie werden erleben, dass Sie selbstbewusster und belastbarer werden. Sie können alles, was sich zeigt, in Ihr Bewusstsein einlassen und entspannt darauf bauen, dass Sie fähig sind, auf den Wellen des Lebens zu surfen.

ÜBUNG
Inspirierendes Vertrauen

Lassen Sie sich von Menschen inspirieren, die vertrauensvoll leben und auch in schweren Zeiten zuversichtlich bleiben.
Sehen Sie sich an, wie Menschen leben, die vertrauen, anstatt sich von Ängsten leiten zu lassen. Vergegenwärtigen Sie sich, mit welcher Haltung solche Leute durchs Leben gehen und wie sie auf andere wirken. Sehen Sie sich selbst als einen von ihnen – wie entspannt und präsent und mit wie viel Selbstbewusstsein und Vertrauen Sie dann alle Tage handeln.

Erinnern Sie sich an Zeiten, in denen Sie dieses gesunde Vertrauen und die entsprechende Kraft hatten, eine Liebe, die sich nicht fürchtet. Das ist auch jetzt in Ihnen. Vertrauen ist nicht blauäugig, es sieht durchaus, dass manche Zeitgenossen nicht verlässlich sind. Doch das untergräbt Ihren grundsätzlichen Geist des Vertrauens nicht. Es ist Selbstvertrauen und Vertrauen auf das Leben als solches.

Erlauben Sie Ihrem Vertrauen zu wachsen, es ist das Tor zum Glück.

4
Ewige Gegenwart

Um eine Welt in einem Sandkorn zu sehen
und einen Himmel in einer Wiesenblume,
halte die Unendlichkeit in deiner flachen Hand
und die Ewigkeit in einer Stunde.
William Blake

Die Ewigkeit ist immer hier, in jedem Augenblick lebendig. Achtsamkeit lässt uns ins Jetzt zurückkehren, in diesen gegenwärtigen Augenblick, wo wir sonst in Gedanken über eine nicht mehr existente Vergangenheit versunken wären oder Fantasien über eine Zukunft spinnen würden, die erst noch kommen muss. Im Augenblick lernen wir, klar und mit freundlichem Blick zu sehen. Mit der Kraft der Achtsamkeit können wir für die überwältigende Schönheit und die unvermeidlichen Tragödien des Lebens ganz präsent sein. Wir bejahen das Leben, das uns gegeben ist, wir sorgen für dieses Leben.

Nur dieser Augenblick

Meine Freundin Anne Lamott, Schriftstellerin und Humoristin, schildert ihre Begegnung mit zeitloser Gegenwart in der tibetischen Praxis:

Ich habe eine Aufnahme von einer tibetischen Nonne, die ein Mantra des Mitgefühls singt, eine Stunde lang,

wieder und wieder, acht Worte, und jedes Mal fühlen sie sich anders an, immer wieder neu, rückhaltlos und mit voller Hinwendung. Man bekommt nie den Eindruck, dass sie dabei auf die Uhr schaut und denkt: »Meine Güte, erst eine Viertelstunde.« Eine Dreiviertelstunde später singt sie das Mantra immer noch mit klarer Intonation Wort für Wort, bis das letzte verklingt.

Meistens laufen die Dinge nicht so schlicht und geradlinig, die Silben, die uns das Leben singt, sind für unsere Aufmerksamkeit nicht so leicht zu verfolgen. Aber genau um diese Aufmerksamkeit geht es.

Die Erzählungen von großen Meistern bewegen uns vielleicht zu der Frage: »Wie kann ich auch so werden?« Als Antwort würden die Meister selbst wohl jeder auf seine Weise versuchen, Sie auf die Realität des gegenwärtigen Augenblicks aufmerksam zu machen. Ajahn Chah könnte sagen: »Lassen Sie los, werden Sie reines Bewusstsein. Seien Sie der Erkennende.« Dipa Ma: »Lieben Sie und seien Sie in Frieden, was auch geschehen mag.« Shunryu Suzuki Roshi: »Seien Sie genau da, wo Sie sind. Anstatt auf den Bus zu warten, realisieren Sie, dass Sie bereits im Bus sind.« Bei Thich Nhat Hanh könnte es so klingen: »Ruhen Sie in der Achtsamkeit, in diesem Augenblick, der immerwährenden Gegenwart.« Das sehen wohl auch die tibetischen Dzogchen-Meister so, wenn sie sagen: »Erleuchtung ist nicht in weiter Ferne. Sie ist Freiheit im Hier und Jetzt, die ihr schmeckt, wenn ihr euch für sie öffnet.«

Robert Aitken Roshi war einer der frühen amerikanischen Zen-Meister. Kurz bevor er sich zur Ruhe setzte, nahm er noch an einer Zusammenkunft von etwa hundert buddhistischen Lehrern im Westen teil. In seiner beeindruckenden Ansprache erzählte er von seiner Liebe zum Dharma und seinem der Praxis geweihten Leben, auch von seiner

ersten Begegnung mit dem Engländer R. H. Blyth, einem hoch angesehenen Haiku-Übersetzer, der in Japan als Ausländer zeitweilig interniert war. Aitken Roshi ließ die Jahre, in denen er Sesshins abhielt und die Koan-Schulung leitete, Revue passieren. Er ließ auch die eigenen Zweifel nicht unerwähnt, die ihn plagten, nachdem er als Zen-Meister zu lehren begonnen hatte. Er war als ein Lehrer bekannt, der Zen-Schülern mit großem Verständnis für ihre Schwierigkeiten begegnete.

Einer der anwesenden Lehrer bat ihn um ein Abschiedsgeschenk: Ob Aitken Roshi wohl bereit sei, die Antwort auf ein Zen-Koan mitzuteilen? Aitken schilderte daraufhin eine viele Jahre zurückliegende Begegnung mit seinem Zen-Lehrer Nyogen Senzaki in New York City. Senzaki Roshi hielt eine breite getöpferte Schale hoch, deren Innenglasur eine von der Bodenmitte bis zum Rand verlaufende Spirale zeigte. Dann hatte er Aitken die Koan-Frage gestellt: »Geht die Spirale von innen nach außen oder von außen nach innen?«

»Wie lautet die Antwort?«, fragte einer der Lehrer aus der Menge. Aitken Roshi hatte seine Ansprache beendet und war eineinhalb Stunden lang regungslos dagesessen. Jetzt erhob sich der fast Achtzigjährige langsam und ein wenig unsicher. Er breitete die Arme aus, die Handflächen nach oben, und drehte den Körper erst zur einen Seite, dann zur anderen. Von innen nach außen, von außen nach innen. Das war seine Antwort. Er wurde zur Schale, er war die Spirale.

Das Jetzt bemerken

Vor einigen Jahren hatte ich das Vergnügen, zusammen mit Thich Nhat Hanh ein Retreat zu leiten. Seinem Vortrag an diesem Tag gab er den Titel »Kein Tod, keine Furcht«.

Darin erzählte er von einem Traum, in dem er seiner geliebten Mutter ein Jahr nach ihrem Tod begegnet war. Sie waren einander sehr nah gewesen, und der Verlust hatte ihm großen Kummer bereitet. Dann wachte er in seiner Bergeinsiedelei einmal in einer mondhellen Nacht aus einem Traum von seiner Mutter auf und spürte ihre Gegenwart ohne allen Zweifel. »Da wusste ich, dass meine Mutter nie gestorben ist«, sagte er. Er hörte ihre Stimme in seinem Innern. Er ging nach draußen, und da war sie das Mondlicht, das ihn sanft streichelte. Er ging barfuß durch die Teepflanzung, und auch da spürte er, dass sie bei ihm war. Der Gedanke, dass sie weg sei, traf einfach nicht zu. Er fühlte seine Füße als »unsere« Füße, und so »hinterließen meine Mutter und ich gemeinsame Fußabdrücke in der feuchten Erde«.

Isabella hatte keine andere Wahl, als Leben und Tod in jedem Augenblick zu umarmen. Ihre beiden Kinder litten an Mukoviszidose. Sie waren von chronischem Husten geplagt, und sie hatten eine deutlich reduzierte Lebenserwartung. Im Highschool-Alter waren ihre Lungen von zähem Schleim verklebt. Nicolas war ein richtiger Computernarr und schon in diesen jungen Jahren ein glänzender Webdesigner. Daniella war sportlich, eine unglaublich flinke und behände Volleyballspielerin. Sollte wunderbarerweise eine Lungentransplantation möglich werden, konnten sie ein Alter von vielleicht dreißig Jahren erreichen. Wenn man sie so sah, brach es einem das Herz.

Jedes Husten, jedes Bauchweh ihrer Kinder versetzte Isabella einen Stoß und erinnerte sie an die Wahrscheinlichkeit ihres allzu frühen Todes. Als sie zu mir kam, um Achtsamkeit zu lernen, wollte sie vor allem das ständige »gedankliche In-der-Zukunft-Leben« loswerden, das sie schwer belastete. Bei den ersten Versuchen zu meditieren erkannte sie mit Entsetzen, wie oft sie von Ängsten besetzt war und wie wenig sie überhaupt wahrnahm, wo sie sich befand. Erst nach

Wochen des entschlossenen Einsatzes, in denen sie unzählige Male ihre Aufmerksamkeit neu ausrichtete, begann Isabella ihr Frühstück wahrzunehmen, den pinkfarbenen Oleander an der Ecke, das Zischen des Rasensprengers, das blaue Blütenmuster der Tischdecke. Schritt für Schritt lief es besser, und sie begann Erleichterung zu empfinden. Sie wurde empfänglich für den Sonnenuntergang, für die nebenan vor der Tür sitzende alte Frau, für das Wohltuende des Augenblicks.

»Meine Zuflucht ist das Jetzt. Anfangs war Achtsamkeit einfach der Ausweg aus dieser inneren Quälerei, aber inzwischen ist sie eine Lebensform geworden. Niemand kennt die Zahl seiner Tage, niemand weiß, was das Schicksal bereithält. Wenn wir nicht hier leben, entgeht uns alles. Ich möchte einfach ganz da sein für jeden Moment im Leben meiner Kinder – und meines eigenen Lebens.«

Jon Kabat-Zinn sagt: »Die kleinen Dinge? Die kleinen Momente? Sie sind nicht klein.« Sogar mit Ihren alltäglichen Problemen können Sie besser umgehen, wenn Sie im Hier und Jetzt bleiben.

Interessieren Sie sich mehr für die Gegenwart, wenn Sie sich aus der Tyrannei der Zeit befreien möchten. Achten Sie auf die Jetzt-Augenblicke mit ihren Freuden und Kümmernissen. Entspannen Sie sich im Jetzt, es ist Ihr Zuhause. Legen Sie es darauf an, jetzt zu leben, und Sie werden sehen, dass damit alle Zeit abgedeckt ist. Unterbrechen Sie nun kurz das Lesen dieser Seite, um sich vor Augen zu halten, was Sie heute noch vorhaben. Beachten Sie dabei, dass Sie jetzt hier sind und sich Pläne vergegenwärtigen. Sie können planen und sich erinnern, aber es geschieht alles jetzt.

Die moralische Mathematik des Augenblicks

Freiheit ist immer da zu finden, wo Sie gerade sind. Ob Sie sich um ein Kind kümmern, Ihr Geschäft aufbauen, ein Spiel spielen oder einen kranken Menschen behandeln, es geschieht immer jetzt. Hetze und sorgenvolle Gedanken bringen uns nicht mehr Zeit ein. Wir haben nie wirklich etwas anderes als den gegenwärtigen Augenblick. Die Vergangenheit ist vorbei, die Zukunft noch nicht da. Lebenskunst besteht darin, dass wir in der ewigen Gegenwart *sind,* für alles aufgeschlossen. Ein einziger Augenblick kann den Bann der Zeit brechen: Wir treten aus unseren Gedanken heraus und sehen die Sonne im Fenster gespiegelt, schmecken das erstaunliche Wunder einer Mandarine oder eines Shrimps.

So vieles hat in unserem heutigen Leben etwas Gehetztes. Wir sind in Eile, stehen im Stau, wissen nicht, wie wir es noch zum Besprechungstermin schaffen sollen, und dabei denken wir an die vor uns liegende Arbeit oder an Fehler, die uns gestern oder irgendwann unterlaufen sind. Aber Zeit entsteht erst durch unsere Gedanken, unsere Vorstellungen von Zeiten außerhalb dieses Jetzt-Augenblicks. Natürlich hat das Zeitbewusstsein auch seinen Wert, es erlaubt uns, wesentliche Dinge in Erinnerung zu behalten, zu organisieren, zu planen, zu lernen. Aber die meisten unserer in anderen Zeiten als dem Jetzt spielenden Gedanken verursachen einfach nur Stress und bange Anspannung. Zu viel Beschäftigung mit Vergangenheit und Zukunft geht auf Kosten der Lebendigkeit der unmittelbaren Gegenwart.

Ich will Ihnen dazu von einem Experiment der *Washington Post* erzählen. Der weltberühmte Geiger Joshua Bell wurde gebeten, sich am 12. Januar 2007 im morgendlichen Stoßverkehr im Zwischengeschoss einer U-Bahn-Station der Hauptstadt Washington mit seiner Stradivari hinzustel-

len und Präludien von Bach zu spielen. Tausende Pendler hetzten vorbei, aber kaum jemand blieb stehen, um ein wenig zuzuhören. Und nur eine Person hat ihn erkannt. Die *Washington Post* nannte das »die moralische Mathematik des Augenblicks«. Die Leute waren in Eile und hatten ganz andere Dinge im Sinn, und Bell hatte am Ende gerade einmal 32 Dollar im Geigenkasten – einen Bruchteil dessen, was eine Karte für sein Konzert am nächsten Abend kostete. Wie oft hetzen wir wohl gedankenversunken durchs Leben und übersehen neben dem Spektakulären auch noch die kleinen Wunder, die jeden Moment zu bestaunen sind?

Halten Sie *jetzt* kurz inne, stopp. Ein Augenblick der Präsenz anstelle von Gedankenverlorenheit, und schon zeichnet sich etwas ganz anderes ab: Freiheit. Seien Sie ganz bei Ihren Kindern, Ihrer oder Ihrem Liebsten, Ihrem Garten, Ihrer Arbeit, Ihrem Körper, und Sie erwachen zum Leben. Sicher im Jetzt verwurzelt, können Sie auch besser planen, abwägen, Ihr Leben besser dirigieren. Wenn Sie hier sind, sehen Sie nicht nur klarer, sondern reagieren auch eher liebevoll. Sie werden fähig, alles hier und jetzt Gegebene mutig anzunehmen und zu bejahen.

Anfängergeist

Paul war für seine Marketingfirma oft auf Reisen, aber auch zu Hause war er immer für seine drei Kinder da. Stella, die Älteste, wurde mit ihren vierzehn Jahren schon ein bisschen vernünftig, aber die beiden Kleineren, Joshua mit seinen sieben und Callie mit ihren neun Jahren, provozierten und stritten sich ständig, auch unter Beschimpfungen und manchmal Schlägen. Bei Autofahrten war der Rücksitz Kriegsgebiet, immer mit »Sie hat angefangen!« und »Nein, er hat zuerst gehauen!« ... Paul fürchtete schon, sie würden

schließlich erwachsene Geschwister werden, die sich gegenseitig hassten.

Einmal kam er müde und vom Jetlag geplagt von einer Auslandsreise zurück und nahm die beiden Jüngeren mit, weil er seine Schwester besuchen wollte. Als die Streiterei wieder losging, schrie er nach hinten und bat sich Ruhe aus, aber sie reizten und kniffen einander nur umso ärger. Bei einem Toilettenstopp stieg Callie so hastig aus, dass sie über eine Kante stolperte, mit dem Ellbogen aufschlug und sich auch noch eine Schramme im Gesicht zuzog. Paul wischte der Kleinen mit einem antiseptischen Tuch das Blut ab und versorgte die Wunde im Gesicht, während Joshua ins Gebäude rannte, um Eis für den Arm seiner Schwester zu holen. Sehr fürsorglich hielt er seine Schwester dann, legte das Eis auf und tröstete sie. Paul atmete erleichtert auf, offenbar war ihm entgangen, wie tief die beiden miteinander verbunden waren. Die Kämpfe waren einfach ihre »spezielle« Form des liebevollen Umgangs miteinander, trennend und zugleich verbindend. Fast kamen ihm die Tränen, jedenfalls wusste er jetzt, dass alles gut war mit seinen Kindern.

Kaum treten wir aus der Zeit heraus, schon sehen wir jeden Augenblick ganz neu und so, wie er ist, ohne ihn mit Vorstellungen zu befrachten. Der Zen-Meister Shunryu Suzuki prägte dafür den inzwischen berühmt gewordenen Ausdruck »Anfängergeist«. Der Roshi wurde nicht müde, seine schlichte Lehre von der befreienden Wirkung des Lebens im Hier und Jetzt an alle weiterzugeben, die sie hören mochten. Darunter war auch ein junger Zen-Priester, der zur Unterstützung der Zen-Gemeinschaft von San Francisco aus Japan gekommen war. Nach einigen Wochen beklagte der neue Lehrer sich bei Suzuki Roshi über sein beschränktes Englisch, das ihm, wie er sagte, nicht erlaube, die Essenz der Zen-Lehre adäquat zu vermitteln. Am nächsten Tag betrat Suzuki Roshi das Zendo und nahm den Platz des

Lehrers ein. Er schlug die Glocke an und legte die Hände zusammen. Dann sagte er langsam und bedächtig: »Heute ist heute.« Es entstand eine lange Pause, nach der er fortfuhr: »Heute ist nicht gestern.« Wieder eine lange Pause, gefolgt von den Worten: »Heute ist nicht morgen.« Und nach einer weiteren langen Pause schloss er mit: »Heute ist heute.« Dann lächelte er, verneigte sich und verließ den Raum. »Fünf Wörter«, sagte er später zu dem jungen Lehrer. »Mehr brauchen Sie nicht, um Zen zu lehren.«

»Einen Tag nach dem anderen«, heißt ein Spruch der Anonymen Alkoholiker. Die Schriftstellerin Margaret Storm Jameson präzisierte das so: »Es gibt nur eine Welt, die Welt, die sich eben jetzt an dich schmiegt. Und nur eine Minute zum Leben, nämlich diese Minute eben jetzt. Du kannst nur so leben, dass du jede Minute als unwiederholbares Wunder nimmst.«

Freiheit und Liebe leben im Hier und Jetzt. Frühere Liebe ist Erinnerung, künftige Liebe Fantasie. Wahrhaft lieben können Sie nur da, wo Sie gerade sind.

Wie also sollen wir leben?

Bei einem inzwischen berühmt gewordenen Experiment wurden Studenten der Princeton University von den beteiligten Wissenschaftlern aufgefordert, den Campus zu überqueren, um auf der anderen Seite eine wichtige Vorlesung über das Gleichnis vom barmherzigen Samariter zu hören, jener biblischen Erzählung von einem Mann, der einem in Not Geratenen half. Was die Studenten nicht wussten: Sie wurden von den Leitern des Experiments zwei Gruppen zugeordnet. Die Angehörigen der ersten Gruppe bekamen die zusätzliche Information, dass keine Zeit zu verlieren sei, da die Hörsaaltüren in Kürze geschlossen würden. Der zweiten

Gruppe wurde angesagt, die Vorlesung werde zwar bald beginnen, aber es bestehe keine Eile, man werde auch nach Beginn noch jederzeit eingelassen. Auf ihrem Weg über das Gelände begegneten die Studenten einem Mann, der offensichtlich verletzt war und Hilfe brauchte. Er war nicht wirklich verletzt, aber das wusste keiner der Studenten.

Die Probanden der ersten Gruppe, denen man gesagt hatte, sie sollten sich beeilen, hasteten einfach an dem offensichtlich hilfebedürftigen Mann vorbei, um eine Vorlesung zu ebendiesem Thema zu hören! Fast alle Studenten der zweiten Gruppe, die es nicht eilig hatten, blieben dagegen stehen und boten dem Mann ihre Unterstützung an. Eile oder Fürsorge, wie möchten Sie leben?

Im Jetzt leben, das ist die Basis der Freiheit. Es ist nicht leicht, aber erst dieses Leben macht uns empfänglich für das Ganze des Lebens. Unter erfreulichen Umständen ist es einfach, hier zu sein, aber was, wenn wir mit Schmerz, Depression, Kränkung, Ärger, Ratlosigkeit, Einsamkeit oder Angst zu kämpfen haben? Heute würde man wohl sagen, dass man sich da am besten mit Kino oder Shopping ablenkt. Ärzte verschreiben Beruhigungsmittel, damit man bei Verlust und Trauer den Schmerz nicht mehr so spürt. Zu Gewohnheit gewordene Ablenkung und Eile und das ewige Pläneschmieden entfalten die Wirkung einer Sucht, sie stellen eine Verweigerung des gegenwärtigen Jetzt dar. Man ist unfrei in dem Maße, in dem man sich ablenkt oder mit Geschäftigkeit in Atem hält.

Dagegen helfen Achtsamkeit und liebendes Bewusstsein, die Pforten zur Freiheit. Wenn Sie genau das wahrnehmen, was gerade gegeben ist, auch Schmerz, Angst, Ärger oder Kummer, können Sie es wie mit einer kleinen Verneigung zur Kenntnis nehmen. Dabei werden Sie spüren, wie die Liebe zunimmt und der alles umfangende Raum des liebenden Bewusstseins sich weitet, jetzt.

Einen Schutzraum finden

»Jetzt – das ist der Schlüssel«, sagt die tibetische Nonne Pema Chödrön.

Jetzt, jetzt, jetzt. Achtsamkeit bringt uns bei, wach und lebendig zu sein – und total neugierig. Auf was? Na, auf das hier, jetzt, oder? Sie haben sich zur Meditation hingesetzt, und der Atem ist jetzt, das Hochschrecken aus Fantasien ist jetzt, und sogar die Fantasien selbst sind jetzt, auch wenn sie in der Vergangenheit oder der Zukunft zu spielen scheinen. Wenn Sie ganz jetzt sein können, zeigt sich Ihnen klar, dass Sie im Mittelpunkt der Welt stehen, in der Mitte eines heiligen Kreises. Das ist keine Kleinigkeit, nicht einmal dann, wenn Sie sich bloß die Zähne putzen, am Herd stehen oder sich den Hintern abwischen. Egal, was Sie tun, Sie tun es jetzt.

Wie gut, dass sich das Leben im Jetzt mit Achtsamkeit und liebendem Bewusstsein üben lässt. Neurowissenschaftlich hat sich zeigen lassen, dass die Achtsamkeit schon nach wenigen Wochen des Übens messbar zunehmen kann. Und mit der achtsamen Bewusstheit wachsen Spannkraft, Mitgefühl und Freude, die Harmonisierung der Nervenaktivität nimmt ebenso zu wie die emotionale Stabilität und innere Regulation, körperliche Heilungsprozesse bekommen Impulse.

Achtsamkeit verankert Sie im Hier und Jetzt. Die Ärztin und Buchautorin Rachel Naomi Remen zieht einen Vergleich zum Schutzraum im Stierkampf: In der Arena gibt es eine Stelle, an der sich der Stier sicher fühlt. Hier hat er keine Angst. Wenn er die Stelle erreicht, bleibt er stehen und sammelt seine Kräfte. Der Matador muss herausfinden, wo diese Stelle ist, damit er verhindern kann, dass der Stier

diesen Ort der Ganzheit aufsucht. Diesen sicheren Freiraum nennt man *querencia*. Für Menschen sei die *querencia* ein sicherer Ort im Innern, so Rachel Naomi Remen. Wenn jemand unter den Augen des »Matadors« seine *querencia* finde, werde er ruhig, gelassen – und klug. Er hat seine Kräfte gesammelt.

Bei der Achtsamkeitsübung finden Sie Ihre *querencia*. Probieren Sie es aus. Werden Sie gesammelt und still. Treten Sie aus der Zeit heraus. Sie können es. Im liebenden Bewusstsein können Sie sich in jeder Situation für die Fülle des Menschseins öffnen und darauf vertrauen, dass Ihr Herz groß genug dafür ist.

Zeitlosigkeit in der Natur

In der Natur kann sich die Himmelspforte im Nu öffnen, wenn wir etwa eine Blüte eingehend betrachten oder über die weite Landschaft blicken. Gehen Sie ins Freie, besuchen Sie Pflaumenbäume, Kumuluswolken, Hummeln, die Abendbrise, den Sonnenaufgang, fließende Gewässer. Lassen Sie Gedanken und Pläne zu Hause, um in der Zeitlosigkeit der Natur zur Ruhe zu kommen. Ralph Waldo Emerson hat einmal gesagt: »Die Rosen unter meinem Fenster berufen sich nicht auf frühere Rosen oder bessere. Sie geben sich als das, was sie sind. Sie kennen keine Zeit, sie sind Rosen, vollkommen in jedem Augenblick ihres Daseins.«

In Bali, wo ich eine Weile lebte, gehören Augenblicke der Zeitlosigkeit zum Alltag. Jeder Tag hat seine Abschnitte mit Ritual, Musik, Gebet und Tanz. Die Menschen nehmen den ganzen Tag über regelmäßig heilig gehaltene Pausen von ihrer Arbeit. Von heiligen Büchern ist nicht viel die Rede. Die Alten erklärten es mir: »Wir lesen keine Bücher,

wir lesen die Sterne.« Beim Blick in den Nachthimmel mit dem großen geschwungenen Band der Milchstraße finden wir zurück in das Geheimnis des Augenblicks.

Bei uns dagegen mit unseren Autos, Klimaanlagen, Computern und hochsterilen Krankenhäusern sind die Natur und das Geheimnis weitgehend in Vergessenheit geraten. In der modernen Hochleistungsmedizin mit ihren Medikamenten, Tomografen und Operationen fehlen ein paar ganz wichtige Dinge. So schreibt die Heilerin und Autorin Loren Slater:

In dieser Zeit der Managed-Care-Systeme scheinen Medikamente, schnelle Symptombeseitigung und andere kurzfristige Maßnahmen wichtiger zu sein als die wunderbare Alchemie der Verbindungen in und zwischen den Menschen, die dem Schrecken die Spitze nehmen und die Heilung fördern.

Diese Worte rufen uns in Erinnerung, was für ein Segen es ist, wenn wir das Leben nehmen können, wie es kommt. Freiheit finden wir nicht durch Hetze, sondern durch das Sein im Hier und Jetzt. Und Achtsamkeit führt uns vor Augen, dass wir nie anderswo sein können. Im Hier und Jetzt zu leben bedeutet nicht, dass wir nicht unseren Pflichten nachkommen; wir wissen dann nur, dass alles immer im jeweiligen Augenblick passiert. Für alle Probleme und Sorgen ist am besten gesorgt, wenn wir hier und jetzt präsent sind. In diesem gegenwärtigen Moment bedenken wir unsere Aufgaben und Belange und widmen uns ihnen dann von innen heraus.

Die Liebe zum Augenblick

Unterbrechen Sie Ihre Lektüre jetzt kurz, um einmal tief durchzuatmen. Lassen Sie den Geist zur Ruhe kommen und das Herz weit werden. Sie sind hier, in der Unendlichkeit und Ewigkeit. Weisheit kann das alles umfangen. Ein tibetischer Poet umschreibt es so:

Eine Hand auf der Schönheit der Welt,
eine Hand auf den Leiden aller Wesen
und mit beiden Beinen fest im gegenwärtigen Augenblick stehen.

Vor ein paar Jahren gab der Dalai Lama während einer Konferenz zum Thema »Mitgefühl« ein Fernsehinterview in Washington, D.C. Die Moderatorin sprach zunächst kurz über die Konferenz, um dann zu erwähnen, dass ein Buch Seiner Heiligkeit, *The Art of Happiness* (deutsch: *Die Regeln des Glücks*), monatelang auf der Bestsellerliste der *New York Times* gestanden hatte. Um die Sache ein bisschen mediengerecht zu machen, fragte sie den Dalai Lama: »Könnten Sie unseren Zuschauern von einer besonders glücklichen Zeit in Ihrem Leben erzählen?« Er dachte eine Weile hinter seinen blitzenden Augen nach und sagte schließlich lachend: »Jetzt, glaube ich.«

In der Gegenwart leben, das entlastet ganz erheblich. Sorgen Sie sich nicht zu viel. Sie können sich der vielen Anforderungen Ihres Lebens durchaus bewusst sein, aber nicht ständig, das würde Ihre Vitalität untergraben. Oder in den Worten André Gides: »Für vollkommenes Glück ist nichts weiter erforderlich, als diesen Augenblick nicht mit anderen aus der Vergangenheit zu vergleichen, die ich oft nicht völlig genossen habe, weil ich sie mit anderen Momenten in der Zukunft verglichen habe.« Schauen Sie sich um. Sehen Sie

die Menschen, die Szenerie, spüren Sie die Wärme Ihres Körpers, die Stimmung, Ihr pulsierendes Herz. Wenn Ihr Leben bedroht wäre, würden Sie nicht alles für einen Augenblick wie diesen geben? Atmen Sie in der ganzen Fülle der Dankbarkeit, dass er Ihnen gegeben ist. Und jetzt lächeln Sie.

Werden Sie zum Liebhaber des Augenblicks. Italien und Frankreich, für ihre exzellente Küche bekannt, haben nicht so viel für Fast Food übrig und begeistern sich stattdessen für Slow Food. Sie können sich in den gegenwärtigen Augenblick verlieben. Was nicht bedeutet, dass das Jetzt nicht auch Geschwindigkeit, Durcheinander, Ehrgeiz, Wettlauf, Konkurrenz und Überschwang enthalten kann. Das *Jetzt* umfängt alles.

Aber wenn die Sinne und das Herz empfänglicher werden sollen, hat die Reduzierung des Tempos ihren Nutzen. Barbara Ruth ist eine Lyrikerin, die in meiner Gegend wohnt, und von ihr höre ich die folgenden Worte:

Ich habe die zehn Kilometer von meinem Haus zum Kent Lake mal in weniger als vier Stunden zurückgelegt, aber das ist nicht meine Bestzeit. Meine persönliche Bestzeit ist acht Stunden, fünfzehn Minuten. Da habe ich aber Pausen gemacht und mich zu einer Eidechse auf die warmen Steine gesetzt; ich notierte mir einen Traum, der mir wieder einfiel, und hörte einem Specht bei der Arbeit an einem von Fischadlern bewohnten Baum zu.

»Speziell für Sie«

Das Hier und Jetzt ist voller Schönheit und Geheimnisse. Sehen Sie Kindern beim Spielen zu. Sie wissen, dass sie irgendwann nach Hause gerufen werden, aber bis dahin

überlassen sie sich voll und ganz ihren Abenteuern. Auch Sie werden einmal gerufen wie wir alle. Weshalb nicht bis dahin vollkommen wach leben? Wenn wir ganz in diesem Augenblick sind, bringen wir das Saatgut für eine Zukunft aus, die sie zur rechten Zeit keimen lassen wird.

Der Anthropologe und Philosoph Gregory Bateson erzählte von einem der ältesten Colleges der Oxford University. Die prächtige Haupthalle war Anfang des 17. Jahrhunderts aus mächtigen Eichenbalken erbaut worden, bis zu zwölf Meter lang und einen Meter zwanzig dick. Neuerdings wurde Braunfäule am Holz festgestellt, aber die Verantwortlichen in der Verwaltung fanden in England keine ausreichend großen Bäume. Bis jemand eine Idee hatte und sagte, man solle doch den Förster des Colleges fragen, ob es nicht irgendwo auf den Ländereien der Universität entsprechende Bäume gäbe. Gesagt, getan. Der Förster erklärte: »Als diese Halle vor dreihundertfünfzig Jahren gebaut wurde, haben die Architekten angeordnet, dass sofort Eichen gepflanzt und gepflegt werden, damit man diese Deckenbalken bei einsetzender Braunfäule ersetzen kann.« – »So unterhält man eine Kultur«, schloss Bateson seinen Bericht.

Im Jetzt zu leben befreit Ihr Herz und verwandelt alles, was Sie berühren. Wenn jemand voll und ganz präsent sei, schreibt William Butler Yeats, lebten andere dadurch ein klareres, vielleicht sogar ein leidenschaftlicheres Leben. Jeder Augenblick der Präsenz ist auch einer des Muts. Ob er mit Freudentränen verbunden ist oder nicht, jedenfalls hält er ein kostbares Geschenk bereit, die Wohltat, uns in diesem geheimnisvollen Universum zu Hause zu fühlen.

David Armitage erzählt vom Beginn eines anspruchsvollen sechsjährigen Studiums in Boston, das ihn den ganzen Tag beschäftigte, zusätzlich besuchte er am Abend Kurse, und an den Wochenenden erledigte er seine Hausaufgaben.

In den ersten Sommerferien wollte er so weit wie möglich weg von diesem Studium, um mit den Händen zu arbeiten und der Erde nah zu sein. Deshalb quartierte er sich bei einer Amish-Familie in Pennsylvania ein.

Er fuhr an einem Wochenende von Boston nach Pennsylvania und kam erst kurz vor der Abenddämmerung nervös und erschöpft an. Man hatte mit dem Abendessen auf ihn gewartet. Er gab sich beim Essen so natürlich wie möglich, war aber voller Anspannung. Sein Gastgeber musste wohl gemerkt haben, dass etwas nicht stimmte, jedenfalls sagte er nach dem Essen: »Kommen Sie doch mal mit.«

Er folgte ihm in den Garten, an den ein Luzernenfeld grenzte. Obwohl das Rauchen in der Glaubensgemeinschaft des Farmers nicht gern gesehen war, zündete er sich eine Zigarette an. Zwei seiner Kinder tollten herum, zwei andere hingen an seinen Beinen. Er stand wortlos da und blickte über das Luzernenfeld. Armitage tat es ihm nach.

In dem dunkelgrünen Feld war bei dem schwachen Licht kaum noch etwas auszumachen. Der Himmel war am Horizont pfirsichfarben und über den beiden tief dunkelblau. Erste Sterne traten hervor. Dann stiegen aus den Luzernen Glühwürmchen auf, zuerst nur vereinzelt, schließlich aber zu Hunderten. Ihre schwirrenden Lichttupfer mischten sich mit dem Sternenhimmel, Himmel und Erde trafen sich im Garten dieses einfachen Mannes. Armitage spürte, wie die Nervosität von ihm abfiel. Sein Gastgeber sah ihn an und sagte: »Speziell für Sie.«

Die Ewigkeit ist immer genau da, wo Sie gerade sind. Jeder Schritt, jedes Wort, jeder Atemzug ist eine Einladung. Machen Sie sich selbst das Geschenk, in der Stille zu lauschen. Gehen Sie in den Wald, in die Berge, gehen Sie einen gewundenen Bach entlang oder am Wellensaum mit Blick auf das Meer mit seinen vielen Gesichtern. Studieren Sie die vielen Arten fest verwurzelter Bäume, wenn das Laub aus-

treibt. Verfolgen Sie den Flug der Vögel. Bestaunen Sie den wundersamen Gang der menschlichen Zweibeiner. Lauschen Sie dem Lachen der Kinder. Wenn etwas Sie bedrückt, erinnern Sie sich, dass die Welt Ihnen mit einer viel größeren Geschichte winkt, einer Einladung zu Grenzenlosigkeit und Freiheit.

ÜBUNG
Aus der Zeit heraustreten

Nehmen Sie eine bequeme Sitzhaltung ein, in der Sie behaglich präsent sein können. Bei dieser Übung sitzen Sie in zeitlosem liebendem Bewusstsein und werden das, was Ajahn Chah den »Wissenden« oder »Erkennenden« nannte – ein Zeuge aller Dinge.
Sie sitzen würdevoll und zugleich entspannt im unbewegten Drehpunkt der Welt. Empfindungen, Gedanken, Laute, visuelle Eindrücke tauchen auf wie Wasser aus einem Springbrunnen oder wie Bilder auf einem Bildschirm. Bewegende Erinnerungen, strahlende Sonnenuntergänge, Freuden und Schmerzen erscheinen und vergehen, ein endloses kreatives Panorama.
Es ist immer jetzt, immerwährende Gegenwart. Schon als Kind draußen beim Spielen vermochten Sie aus der Zeit herauszutreten. Zeit, Uhren, Kalender, Zukunft, Vergangenheit, Pläne, Erinnerungen – führen Sie sich vor Augen, dass es lauter Ideen sind. Wenden Sie Ihre Aufmerksamkeit davon ab, sodass Sie zeitlose liebende Bewusstheit, Erkennender sind. Alles Erscheinende ist einfach Bewegung im Raum und ohne jede Auswirkung auf den Grund der Ewigkeit.
Spüren Sie die grenzenlose Weite. Galaxien wirbeln im Universum, und das Leben wird immer wieder neu. Es ist nicht Ihr

Körper, sondern der Körper der Ewigkeit, um den das Bewusstsein der Ewigkeit weiß.

Alles ist immer jetzt. Atmen Sie.

Verweilen Sie in der weiten Stille, vertrauensvoll.

Wenn Sie dann wieder aufstehen, lassen Sie alle Handlungen aus der Stille hervorgehen. In der Ewigkeit ruhend, wissen Sie wie von selbst, wie zu agieren und zu reagieren ist. Die Aktionen gehen vom Wissenden aus. Wie Laotse gesagt hat: »Bleib regungslos, bis sich das rechte Handeln von selbst einstellt.«

Zweiter Teil
Was die Freiheit hindert

Lieber Gott, schick uns die Medizin,
die Krankheit haben wir schon!
Tevje in »Anatevka«

5
Die Furcht vor der Freiheit

Der Mensch ist zur Freiheit verurteilt.
Jean-Paul Sartre

In die Freude der Freiheit mischt sich die Furcht vor dem Unbekannten. Freiheit kann beglückend, zugleich aber auch verunsichernd sein, und dieser Konflikt sitzt tief. Ein Kaninchen mag munter herumhoppeln, muss sich dabei aber vor dem Habicht in Acht nehmen. Auch die Jäger und Sammler haben sich wohl nie allzu weit auf unbekanntes Terrain vorgewagt, wo man Raubtieren oder Angehörigen anderer Sippen begegnen konnte. Sergeant James Walker beteiligte sich viermal an Irak-Einsätzen, weil er die Kameradschaft schätzte, das Gefühl, an etwas Wichtigem mitzuwirken, vor allem aber weil es »schwieriger war, zu Hause zu bleiben und sich mit den ständigen Entscheidungen des zivilen Lebens herumzuschlagen«.

Trauma, Angst und Freiheit

Angst vor der Freiheit kann viele Ursachen haben, manchmal steckt ein ungelöstes Trauma dahinter. Bei Gefahr, im Streit oder auch bei einem Unfall wird unser Kampf-Flucht-Erstarrungsreflex ausgelöst: Wir wehren uns, machen uns aus dem Staub oder stellen uns »tot«. Unser Überlebensinstinkt ist so stark, dass die körperlich-geistige Schutzreaktion automatisch einsetzt. Im Fall eines Traumas lässt unser

Bewusstsein die überwältigende Erfahrung nur teilweise ein, was dazu führen kann, dass ein Trauma sich abkapselt und weit über das eigentliche Ereignis hinaus wirksam bleibt. Traumatische Erinnerungen fixieren sich im Körper und können von dort aus immer wieder schmerzliche Flashbacks wecken oder die Angst, aktiv zu werden oder Liebe zuzulassen. Ein Trauma verbindet sich gern mit Verleugnungen, Süchten und anderen Vermeidungsstrategien. Dann werden wir so etwas wie der Bär, der Jahr für Jahr hinter seinen Gitterstäben auf und ab ging und in dessen Zoo das Bärengehege erweitert und zu einem richtigen Biotop mit Teich und Bäumen ausgebaut wurde: Weil er fünfzehn Jahre so beengt gelebt hatte, schritt er weiter hin und her die kurze Strecke ab, die er gewohnt war.

Wenn Sie ein Trauma loswerden möchten, müssen Sie irgendetwas Tragfähiges in sich finden, von wo aus Sie all die Schmerzen und Ängste angehen können. Das kann einfach darin bestehen, dass Sie im Körper eine Stelle aufspüren, die sich ruhig und stark anfühlt und nicht in Mitleidenschaft gezogen ist – die Fußsohlen beispielsweise, die Sitzhöcker oder starke Schultern. Den gleichen Zweck erfüllt die aktive Erinnerung an ein Gefühl von Freiheit und Wohlbefinden an einer besonderen Stelle in der Natur oder auch ein Gefühl von liebevoller Geborgenheit, das Sie vielleicht bei Ihren Großeltern oder an irgendeinem anderen sicheren Ort einmal gefunden haben. Bei der Auseinandersetzung mit einem Trauma kommt es darauf an, sich nicht davon überwältigen zu lassen, und dazu braucht man die Hilfe anderer. Wenn Sie schließlich etwas Festes und Sicheres in sich gefunden haben, können Sie sich dem Trauma behutsam nähern, die Schmerzen Schritt für Schritt zulassen, die Geschichte Revue passieren lassen und die Stellen des Festhaltens im Körper lösen. Mit diesem langsamen Vorgehen erlauben Sie Ihrem traumatisierten Nervensys-

tem, die Vergangenheit ohne erneute Traumatisierung zu verarbeiten und sich nach und nach zur Freiheit vorzutasten. Das braucht seine Zeit, und man muss sich immer wieder neu darauf einlassen, das Unabgeschlossene zu erleben und weiter aufzuarbeiten.

Der inzwischen zum buddhistischen Lehrer gewordene Vietnam-Veteran Lloyd Burton heilte sich mit Achtsamkeit und Herzensgüte von seinen Kriegserlebnissen. Er berichtet von einem Meditations-Retreat, bei dem die entsetzlichen Gräuel, die er als Soldat erlebt hatte, endlich von ihm abfielen:

Ich diente zu Beginn des Krieges als Feldsanitäter bei den Bodentruppen des Marinekorps und war in der Bergregion an der damaligen Grenze zwischen Nord- und Südvietnam stationiert. Unsere Verluste waren hoch, und ähnlich erging es den Dorfbewohnern der Gegend, deren Verletzungen wir behandelten, wenn es die Umstände erlaubten.

Wieder zu Hause, verfolgte mich ein wiederkehrender Albtraum, den ich mindestens zweimal die Woche hatte. Im Traum war ich wieder in Vietnam und erlebte die gleichen Gefahrensituationen, das gleiche endlose Leid wie damals und schreckte dann irgendwann alarmiert, schweißgebadet und entsetzt hoch. Das ging acht Jahre so, bis ich erstmals an einem Meditations-Retreat teilnahm.

Hier erlebte ich diese Albträume nicht nur in der Nacht, sondern auch tagsüber, beim Sitzen, bei der Meditation im Gehen, bei den Mahlzeiten. Die grauenhaften Flashbacks überlagerten eigentlich ständig die stille Waldeinsamkeit des Zentrums. Dösende Schüler in den Schlafräumen verwandelten sich in wahllos herumliegende Körperteile in einer improvisierten Leichenhalle. Beim

neuerlichen Auftauchen solcher Erinnerungen erlebte ich die Szenen zum ersten Mal mit ihrer ganzen Wucht, der ich dreizehn Jahre zuvor als zwanzigjähriger Sanitäter unmöglich hätte standhalten können. Es kamen nun Erinnerungen von so grausamer, lebensfeindlicher, seelenzersetzender Gewalt – ich hätte nie gedacht, dass ich solche Bilder in mir habe. Jetzt konnte ich mich dem stellen, was ich am meisten gefürchtet und am stärksten verdrängt hatte, und das setzte eine tief reichende Katharsis in Gang.

Mich hatte die Angst verfolgt, dass mich die Dämonen des Krieges verschlingen würden, wenn ich sie an die Oberfläche aufsteigen ließ, doch tatsächlich geschah das Gegenteil. Die Bilder von gefallenen Freunden und verstümmelten Kindern wichen allmählich anderen, weniger deutlich erinnerten Szenen: von der zauberhaften, hinreißenden Schönheit des Dschungels mit seiner unerschöpflichen Palette von Grüntönen, von der duftgeschwängerten Brise über blendend weißen, wie mit Diamanten bedeckten Stränden. Außerdem regte sich ein Gefühl von Vergebung gegenüber dem, der ich damals war und heute bin – Mitgefühl mit diesem idealistischen jungen Mann und angehenden Mediziner, der all die unsäglichen Gräuel mit ansehen musste, deren der Mensch fähig ist, und für den beschwerten Kriegsheimkehrer mit seiner Unfähigkeit, sich von Erinnerungen zu lösen, die er sich kaum selbst eingestehen konnte.

Das Mitgefühl ist mir geblieben, und durch die Praxis und beharrliche innere Entspannung weitet es sich immer dann, wenn ich innerlich frei genug bin, auf die Menschen ringsum aus. Die Erinnerungen sind alle noch da, aber die Albträume haben aufgehört. Zum letzten meiner schweißnassen Schreie kam es vor vielen Jahren

in völliger Stille und bei vollem Wachbewusstsein während eines Retreats in Nordkalifornien.

Auch Sie können nach einem Trauma durch Mitgefühl Freiheit finden.

Selbsthass

Die Furcht vor der Freiheit sitzt tief und ist oft mit großen Zweifeln am Wert der eigenen Person verbunden. Vor vielen Jahren begegnete ich als Angehöriger einer Gruppe westlicher Meditationslehrer dem Dalai Lama. Wir wollten von ihm hören, wie wir mit dem unter westlichen Dharma-Schülern so verbreiteten Selbsthass und mangelnden Selbstwertgefühl umgehen konnten. »Selbsthass?«, fragte der Dalai Lama. Er konnte mit dem Ausdruck nichts anfangen. Offenbar gab es im Tibetischen nicht einmal ein Wort dafür. Er fragte, wer von uns Lehrern denn eigene Erfahrungen mit Selbsthass besäße. Die meisten Hände gingen hoch. Jetzt musste er sich erst einmal ausgiebig mit seinem Übersetzer beraten, um sicherzugehen, dass er wirklich verstanden hatte, was wir meinten. Danach blickte er uns mit gütigen Augen an und rief schließlich: »Aber das ist doch ein Irrtum!«

Selbsthass, das Gefühl von Wertlosigkeit, Scham und Schuld, ist ein Ausdruck von innerer Unfreiheit. Sich selbst als ungenügend oder als unwiderruflich beschädigt zu sehen, solcher Selbsthass ist eine Art innere Folter, die den Geist lähmt. Schon geringe Zweifel am eigenen Wert können uns völlig ausbremsen. Der Weg aus dieser Selbstfesselung beginnt mit Mut und Liebe: Wir brauchen Mitgefühl und einen zutiefst wohlwollenden Blick für unser eigenes Leben.

Mitgefühl mit uns selbst heilt Scham, Selbstverurteilung und Selbsthass. Den Grund für dieses Mitgefühl uns selbst gegenüber bereitet die Achtsamkeit, ein klares, urteilsfreies Bewusstsein des jeweils Gegebenen, auch wenn es sich um Selbstverurteilung, Scham oder Selbsthass handelt. Bewusste Wahrnehmung kann damit beginnen, dass Sie einfach vermerken, wie sich Gefühle wie Wertlosigkeit oder Scham körperlich anfühlen, wie viel Schmerz sie bergen, wie viel Beklemmung, Kummer, Angst oder Sucht und welche Geschichten sie erzählen. Wir leben mit so vielen Vorstellungen und Idealen, die uns sagen, wie wir zu sein haben, und das alles verdichtet sich zu ungesunden Selbstverurteilungen, statt uns aufzuzeigen, wie wir für uns selbst sorgen und uns so lieben können, wie wir sind.

Im nächsten Schritt müssen in diese respektvolle Achtsamkeit Mitgefühl und liebevolles Verständnis für all die Schmerzen und Leiden einfließen, die Sie mit sich herumtragen. Manchmal hilft es, sich an die Zeit zu erinnern, in der sich diese peinigenden Muster und Gedanken gebildet haben, um dann die Vorstellung einer zärtlichen Umarmung Ihrer selbst als Kind folgen zu lassen. Das können Sie wieder und wieder in sich wachrufen: sich selbst mitfühlend und verständnisvoll in den Armen zu halten. Innerlich können Sie dabei sagen: »Ich bin mir lieb und wert.« Oder: »Ich bin es wert, geliebt zu werden.« Oder Sie legen sich die Hand aufs Herz und stellen sich dabei die mitfühlende Berührung einer Mutter Teresa oder des Dalai Lama vor.

Vergegenwärtigen Sie sich bei diesem Selbstmitgefühl auch Ihr Menschsein, das Sie mit allen anderen verbindet. Sie sind einfach ein Mensch und erleben wie jeder andere Lust und Schmerz, Lob und Tadel, Schwierigkeiten und leichtes Gelingen, Erfolg und Misserfolg, Freude und Kummer. Sagen Sie sich, dass viele Leute Ähnliches durchmachen wie Sie. So sind wir, so ist unser Leben. Seien wir mit-

fühlend und fürsorglich, so lässt sich ein starkes, gesundes, liebevolles Leben erbauen.

Es allen recht machen wollen

Olivia war eine bekannte Designerin, die Arbeit nahm sie voll und ganz in Anspruch. Sie bekam Schlafstörungen, und ihre Beziehung zeigte Abnutzungserscheinungen, weil sie kaum je Ruhe fand, um sich wieder einmal ganz auf ihren Partner Fabien einzulassen. Auch auf Joanna, ihre heranwachsende Tochter, reagierte sie häufig eher gereizt. Olivia nahm die Achtsamkeitspraxis auf, doch das Stillsitzen fiel ihr schwer, sie verspürte Fluchtimpulse. In dieser ausweglos erscheinenden Lage suchte sie mich auf.

Eine selbstkritische innere Stimme sagte ihr, sie müsse mehr arbeiten. Sie wusste, dass es sich dabei nur um eine Täuschung handeln konnte, und trotzdem schämte sie sich, wurde unsicher. Sie fürchtete, ihr Geschäft könne irgendwelchen Schaden erleiden, und zugleich plagten sie Gewissensbisse, weil sie nicht für Joanna und Fabien da war. Diese Gefühle lösten Angst bei ihr aus. »Mich verfolgt der Gedanke, dass ich alle nur enttäusche, mich selbst auch«, sagte sie und begann zu weinen.

Ich fragte sie: »Erinnern Sie sich daran, wann Sie diese Befürchtung zum ersten Mal gehabt haben?« Sie überlegte, dann bekam sie große Augen, als sie sich erinnerte. »Mit drei«, sagte sie. In ihrer Familie hatte sich tiefe Entmutigung breitgemacht. Olivias Vater ist eigentlich immer unterwegs gewesen, ihre Mutter war unglücklich und egozentrisch, außerdem sprach sie dem Alkohol zu sehr zu. Olivia hatte stets versucht, ein ganz braves Mädchen zu sein, fand damit aber keinen Widerhall; eher reagierten die Eltern gereizt und missbilligend. Jetzt, mit einundfünfzig, ging ihr auf,

dass sie ihr Leben lang auf Zustimmung und Beifall aus gewesen war.

»Fassen Sie diese dreijährige Olivia in den Blick, schließen Sie sie in Ihr Herz«, schlug ich vor. Gleich entspannte sich ihr Gesicht, die Augen wurden feucht. »Ich wollte doch nur geliebt werden«, sagte sie und begann zu weinen. »Ich sah ja, dass irgendetwas nicht in Ordnung war, und dachte, es muss wohl an mir liegen. Ich fühle mich immer noch so klein und voller Scham. Und immer wollte ich es allen recht machen.«

Sie lernte, sich als das Kind, das sie einmal war, in den Arm zu nehmen, und so entstand bei ihr Mitgefühl mit sich selbst. Sie sah ihren Schmerz und die ganze Selbstverurteilung immer deutlicher, und nach und nach konnte sie auch Liebe zulassen. Im Lauf etlicher Wochen arbeitete sie ihr gesamtes Berufs- und Familienleben durch: wie das Gefühl der Wertlosigkeit sie hatte nach Erfolg streben lassen und wie darunter die liebevolle Nähe zu ihrer Tochter und dem geduldigen Partner litt. Schließlich wurde ihr klar, wie sehr sie geliebt wurde, und von dem Moment an fühlte sie sich frei, auch ihre eigene Liebe wieder zu leben. Ihr schwindelte förmlich vor Freude, als sie all die neuen Möglichkeiten vor sich sah: »Ich kann Urlaub mit ihnen machen. Ich fühle mich nicht mehr als Dreijährige, ich kann mehr arbeiten oder eben nicht, ich kann meinen Laden ausbauen oder sogar verkaufen. Wenn ich mich in meiner eigenen Haut wohlfühle, kann ich tun und lassen, was ich will.«

Wie sind Ihre Erinnerungen auf diesem Gebiet: es anderen immer recht machen zu wollen? Wie hat das Ihr jetziges Leben geformt? Sobald Sie klar erkennen, wie Sie sich dabei unnötig hintangestellt haben, nehmen Sie den ganzen Zusammenhang verständnisvoll und mitfühlend an, und atmen Sie tief durch, um sich zuletzt zu vergegenwärtigen, dass es Ihnen freisteht, neue Wege und Formen zu finden.

Die Furcht vor dem Absturz

Gandhi sagte einmal: »Freiheit lohnt sich nicht, wenn sie nicht die Freiheit zu irren einschließt.« Haben Sie also keine Angst vor Fehlern. Treten Sie vor, schwingen Sie sich auf – und wenn Sie abstürzen, fängt die Erde Sie auf, und Sie können einen neuen Anfang machen. Der Zen-Meister Dogen nannte das Leben lachend »einen einzigen anhaltenden Irrtum«. Sicher, es besteht immer die Angst, eine schlechte Figur zu machen, aber würden Sie sich beim Rückblick auf Ihr bisheriges Leben wünschen, Sie hätten es gar nicht erst versucht? Das wird wohl kaum der Fall sein.

Manchmal beschneiden wir selbst unsere Freiheit, weil wir fürchten, dass sie uns über den Kopf wächst. Oder dass sie uns irgendwie nicht zusteht. Oder wir fürchten, unser Ego ginge mit uns durch, wir würden übermütig und verlören jegliche Bodenhaftung. Wenn wir unsere Freiheit ganz leben und hoch hinausstreben, werden wir dann nicht wie Ikarus der Sonne zu nahe kommen und einen furchtbaren Absturz erleben? Ist zu viel Freiheit vielleicht gar nicht gut?

Jeder stolpert einmal. Ein Fehltritt kann Leid nach sich ziehen, aber wir lernen daraus. Oft kommt es uns so vor, als wollten wir zu viel, wenn wir hochfliegenden Träumen nachhängen. Wir fragen uns, ob das nicht einfach Luftschlösser sind. Dann kommen wieder Zeiten, in denen wir uns gar nichts zutrauen und uns wertlos fühlen. Nehmen Sie solche Befürchtungen freundlich zur Kenntnis, aber lassen Sie sich nicht von ihnen leiten.

Immer wenn Carl bei der Meditation still und gesammelt wurde, erstarrte etwas in ihm und er wusste nicht weiter. Als wir zusammen meditierten, packte ihn die Angst. Ich forderte ihn auf, einfach bei diesem starken Gefühl zu bleiben, sich ihm mit freundlicher Aufmerksamkeit zuzuwenden und auf die begleitenden Körperempfindungen zu

achten. Dann legte ich ihm nahe, eine mit dieser Angst verbundene Schlüsselerinnerung in seinem Inneren aufsteigen zu lassen. Es stellte sich ein Bild vom Footballspiel an der Highschool ein, bei dem er mit so hohem Einsatz kämpfte, dass er seinem Gegenspieler versehentlich den Arm brach und weinte. Seitdem lebte er in der ständigen Befürchtung, er könne wieder einmal jemanden verletzen. Ich regte ihn dazu an, dieser Angst vor dem für andere möglicherweise schädlichen Missbrauch seiner Kraft mitfühlend zu begegnen. Es war nicht zu übersehen, dass ihm das Wohl anderer sehr am Herzen lag. Jetzt musste er nur noch lernen, auf sein eigenes Wohl ebenso bedacht zu sein, ohne dass die alte Angst über ihn kam.

Unser Leben bietet so viele Möglichkeiten, dass leicht die Angst entsteht, wir könnten die falsche Wahl treffen. Hören Sie auf Ihr Herz und befragen Sie auch Kopf und Körper. Dann tun Sie einen Schritt, probieren Sie etwas aus, wobei Sie etwas entdecken und daraus lernen, um weiter zu wachsen. Sie werden auch die Fehler bejahen können, sie gehören nun mal dazu. Sie handeln einfach in bester Absicht – und in dem Wissen, dass die Ergebnisse nie ganz abzusehen sind.

Das »Nicht-Wissen« in der Zen-Praxis birgt die Wahrheit des Lebens: Sie agieren freiheraus, geben die Kontrolle ab und vertrauen sich dem nicht Absehbaren an.

Bedenkenlos handeln

Meine Freundin Rachel Naomi Remen erzählte die Geschichte von David, einem Assistenzarzt, der Anfang der Achtzigerjahre auf der Aidsstation des San Francisco General Hospital arbeitete. Es war die Zeit, in der sich die Infektion rasant ausbreitete und fast alle Patienten starben, weil

es noch keine wirksamen Medikamente gab. Davids Patienten waren überwiegend junge Männer in ungefähr seinem Alter, sodass er großen Anteil nahm. Er hatte gehofft, er würde diesen Menschen mit seinem medizinischen Wissen und Können helfen können. Das war nicht so, weshalb ihn in diesen Jahren oft ein Gefühl von Sinnlosigkeit verfolgte.

David war aber schon damals Buddhist und hatte es sich zur Regel gemacht, für seine Patienten zu beten. Noch heute zündet er nach dem Tod eines Patienten eine Kerze auf seinem Altar daheim an und sorgt dafür, dass dort neunundvierzig Tage lang eine kleine Flamme brennt. Schon damals als Assistenzarzt betete er für jeden sterbenden jungen Mann und ließ Kerzen auf seinem Altar brennen. Später kam ihm der Gedanke, dass er vielleicht gar nicht dort gewesen war, um zu heilen und Leben zu retten. Vielleicht hatte er nur dafür gesorgt, dass niemand starb, ohne dass für ihn gebetet wurde. Dann hatte er ihnen doch sicher in bestmöglicher Weise gedient.

William McFee schrieb: »Wenn das Schicksal dir eine Niederlage bestimmt, liefere ihm trotzdem einen guten Kampf.« Die Freiheit mag als gar zu hohes Ziel erscheinen, aber seien Sie unbesorgt. In der Bibel nähern sich die Engel immer mit den Worten: »Fürchte dich nicht.«

Der Zen-Lehrer und Psychotherapeut Karlfried Graf Dürckheim sagte, wenn man wirklich auf dem Weg ist und schwere Zeiten anbrechen, werde man sich nicht an den Freund wenden, der einem Trost und Zuflucht bietet, damit man als sein altes Ich überleben könne. Man wird sich vielmehr jemanden suchen, der einem dazu verhilft, sich selbst aufs Spiel zu setzen, damit man die schwierige Phase mutig durchsteht. Nur so weit, wie einer sich immer wieder der möglichen Vernichtung aussetzt, kann er das Unzerstörbare in sich auffinden. In diesem Wagemut liegen Würde und der Geist des Erwachens.

Bertrand Russell spitzte das noch weiter zu, als er sagte: »Man respektiere die öffentliche Meinung nur so weit, dass man nicht verhungern muss oder im Gefängnis landet, aber mit allem, was darüber hinausgeht, unterwirft man sich freiwillig der Tyrannei.« Und von der Tänzerin Martha Graham hören wir: »Kein Künstler ist seiner Zeit voraus, er *ist* seine Zeit.«

Niemand hat je Ihr Leben geführt. Es ist ein Abenteuer, auf das es sich einzulassen lohnt.

Sich gegen den Wind stemmen

Sie mögen eine Pechsträhne haben oder sich im Erfolg sonnen, beides birgt Gefahren und kann die gleichen Grundängste schüren. Niemand ist davon ausgenommen.

Vor ein paar Jahren wurde ich eingeladen, die gesamte Studentenschaft der Stanford Graduate School of Business in die Kunst der Achtsamkeit und des Mitgefühls einzuführen. Zur Vorbereitung hatte man mich wissen lassen, das Leistungsniveau vieler Studenten sei zwar hoch, doch gerade weil sie so ehrgeizig seien und so viel zu tun hätten und dabei auch schon an ihrem möglichst hohen Einstieg ins Berufsleben arbeiteten, hätten sie keinen rechten Kontakt mehr zu sich selbst. Und um ihre Beziehungen zu Freunden und Angehörigen und allem, was im Leben wirklich zählt, stehe es auch nicht gerade gut. Scherzhaft warf ich im Gespräch mit den Professoren und dem Dekan ein: »Das klingt eher so, als solle es um eine Seelenrückführung gehen«, und sie stimmten lachend zu.

Ich rückte also mit einem Team von Spitzenkräften an, das aus Firmenchefs und Geschäftsführern bestand, lauter Freunden, die durch die Praxis von Achtsamkeit und Herzensgüte gelernt hatten, mit extremer Stressbelastung fertig-

zuwerden. Zusammen leiteten wir die Studenten durch unser Programm aus Übungen und Geschichten.

Ein Student sagte: »Ich finde das alles sehr anregend, was wir hier lernen, aber lassen Sie mich mal ganz direkt fragen: Verstehe ich Sie richtig, dass ich, wenn ich es weit bringe und massenhaft Geld verdiene, immer noch nicht unbedingt glücklich bin?« Die arglose Direktheit dieser Frage – und das, worauf sie diesen Studenten ganz offensichtlich aufmerksam machte – löste großes allgemeines Gelächter aus. Dann leiteten wir die Studenten zur Vision eines Lebens an, in dem Arbeit, Kreativität, Liebe und das Heilige in ausgewogenem Verhältnis zueinander stehen. Das sei aber nur der Anfang, betonten wir gleich. Die Studenten würden den so gewonnenen Eindruck aktiv entwickeln müssen. Sie mussten Praktiken finden, sie mussten Entscheidungen treffen, die ein gesundes Leben versprachen. Auch wenn sie die Wirtschaft nicht steuern konnten, *diese* Form des Erfolgs lag in ihren eigenen Händen.

Halten Sie sich an die Werte Ihres Herzens und schrecken Sie nicht davor zurück, sich auch mal gegen den Wind zu stemmen. Ob Sie erfolgsverwöhnt sind, mitten in einer Scheidung oder einem geschäftlichen Debakel stecken oder mit Verlust und Tod zurechtkommen müssen, sehen Sie immer zu, dass etwas Gutes daraus wird. Unser Leben ist nicht vorherzusehen, aber wir haben immer Wahlmöglichkeiten. Wie wir Moment für Moment reagieren, liegt ganz bei uns. Angst ist beklemmend, oft aber deshalb, weil sie gespannte Erwartung ist, die den Atem anhält. Spüren Sie die Lebendigkeit des Lebens mit seinen flüchtigen Freuden und Schmerzen und antworten Sie von ganzem Herzen.

»Leben ist Schwierigkeit«, sagt Alexis Sorbas. »Nur der Tod ist es nicht. Leben heißt den Gürtel festschnallen und ausschauen nach Schwierigkeit.« Wenn wir frei sind, leben wir jeden Tag voll und ganz, wie es uns und unseren An-

lagen entspricht. Nur keine Angst vor Lob oder Tadel. Innere Freiheit, äußere Freiheit – worum es auch gehen mag, Sie können sich immer für die Freude entscheiden.

In dieser übervernetzten Gesellschaft heischen tausenderlei Dinge um unsere Aufmerksamkeit. Alle Tage haben wir zum Morgenkaffee die Weltnachrichten auf dem Smartphone. Wissenschaftler schätzen, dass in einer einzigen Ausgabe der *New York Times* mehr steht, als ein Mensch des 16. Jahrhunderts in seinem ganzen Leben zu hören bekam. Verständlich, dass es uns manchmal zu viel wird, auf allen Kanälen ständig E-Mails, Postings, SMS, Tweets und manches mehr zu versenden.

Machen Sie Pause, atmen Sie durch. Wenn das Leben so brechend voll ist, kann der Hinweis, dass wir ja frei sind, ein wenig beunruhigend wirken. Lassen Sie es ruhig so sein. Aber tatsächlich steht es Ihnen frei, dankbar, mutig, ängstlich, bitterböse oder liebevoll zu sein. Und darüber hinaus steht es Ihnen frei, Ihren Job zu schmeißen, ein Geschäft zu eröffnen, zu heiraten, sich scheiden zu lassen, ein Kunstwerk zu schaffen, ein Kind in Pflege zu nehmen, Reisen ins Unbekannte zu unternehmen, Ihren E-Mail-Account zu löschen – mit allen Folgen, die das haben kann.

Freiheit kann schwindelerregend sein. Zum Glück müssen Sie nicht alle Entscheidungen zugleich treffen – oder überhaupt. Aber die Freiheit zum Kurswechsel haben Sie immer. Ihr Leben ist an bestimmte Vorgaben gebunden und zugleich frei. Es gibt Grenzen, deren Überschreitung Folgen hat – wer sich nicht an die Gesetze hält, kann im Gefängnis landen. Man fährt auf der vorgeschriebenen Straßenseite oder riskiert Unfälle, die tödlich ausgehen können. In dieser beunruhigenden Grenzenlosigkeit der Freiheit fahren Sie am besten, wenn Sie das Denken leiser stellen und mehr auf Ihr Herz hören. Ihr Herz stellt liebevolle und wohlerwogene Ratschläge bereit, die aus tiefem, aufrichtigem Verstehen

kommen und deshalb zu den besten Entscheidungen führen.

Elija war seit seinem dreizehnten Lebensjahr immer wieder für kürzere oder längere Zeitabschnitte inhaftiert gewesen. Hier erzählt er, was für Schwierigkeiten das mit sich brachte:

Als ich auf Bewährung entlassen wurde, war ich einundzwanzig. Einmal stand ich an der Ampel. Sie wurde grün und dann wieder rot. Ich blieb einfach stehen. Bis mir aufging, dass ich darauf wartete, von jemandem gesagt zu bekommen, wann ich gehen konnte. Die Jahre hinter Gittern hatten mich meine eigene Entschlusskraft gekostet. Deshalb fing ich mit Achtsamkeit an, ich musste unbedingt meine Freiheit wiederhaben.

Jeder kann seine Freiheit zurückbekommen. Besinnen Sie sich auf das Wesentliche, schalten Sie Ihre Vernetzungsapparaturen aus und Mozart an. Entrümpeln Sie Ihren Terminplan, machen Sie Spaziergänge in der Natur, planen Sie weniger Termine und Aktivitäten. Richten Sie sich nach Ihren eigenen Vorstellungen ein einfacheres Leben ein. Ihr Gefühl, dass Ihnen alles zu viel ist, wird durch Sorgen und Vorstellungen noch verschlimmert. Das Gefühl, ein separiertes Ich zu sein, macht Angst, doch wir sind alle in das Gewebe des Lebens eingebunden und müssen uns nicht von solchen Gefühlen beherrschen lassen. Letzten Endes sind Sie reines Bewusstsein.

Der Zen-Meister Philip Kapleau wusste seine Schüler wirksam zu beruhigen, wenn es während einer Meditationsklausur zur Auflösung der Grenzen kam. Er sagte: »Sie können nicht aus dem Universum herausfallen.«

ÜBUNG
Unerwartete Hilfe in schwierigen Zeiten

Hier eine Übung, mit der Sie einmal aus Ängsten und Schwierigkeiten heraustreten können, um zu bemerken, dass Sie die notwendige Weisheit bereits in sich haben. Visualisation und tiefes Lauschen können das Herz verwandeln.

Nehmen Sie eine bequeme Sitzhaltung ein. Lassen Sie den Atem ruhig werden und in den gegenwärtigen Augenblick zurückkehren. Verweilen Sie ein wenig in diesem Zustand.

Jetzt vergegenwärtigen Sie sich ein aktuelles Problem in Ihrem Leben, an dem andere Menschen beteiligt sind.

Rufen Sie sich in Erinnerung, wie sich dieses Problem in der akuten Situation anfühlt. Visualisieren Sie das in möglichst vielen Einzelheiten. Wo sind Sie da? Wer ist noch dabei? Stehen oder sitzen, sprechen oder handeln Sie?

Wie ist Ihnen dabei zumute? Wie ist Ihre geistige Verfassung, welche Gefühle regen sich? Achten Sie auch auf körperliche Anspannung und Unbehagen; beobachten Sie, wie Sie in dieser Situation normalerweise reagieren.

Jetzt betrachten Sie das Verhalten der anderen. Da es sich um eine Visualisation handelt, kann Ihnen nichts passieren. Stellen Sie sich die Situation also wirklichkeitsgetreu vor, auch wenn Sie sie schon als beängstigend oder sehr unangenehm erlebt haben.

Machen Sie sich die jetzt auftretenden starken Gefühle bewusst und benennen Sie alle ganz unaufgeregt, zum Beispiel »Angst, Angst«, »verletzend, verletzend« oder »enttäuschend, enttäuschend«. Nehmen Sie sich wohlwollend der ganzen Verletzlichkeit an, die hinter solchen Gefühlen steht. Benennen Sie jedes auftauchende Gefühl und umfangen Sie es mit liebendem Bewusstsein. Wir alle sind verletzlich, und wir alle sind mutig.

Erweitern Sie jetzt diese schwierige Situation. Wenn Sie im Haus sind, stellen Sie sich vor, es klopfe an der Tür, und wenn Sie draußen sind, können Sie eine Gestalt auf sich zukommen sehen. Zu allen an dieser Situation Beteiligten sagen Sie: »Entschuldigt mich kurz.«

Wenn Sie jetzt die Tür öffnen oder sich der näher kommenden Gestalt zuwenden, begegnen Sie einem Lichtwesen, das Sie besuchen möchte. Lassen Sie sich überraschen. Es ist ein Wesen von großem Mitgefühl, Verständnis und Mut, vielleicht der Buddha oder Quan Yin, Mutter Maria oder Jesus, Salomon, Gandhi oder vielleicht eine weise Großmutter – jedenfalls jemand, der für Sie Mitgefühl und Weisheit repräsentiert. Wer ist es?

Die Lichtgestalt Ihrer Vorstellung grüßt Sie und fragt: »Hast du es schwer?« Sie spüren Herzlichkeit und echtes Interesse in dieser Frage. »Komm, ich helf dir, ich zeig dir, wie ich mit der Sache umgehen würde. Gib mir deinen Körper, dann sehe ich aus wie du, und du bist unsichtbar und kommst mit. Niemand wird merken, dass ich in deinem Körper stecke.«

Jetzt gehen Sie mit der Gestalt an die Stelle, an der das Problem besteht. In welcher Geistes- und Herzensverfassung wendet sich das Wesen dem Problem zu? Wie hört es zu, wie antwortet es? Stellen Sie sich vor, dass dieses Wesen Licht und Weisheit in die verfahren wirkende Situation trägt. Sehen Sie eine Weile zu.

Wenn es erreicht hat, was zu erreichen ist, gehen Sie erneut zu dem Ort, wo Sie sich getroffen haben. Sie bekommen Ihren Körper zurück, und die Lichtgestalt wird wieder reine Lichtgestalt. Vor dem Abschied macht sie Ihnen noch ein Geschenk und zieht aus dem Gewand etwas hervor, ein für Sie unmissverständliches Symbol dessen, was Sie in schwierigen Situationen dieser Art benötigen. Wenn Sie das Symbol nicht gleich erfassen, halten Sie es ins Licht. Erlauben Sie sich zu erkennen, um was es sich handelt. Sie können es.

Zuletzt flüstert ihnen das Lichtwesen mit einer sanften Berührung ein paar Worte zu. Gestatten Sie sich wieder, diese Worte zu vernehmen oder in der Vorstellung oder in Gedanken zu erfassen.

Nach diesem letzten Rat bedanken Sie sich bei Ihrem Helfer und lassen ihn dann ziehen. Öffnen Sie die Augen, um wieder ganz in der Gegenwart zu sein.

Es fühlt sich wunderbar an zu wissen, dass solche Lichtwesen jederzeit erscheinen können – ihre Weisheit und ihr Mut sind immer greifbar nah. Weisheit und Mut sind Ihnen von Natur aus zu eigen. Sie waren immer da und sind jetzt in Ihnen.

Bleiben Sie noch ein wenig bei diesen Eindrücken, wie das Lichtwesen an das Problem herangegangen ist und was Sie gelernt haben. Was für ein Geist hat sich Ihnen mitgeteilt? Notieren Sie die vom Lichtwesen gesprochenen Worte der Weisheit und Ihre Auffassung von dem Geschenk, das Sie bekommen haben.

Rufen Sie sich in Erinnerung, wie Sie sich beim Eintritt der schwierigen Situation körperlich gefühlt haben – Anspannung, Steifheit, Angst, Verstimmung, Verunsicherung? Und wie ging es Ihrem Körper, als sich die Weisheitsgestalt mit ihm der Situation näherte? Solche Wesen haben etwas von Entspannung, Sicherheit und Anmut. Für Sie ist es jetzt so, als wüssten Sie bereits, wie man auch den schwierigsten Auseinandersetzungen liebenswürdig, aufgeschlossen, mutig und klug begegnet.

Wenn Sie innerlich still werden und lauschen, zeigen sich Ihnen die Lösungen, die Sie brauchen. Die Weisheit, die wir suchen, ist in uns.

6
Verzeihen

Wenn du fliegen willst, musst du loslassen,
was dich runterzieht.
Toni Morrison

Enttäuschung, Verrat und Vertrauensbruch bleiben niemandem erspart. Auch in dieser Hinsicht sind Sie weder der Erste noch der Letzte, dem solches widerfährt. Verrat gehört zum Menschheitsdrama, Sie befinden sich mit Ihrer Desillusionierung in millionenfacher Gesellschaft. Hintergangen worden zu sein tut weh, und seelische Schmerzen werden in denselben Gehirnarealen verarbeitet wie körperliche. Aber was dann an Verlustgefühlen, Kummer, Bedauern, Beklemmung, Empörung, Leere und Schwere folgt, ist nicht das Ende der Welt, nur ein schwieriger Abschnitt. Zu wissen, dass man mit alldem nicht allein dasteht, bringt wieder ein wenig Erleichterung und rückt die Dinge etwas zurecht. Es ist nicht Ihr Schmerz allein, er gehört zu unser aller Dasein und braucht zur Heilung Weisheit wie auch tiefes Mitgefühl – und Vergebung.

Sich und anderen verzeihen

Als meine Ehe nach dreißig Jahren endete, war ich starr vor Schreck und wusste erst einmal nicht weiter. Liana war meine große Liebe gewesen, ich dachte, wir würden bis ans Ende unserer Tage zusammenbleiben. Doch als unsere

Tochter aus dem Haus ging, um zu studieren, reiste ich in den folgenden Jahren viel; und meine Frau sagte, sie wünsche sich mehr Zeit für sich und ihre Malerei. Unsere Bedürfnisse gingen immer weiter auseinander, und auch wenn wir zusammen waren, zeigte sich zunehmend deutlicher, dass wir einander nicht glücklich machten. Ich lebte in dem Glauben, ich müsse mich nur mehr anstrengen, sie glücklich zu machen (das ist nie eine kluge Strategie), dann würde ich auch selbst wieder glücklicher werden. Am Ende kamen wir zu dem Schluss, es sei besser, getrennte Wege zu gehen.

Das war für mich der Beginn eines langen Prozesses der inneren Klärung. Mir fiel auf, dass ich diese dreißig Jahre immer wieder Revue passieren ließ, um herauszufinden, was daran gut gewesen war und wo ich in die Irre gegangen war. Manchmal erschien mir das ein bisschen zwanghaft, zuweilen brachte es mich nur noch mehr durcheinander, und oft packte mich die Wut. Ich musste mein gesamtes Training in Achtsamkeit und Mitgefühl aufbieten, um durch diese quälenden Jahre zu kommen, und es lief alles darauf hinaus, dass ich mir meine Fehler, Erwartungen und Projektionen verzeihen musste. In gleicher Weise würde ich natürlich auch meiner Frau verzeihen müssen. Das hatte ich immer wieder zu üben, denn kaum war etwas verziehen, tauchte wieder etwas anderes Belastendes auf. Ich konnte dann nur tief durchatmen und ganz in den Schmerz hineingehen, bis ich schließlich zu sagen vermochte: »Auch das.«

So wichtig diese Rückschau und das Eingehen auf die Einzelheiten unserer Ehe und ihres Endes waren, es blieb noch mehr zu tun. Allzu leicht fiel ich doch wieder in die alte Bestürzung zurück, es war wie ein Kreislauf, der sich einfach nicht durchbrechen ließ. Das Verzeihen musste offenbar noch einen großen Schritt weiter gehen und sich auf alle Ehen und Scheidungen erstrecken, auf alle Formen der

Liebe mit ihrem Idealismus und Schmerz, ihren Höhenflügen und ihrem Scheitern, ihrer Zärtlichkeit und ihrem großen Kummer. Es war für mich selbst und meine Frau nötig, für alle, die wir gemeinsam gekannt und geliebt hatten. Ich musste erreichen, dass das alles in Ordnung war und meine Identität sich darin nicht erschöpft.

»Eine Scheidung bei einem Lehrer für Achtsamkeit und Herzensgüte, wie kann das sein?«, wurde ich natürlich immer wieder gefragt.

Die Antwort war ganz einfach: »Er ist ein Mensch.«

Im Lauf unseres Lebens nehmen wir verschiedene Identitäten an und spielen allerlei Rollen. Die Rollen werden uns mit den verstreichenden Jahren antrainiert – Kind und Schüler, Angestellter und Liebhaber, Mutter und berufstätige Frau, Patient und Heiler. Alle diese Rollen sind jedoch nicht unsere wahre Identität. Wir können lernen, den Blick über sie hinaus zu weiten.

Unsere Biografie legt uns nicht fest

Der bereits erwähnte Ram Dass, ein weltweit bekannter spiritueller Lehrer in der Hindu-Tradition, wurde in einem jüdischen Elternhaus geboren. Einmal wurde er von einem Kursteilnehmer gefragt, ob er sein Judentum abgelegt habe. Er sagte, er habe größte Hochachtung vor den Lehren des Judentums und besonders wichtig seien ihm die mystischen Traditionen des Chassidismus und der Kabbala. »Vergessen Sie aber nicht«, witzelte er anschließend, »dass ich nur auf der elterlichen Seite Jude bin.«

Unsere Familiengeschichte sagt nicht, wer wir sind. Sujatha Baliga, früher Strafverteidigerin, leitet heute das Projekt für außergerichtliche Wiedergutmachungsverfahren (Restorative Justice) des National Council in Crime and Delin-

quency in Oakland. Geboren und aufgewachsen ist sie in Shippensburg, Pennsylvania, als jüngstes Kind indischer Einwanderer. So weit ihr Erinnerungsvermögen zurückreicht, wurde sie von ihrem Vater sexuell missbraucht. In der Pubertät fing sie an, sich das Haar blau zu färben und sich Verletzungen zuzufügen, aber erst mit vierzehn, zwei Jahre vor dem Tod ihres Vaters durch einen Herzinfarkt, ging ihr wirklich auf, dass er durch sein furchtbares Fehlverhalten ihr ganzes Elend ausgelöst hatte.

Trotz der Qualen ihrer Kindheit war Sujatha eine ausgezeichnete Schülerin, und während des Studiums in Harvard fasste sie den Entschluss, Staatsanwältin zu werden und Kinderschänder hinter Schloss und Riegel zu bringen. Nach dem College ging sie nach New York und arbeitete mit geschlagenen Frauen, während sie auf die Entscheidung über ihre Zulassung zum Jurastudium wartete. Als ihr Freund ein Stipendium für Studien in Mumbai bekam, ging sie mit, um dort die Zeit bis zum Beginn ihres Jurastudiums zu verbringen.

In Indien erlebte sie »einen totalen Zusammenbruch«, wie sie es nennt. Sie dachte: »Großer Gott, ich muss mich irgendwie in Ordnung bringen, bevor ich mit dem Studium anfange.« So kam sie auf den Gedanken, mit dem Zug nach Dharamsala zu fahren, wo am Sitz des Dalai Lama eine große tibetische Exilgemeinschaft besteht. Von diesen Tibetern hörte sie, wie sie mir erzählte, »furchtbare Berichte über den Tod von Verwandten während der Flucht vor der chinesischen Armee – von Vergewaltigungen, von Kindern, die gezwungen wurden, ihre Eltern zu töten –, unvorstellbar grauenhafte Dinge. Ich fragte sie: ›Wie könnt ihr dann hier so stehen und auch noch lächeln?‹ Und die Antwort lautete immer: ›Vergebung.‹ Dann wollten sie aber gleich wissen: ›Und du, was macht dich so wütend?‹ Ich sagte es ihnen, und sie meinten: ›Das ist ja wirklich ganz schön heftig.‹«

Die Familie, in deren Guesthouse Sujatha wohnte, erzählte ihr, dass viele Leute den Dalai Lama schriftlich um Rat bitten – das könne sie doch auch versuchen. Sie schrieb ihrer Erinnerung nach ungefähr Folgendes: »Die Wut bringt mich schier um, aber sie ist auch die treibende Kraft meiner Arbeit. Wie könnte man sich ohne Zorn als Motivation für tyrannisierte und misshandelte Menschen einsetzen?« Sie gab den Brief bei einem Wachhäuschen am Tor zur Residenz des Dalai Lama ab, und man sagte ihr, sie solle in einer Woche wiederkommen. Das tat sie, aber sie nahm keinen Antwortbrief entgegen, sondern wurde für eine volle Stunde zum Gespräch mit dem Dalai Lama geladen.

Bei diesem Gespräch gab er ihr zwei Ratschläge. Sie solle meditieren, lautete der erste. Das könne sie tun, sagte sie. Der zweite bestand nach ihren eigenen Worten darin, »mich auf den Feind einzustimmen und zu versuchen, mein Herz für ihn zu öffnen. Ich lachte laut auf und gab zurück: ›Ich werde Jura studieren, um diesen Typen das Handwerk zu legen. Einstimmen kommt überhaupt nicht infrage.‹ Er tätschelte mir das Knie und sagte: ›Okay, dann nur meditieren.‹«

Nach ihrer Rückkehr in die USA buchte sie einen zehntägigen Meditationskurs. Dabei ging es zunächst darum, ihren schlimmen Erlebnissen und den damit verbundenen Schmerzen achtsam zu begegnen. Als sie danach in die Praxis der Herzensgüte eingeführt wurde, bei der wir uns, unseren Lieben, dann Fremden und schließlich unseren Peinigern Mitgefühl entgegenbringen, war es um ihre harte Haltung bald geschehen. Am letzten Tag des Kurses kam es plötzlich und wie von selbst dazu, dass sie ihrem Vater verzieh.

Als sie sich ausgeweint hatte, verging der Wunsch nach Vergeltung. Irgendwie fand sie den Mut, ihre Arbeit aus Mitgefühl statt mit Wut als Antrieb fortzusetzen. Später be-

schrieb sie das Erlebnis als »Loslassen von Wut und Hass und dem Wunsch nach Rache und Vergeltung«.

Nach dem Abschlussexamen arbeitete Sujatha als Angestellte eines Bundesrichters in Vermont. »Dabei habe ich Restorative Justice erstmals im Vollzug erlebt«, sagt sie. Jetzt gehört sie selbst zu den führenden Persönlichkeiten auf diesem Gebiet. Mit großer Behutsamkeit bringt sie Täter und Opfer zusammen, die dazu bereit sind. Es ist ein fragiler, oft schmerzlicher Prozess des Zuhörens und Antwortens, der schließlich auf Verständnis, Vergebung und Versöhnung hinauslaufen kann. Es ist ein heiliges Werk, Heilung und Erlösung gebrochener Seelen. So hat Sujatha den zweiten Rat des Dalai Lama schließlich doch noch befolgt.

Auch Sie können sich von den Leiden Ihres früheren Lebens befreien. Es ist gut, die eigene Geschichte in Ehren zu halten, aber sie muss uns nicht dauerhaft bestimmen. Ihre Biografie und Ihre Vorstellungen von sich sind nicht das, was Sie ausmacht. Die Geschichten, die wir von unserer Vergangenheit erzählen, sind wie auf Wasser geschrieben. Auch wissenschaftlich wurde aufgezeigt, dass ein Großteil unserer Erinnerungen nicht wirklichkeitsgetreu ist. Uns mag es als realistische Schilderung erscheinen, doch tatsächlich handelt es sich um ein Flickwerk aus Wiederholungen, Assoziationen und Einbildung.

Sie sind zeitlos. Immer wenn Sie das vergessen und sich doch wieder mit Ihren eigenen Erzählungen identifizieren, schauen Sie besser noch einmal hin.

Der Vergangenheit ihr Recht geben

Eine berühmte Geschichte aus dem alten Indien erzählt von Kisa Gotami, einer jungen Frau, die jahrelang ein Kind ersehnt hatte. Dann wurde sie schließlich schwanger und ge-

bar einen Sohn, der jedoch nach kurzer Krankheit starb. Sie war wie von Sinnen vor Trauer. Wie umnachtet und mit dem toten Kind auf dem Arm irrte sie umher, bis sie einem alten Mann begegnete, den ihr Jammer rührte und der ihr sagte, sie solle zum Buddha gehen. Sie flehte den Buddha an, ihr Kind wieder zum Leben zu erwecken, und der erklärte sich überraschenderweise dazu bereit – unter einer Bedingung: Sie müsse ihm ein Senfkorn von einer Familie bringen, in der noch niemand gestorben sei. Kisa Gotami ging ins Dorf und dort von Haus zu Haus, und alle hatten Senfsamen, die man der weinenden Mutter geben konnte, aber als sie sich nach Gestorbenen erkundigte, fand sich keine einzige Familie, in der nicht schon Brüder, Töchter, ein Onkel oder die Mutter zu Tode gekommen waren. In ihrer ganzen Traurigkeit und Erschöpfung dämmerte es Kisa Gotami, dass der Tod keine einzige Familie ausnimmt. So kehrte sie zum Buddha zurück, immer noch traurig, aber jetzt reicher an Erkenntnis. Sein Mitgefühl tröstete sie, und darüber hinaus empfing sie seine Lehre der Befreiung, die ihr Herz erleichterte, in dem sie zugleich ihren Sohn in Erinnerung behielt.

In unserer Gesellschaft sind Alter und Tod, ja sogar die Geburt nach wie vor Tabuthemen. Es ist noch nicht allzu lange her, dass schwangere alleinstehende Frauen in besonderen Heimen untergebracht und monatelang allen Blicken entzogen wurden. Nahte der Geburtstermin, wurden sie zur Entbindung ins Hospital gebracht, wo man notfalls die Wehen einleitete, damit der Zeitplan der stirnrunzelnden Ärzte nicht durcheinanderkam, und ihr Kind wurde ihnen anschließend weggenommen. Später wurden sie mit der strikten Anweisung nach Hause geschickt, nur ja mit niemandem über die Angelegenheit zu reden. Man stelle sich das einmal vor: Eine Frau bringt ein Kind zur Welt, sicher eine der gewaltigsten Erfahrungen überhaupt, dann nimmt man

es ihr weg und sie muss auch noch so tun, als wäre nichts gewesen!

Wer sich von seiner Vergangenheit frei machen möchte, muss sich zunächst vor Augen führen, was vorgefallen ist und wie sehr einen das noch in seinem Bann hat. Es ist ja noch da, bewusst oder unbewusst, es beherrscht den Körper, die Gefühle, den Geist. Nehmen wir also unseren Verlust oder was immer es auch sei, ganz bewusst zur Kenntnis, bevor wir uns im nächsten Schritt davon lösen. Erst dann können wir verzeihen und durch Meditation, Therapie, Traumaarbeit, Kunst und den Rückhalt einer innigen Beziehung erreichen, dass Verrat und Trauma heilen.

Die Göttin des Erbarmens

Verzeihen und frei sein, das setzt voraus, dass Sie Ihren Kummer, die Enttäuschung, die ganze Geschichte klar vor Augen haben und in all Ihr Mitgefühl hüllen. Denken Sie daran, dass Sie mehr sind als die Summe dessen, was Ihnen widerfahren ist. Dann können Sie sich innerlich dem Verzeihen zuwenden.

Molly verwaltete als diplomierte Wirtschaftswissenschaftlerin einer der angesehensten Fakultäten eine gemeinnützige Einrichtung für obdachlose Frauen. Als sie zu mir kam, war sie so überarbeitet und erschöpft, dass sie nur noch in Teilzeit arbeiten konnte. Depression und Angst waren eigentlich ihr Grundzustand, und sie reagierte extrem empfindlich auf Geringschätzung. Man sah ihr an, dass ein tiefer Kummer sie beschwerte. Ihre Eltern waren beide Alkoholiker und meist abwesend, sie hatte eine einsame Kindheit. Und wenn sie einmal da waren, litt Molly unter ihrer Kälte und Kritiksucht. Schon während des Studiums und auch heute bei ihren Bemühungen um beruflichen Erfolg

blieben Momente der Freude und Leichtigkeit eine Seltenheit für sie.

Um sich von ihrer Vergangenheit zu befreien, nahm sie die Praxis des Mitgefühls auf. Sie wandte sich mit ihrer Bürde von Einsamkeit und Traurigkeit an Quan Yin, die chinesische Göttin des Erbarmens, wie andere sich an Maria wenden. Sie folgte dieser Praxis über Monate und fühlte sich wie von einer nicht urteilenden, zärtlichen Liebe umfangen. Irgendwann konnte sie ihre Eltern in Quan Yins Schoß visualisieren.

Das Herz wurde ihr leichter, bis sie einmal am Nachmittag an die ganze Vernachlässigung und die Entbehrungen ihrer Kindheit dachte und dabei bemerkte, dass sie sich nicht mehr so sehr mit dieser Vergangenheit identifizierte. Ihre Leiden waren ohne Zweifel real gewesen, aber sie gehörten der Vergangenheit an und sie konnte sich jetzt von ihnen lösen. Die Sonne ließ ihren blauen Orientteppich im Wohnzimmer aufleuchten und spielte in den gelben Stiefmütterchen im Balkonkasten, und da erkannte sie plötzlich, dass dies der erste bewusst glückliche Augenblick ihres Lebens war.

Mut und Klarheit

Sich selbst und anderen zu verzeihen ist die Basis, auf der Heilung geschehen kann. Ohne diese Grundlage bleibt es ein Leben in Ketten, wir spielen die Leiden der Vergangenheit immer wieder durch, wie es in einem Dialog zweier ehemaliger Kriegsgefangener deutlich wird: »Hast du deinen Bewachern verziehen?« – »Nein, niemals!« – »Dann halten sie dich immer noch gefangen, oder?«

Ohne Vergebung laufen wir immer weiter der Illusion nach, Hass könne unseren Schmerz oder die Schmerzen an-

derer heilen. Immer wieder geraten Menschen in furchtbare Kriege und Konflikte hinein – auf dem Balkan, in Kambodscha, Ruanda, Nordirland, Südafrika oder Syrien –, und sie alle müssen am Ende doch irgendeinen Weg zum Verzeihen finden. Da muss oft sogar das Unverzeihliche vergeben werden, man muss sein Herz förmlich den Klauen der furchtbaren Taten anderer entreißen. Es bleibt uns nichts anderes, als Wege zu finden, auf denen wir weitergehen können. Nur so geschieht Heilung.

Mut und Klarheit gehören unbedingt dazu. »Vergeben und vergessen«, sagen wir gern, aber Vergebung vergisst nicht und heißt die Vergangenheit nicht gut. Sie weiß sehr wohl, was ungerechtfertigt, destruktiv und falsch ist. Sie stellt sich tapfer den Leiden der Vergangenheit und durchschaut, wie es dazu kam. Im Verzeihen sagen Sie auch: »Nie wieder lasse ich es dazu kommen. Nie wieder lasse ich zu, dass mit mir und anderen so umgesprungen wird.«

Wer verzeiht, muss keineswegs mit den Tätern in Verbindung bleiben, manchmal ist es gut und richtig, den Kontakt ein für alle Mal abzubrechen. Es kann natürlich sein, dass der Täter Wiedergutmachung leisten möchte, aber auch das bedeutet nicht, dass Sie sich weiteren möglichen Übergriffen aussetzen müssen. Verzeihen bedeutet am Ende nur, dass Sie niemanden aus Ihrem Herzen verbannen.

Verzeihen heißt auch nicht, dass wir einfach die alten Risse überkleben oder unsere Schmerzen nur wegschieben. Es ist vielmehr eine Praxis, die ihre Zeit braucht, eine Zeit der Traurigkeit, Wut und Empörung über das, was wir verloren haben. So kann sich in der Tiefe etwas Neues bilden, während wir unserem Herzen zugleich seinen Kummer zugestehen. Und irgendwann reift unser Verzeihen zu der Freiheit, wirklich loszulassen.

Natürlich müssen wir auch uns selbst verzeihen, sollten wir anderen Schaden zugefügt haben. Wie andere aus unbe-

wältigtem eigenem Leid gehandelt haben, so kann es auch uns gehen. Da wird es dann wirklich wichtig, uns selbst in das Verzeihen einzubeziehen. Ein schonungsloser Blick auf unser Leben lässt uns die Leiden und Schmerzen erkennen, die zu unserem eigenen Fehlverhalten geführt haben. Nur wenn wir uns dieser Schmerzen mitfühlend annehmen, können wir uns selbst in unser Verzeihen einbeziehen. Wir müssen uns Gnade gewähren, sonst leben wir für immer im Exil. Maxine Hong Kingston leitet seit zwanzig Jahren eine Schreibgruppe für Kriegsheimkehrer. Das Motto dieser Gruppe lautet: »Sag die Wahrheit, so schließt du Frieden.«

Wahre Versöhnung

Das Buch *Offerings at the Wall* enthält eine fotografische Sammlung von Briefen, Fotos und Opfergaben, die am Vietnam Veterans Memorial in Washington, D. C., abgelegt worden sind. Hier hat die Kraft der Vergebung ihren visuellen Ausdruck gefunden. Ich habe diese lange schwarze Mauer mit ihren 58 000 Namen schon oft besucht und viele Menschen dort schweigend stehen sehen, manche hinterließen Blumen, andere nur Tränen. Eine der Abbildungen in diesem Buch zeigt das handkolorierte Foto eines vietnamesischen Soldaten und eines kleinen Mädchens. Ein amerikanischer Veteran hat es 1989 zusammen mit diesem Brief am Memorial hinterlassen:

Sehr geehrter Herr,
zwanzig Jahre habe ich Ihr Foto in meiner Brieftasche bei mir getragen. Ich war erst achtzehn an dem Tag, an dem wir einander auf diesem Pfad in Chu Lau gegenüberstanden. Warum Sie mich nicht getötet haben, werde ich nie erfahren ... Bitte verzeihen Sie mir, dass ich

Ihnen das Leben genommen habe. Ich reagierte einfach so, wie es mir in der Ausbildung beigebracht worden war ... So oft habe ich in all den Jahren dieses Bild von Ihnen und Ihrer Tochter betrachtet, immer mit diesem brennenden Schmerz meiner Schuld im Herzen. Ich habe inzwischen selbst zwei Töchter. Und Sie sehe ich als einen tapferen Soldaten, der sein Land verteidigte. Vor allem kann ich heute einschätzen, wie wichtig es für Sie war, zu leben. Deshalb bin ich wohl heute hier. Es ist Zeit, dass ich mich von Schmerz und Schuld löse und dieses Leben weiterlebe. Bitte verzeihen Sie mir.

Richard Luttrell, der diesen Brief schrieb, trug die Reue viele Jahre, in denen er sein Gewissen intensiv erforschte. Irgendwann flog er nach Vietnam, um das Foto zurückzubringen und sich zu entschuldigen. In Hanoi bekam er von den Behörden ein Dorf genannt, und dort fand er tatsächlich die inzwischen erwachsene Tochter und den Sohn des Mannes, den er getötet hatte. Er sagte ihnen, wer er war, und übergab unter Tränen eine Kopie jenes alten Fotos. Auch die Kinder des Mannes weinten. Er bat sie um Vergebung. Sie zeigten sich tief berührt von seinem Kommen. Später sagten sie sogar, sie fühlten, dass der liebevolle Geist ihres Vaters in ihm auferstanden war.

Wie extrem die Umstände auch gewesen sein mögen, es ist immer möglich, sich von der Vergangenheit zu befreien. Wir dürfen nicht zimperlich sein, wenn es darum geht, fremde oder eigene Gewalt und Misshandlung zu benennen; doch dann muss Vergebung folgen, damit eine neue, größere Freiheit geboren werden kann.

»Ich bring dich um«

Im Zug von Washington nach Philadelphia saß ich neben Robert Brown, einem Afroamerikaner, der für das US-Außenministerium in Indien gearbeitet und dann den Dienst quittiert hatte, um ein Rehabilitationsprogramm für jugendliche Straftäter im District of Columbia zu leiten. Die meisten dieser jungen Leute waren Bandenmitglieder, die jemanden umgebracht hatten. Es war ein Vierzehnjähriger dabei, der auf der Straße gelebt hatte, bevor er einen unschuldigen Teenager erschoss, um sich seiner Gang zu beweisen. Die Mutter des Opfers verfolgte den Prozess ohne sichtbare Regung von Anfang bis Ende. Der Täter wurde des Mordes schuldig gesprochen. Nach der Verkündung des Schuldspruchs stand diese Mutter langsam auf, sah den Jungen direkt an und sagte: »Ich bring dich um.« Dann wurde er abgeführt, um seine Strafe in der Jugendvollzugsanstalt zu verbüßen.

Nach Ablauf des ersten Haftjahrs besuchte die Mutter den Mörder ihres Sohns. Er hatte bis dahin keinen anderen Besuch gehabt. Sie sprachen eine Weile miteinander, und als sie ging, gab sie ihm ein bisschen Geld für Zigaretten. Ihre Besuche wurden von da an häufiger und regelmäßiger, sie brachte ihm Essen und kleine Geschenke. Gegen Ende seiner dreijährigen Haftstrafe fragte sie ihn, was er vorhabe, wenn er entlassen werde. Das wusste er nicht so recht, und sie bot ihm an, sich in der Firma eines Freundes um einen Job für ihn zu bemühen. Wo er denn wohnen werde, fragte sie weiter, und da er keine Familie hatte, zu der er zurückkehren konnte, machte sie ihm noch ein Angebot: Er könne vorübergehend ein freies Zimmer in ihrem Haus benutzen.

Er wohnte acht Monate bei ihr, wurde von ihr verköstigt und verrichtete die Arbeit, die sie ihm verschafft hatte. Einmal am Abend rief sie ihn ins Wohnzimmer, sie habe etwas

mit ihm zu besprechen. Sie saßen einander eine Weile gegenüber, bevor sie begann: »Erinnerst du dich, wie ich im Gericht gesagt habe, dass ich dich umbringe?«

»Ja, natürlich«, gab er zurück.

»Ich wollte einfach nicht, dass einer am Leben bleibt, der meinen Sohn grundlos um seins gebracht hat. Ich wollte ihn tot sehen. Deshalb habe ich dich besucht und versorgt. Deshalb habe ich dir den Job verschafft. Deshalb lasse ich dich in meinem Haus wohnen. Es hat angeschlagen. Der Kerl, der du warst, ist tot. Und da mein Sohn nicht mehr da ist und dieser Killer ebenfalls nicht mehr da ist, frage ich dich jetzt, ob du bleiben möchtest. Das Zimmer ist da, und ich werde dich adoptieren, wenn du einverstanden bist.«

So wurde sie die Mutter vom Mörder ihres Sohnes, die Mutter, die dieser nie gehabt hatte.

Loslassen, der Schlussakkord

Ajahn Chah lehrte: »Wenn du ein bisschen loslässt, hast du ein bisschen Frieden. Wenn du viel loslässt, hast du eine Menge Frieden. Wenn du ganz loslässt, bist du wahrhaft frei.« Das Loslassen ist alles entscheidend, aber der Begriff kann auch ein wenig missverständlich sein. Man könnte sich aufgefordert fühlen, die Vergangenheit wegzuschieben, aber so ist es nicht gemeint. Darin würden Widerstand und Ablehnung stecken, und die binden uns gerade an das, was wir loswerden wollen. Vielleicht drückt »sein lassen« das Lösende und Befreiende besser aus, das hier gemeint ist. Wenn wir etwas in uns gelöst und gelassen haben, erzeugt das ein ganz bestimmtes, unmissverständliches Gefühl – wie der Schlussakkord, in dem sich ein Musikstück vollendet.

Wer diese Tiefe der Lösung erreichen möchte, muss sich dem ganzen Ausmaß seiner Schwierigkeiten mit freund-

licher Achtsamkeit zuwenden. Sie freunden sich mit Ihrer Vergangenheit an und betrachten sie mitfühlend, und so verliert sie nach und nach ihre Kraft. Im Lauf der Zeit werden die Leiden der Kindheit sowie die Kämpfe und traumatischen Erlebnisse der Vergangenheit ein wenig milder und wirken nicht mehr so vergiftend – man kann mit ihnen leben. Sie verschweigen Ihre körperlichen und seelischen Narben nicht, identifizieren sich aber weniger mit ihnen. Sie richten Ihr Augenmerk immer mehr auf Ihr Wohlbefinden. Da kann es so sein, dass Ihnen das Problem zwar bewusst ist, aber Sie Ihr Herz nicht mehr davon vereinnahmen lassen.

Der Zen-Lehrer Ed Brown kleidet das in eine Gatha, ein Achtsamkeitsgedicht:

*Beim Händewaschen
reinige ich meinen Geist
vom immer gleichen alten Denken,
bereit, mit anzupacken
bei jeder neuen Aufgabe.*

Weitergehen heißt, dass wir von zwanghaft mit der Vergangenheit beschäftigten Gedanken lassen, von Verrat, Streit und Enttäuschung. Wir verzeihen uns und anderen und lassen Vergangenes vorbei sein. Dann folgen wir weiter dem Strom unseres Lebens, um das Geschehene wissend, aber nicht mehr davon gebannt.

ÜBUNG
Vergebungsmeditation

Auch zu dieser Meditation nehmen Sie wieder eine bequeme Sitzhaltung ein. Die Augen fallen zu, der Atem wird leicht und natürlich. Atmen Sie ohne Nachdruck in die Herzgegend, bis Sie all die dort gebildeten Verfestigungen fühlen können, all die Gefühle, die sich hier stauen, weil Sie nicht verziehen haben, weder sich selbst noch anderen. Fühlen Sie auch, wie weh es tut, Ihr Herz zu verschließen. Atmen Sie ganz natürlich weiter, wenn Sie jetzt um Verzeihung bitten und selbst verzeihen. Sprechen Sie die folgenden Worte, wobei Sie die begleitenden Bilder und Gefühle immer tiefer und klarer werden lassen.
Andere um Verzeihung bitten: Wiederholen Sie die Worte für jeden Menschen, den Sie um Verzeihung bitten möchten:

Vielfach habe ich andere gekränkt und ihnen geschadet, ich habe sie verraten und im Stich gelassen, ich habe ihnen wissentlich oder unwissentlich Schmerzen bereitet, wenn ich selbst unter dem Einfluss meiner eigenen Schmerzen und Ängste, meiner Verärgerung und Verwirrung stand.

Erinnern Sie sich an die Szenen, konkret und bildhaft. Fühlen Sie den Schmerz, den Sie aus Angst und Ratlosigkeit zugefügt haben. Fühlen Sie auch den Schmerz Ihres Bedauerns – bis sich das Gefühl einstellt, dass Sie diese Last jetzt ablegen und um Verzeihung bitten können. Rufen Sie weitere Erinnerungen wach, die Ihr Herz beschweren, und schließlich sagen Sie zu jedem der Menschen, die Sie jetzt im Sinn haben:

Für alles, was ich dir aus Angst, Schmerz, Ärger oder Verunsicherung angetan habe, bitte ich dich um Vergebung. Möge mir verziehen werden.

Sich selbst verzeihen: Im nächsten Schritt geht es nun darum, dass Sie sich selbst verzeihen. Sprechen Sie dazu die folgenden Worte:

Nicht nur anderen habe ich geschadet, sondern auf vielerlei Weise auch mir selbst. Ich habe mich selbst oftmals wissentlich oder unwissentlich in Gedanken, Worten und Taten hintergangen und im Stich gelassen.

Fühlen Sie jetzt Ihren Körper, Ihr kostbares Leben. Führen Sie sich vor Augen, wie Sie sich selbst verletzt und geschadet haben. Fühlen Sie den ganzen Schmerz, den Sie dadurch in sich tragen, ertasten Sie das Gefühl, dass Sie diese Last jetzt ablegen können. Verzeihen Sie sich diese Fehltritte einen nach dem anderen mit den Worten:

Alles, was ich mir durch mein Tun oder Unterlassen aus Angst, Schmerz und Verwirrung angetan habe, verzeihe ich mir jetzt von ganzem Herzen ganz und gar. Ich verzeihe mir, ich verzeihe mir.

Anderen verzeihen: Zuletzt verzeihen Sie allen, die Ihnen Schmerz und Schaden zugefügt haben, mit diesen Worten:

Oftmals bin ich von anderen wissentlich oder unwissentlich in Gedanken, Worten und Taten verraten, misshandelt oder im Stich gelassen worden.

Erinnern Sie sich bildhaft an alle diese Vorfälle, fühlen Sie das Leid, das sie in Ihnen hinterlassen haben, und lassen Sie sich zuletzt spüren, dass Sie diese Last ablegen können, sobald Ihr Herz bereit ist zu verzeihen. Sprechen Sie zu sich selbst:

Ich erinnere mich jetzt, wie andere mich aus Angst, Schmerz, Verwirrung oder Ärger verletzt oder mir geschadet haben. Ich trage diesen Schmerz schon zu lange in mir. So gut ich kann, verzeihe ich. Allen, die mir geschadet haben, verzeihe ich, ich verzeihe euch.

Wiederholen Sie diese drei Formen des Verzeihens behutsam, bis Sie spüren, dass sich im Herzen etwas löst. Bei besonders schlimmen Erlebnissen empfinden Sie jetzt vielleicht noch keine Erleichterung, sondern nur die Schwere der damit verbundenen Qual oder Wut. Sehen Sie sich nach, dass Sie noch nicht bereit sind, loszulassen und weiterzugehen. Das Verzeihen lässt sich nicht erzwingen, dann wäre es künstlich. Aber Sie können es sich vornehmen, die Praxis fortsetzen und die Worte und Bilder ihre Wirkung entfalten lassen. Wenn Sie diese Meditation zu einem festen Bestandteil Ihres Alltags machen, werden Sie sich nach und nach von der Vergangenheit lösen können und Ihr Herz bereit machen, jedem neuen Augenblick mit Herzensgüte zu begegnen.

7
Frei sein von verstörenden Gefühlen

Gib mir alles Verstümmelte und Geschundene,
und ich mache ein Licht daraus, dass du weinen wirst,
und wir werden Regen bekommen und neu anfangen.
Deena Metzger

Quälende Gefühle bekämpfen oder unterdrücken, das ist nicht Freiheit, sondern eher eine Art Gewaltherrschaft. Um von solchen Gefühlen frei zu werden, muss man sich ihrer erst einmal bewusst sein, dann kann man den klugen Umgang mit ihnen erlernen.

Für unsere Feinde beten

Vor etlichen Jahren habe ich an der Koordination eines Meetings mitgewirkt, bei dem es um Reformen des Strafvollzugs und menschliche Wandlung ging. Hier traf der Dalai Lama auf fünfundzwanzig kürzlich aus US-Gefängnissen entlassene Strafgefangene. Die meisten hatten lange Haftstrafen verbüßt und waren eingeladen worden, weil sie erfolgreich an landesweit angebotenen Achtsamkeitskursen des »Prison Dharma Network« teilgenommen hatten.

Der Dalai Lama brachte seinerseits zwei junge tibetische Nonnen mit, die als Jugendliche in Tibet eingesperrt gewesen waren, weil sie öffentlich Gebete rezitiert hatten. Zuerst sprachen die amerikanischen Straftäter und erzählten ihre Geschichten von Leid und Verwandlung. Sie unterrichteten

den Dalai Lama vom großen Nutzen des Schulungsprogramms und gaben erhellende Einblicke in die grauenhaften Zustände, die in überfüllten amerikanischen Gefängnissen herrschten.

Sie erzählten auch von inneren Kämpfen und den jahrelangen mutigen Bemühungen, ihr Leben zu ändern. Anita war eine der Frauen unter diesen entlassenen Strafgefangenen. Sie war neununddreißig Jahre alt und von unmittelbar überzeugender Herzlichkeit. Sie war seit zwei Jahren wieder auf freiem Fuß, nachdem sie vierzehn Jahre eingesessen hatte, weil sie sich widerwillig zur Mithilfe bei einem bewaffneten Raubüberfall hatte überreden lassen. Anita schilderte, wie hart sie und die anderen Frauen unter den entwürdigenden Umständen des Strafvollzugs wurden, wie erbittert jede ihr Territorium verteidigte. Um in ihren winzigen Hochsicherheitszellen nicht durchzudrehen, verständigten sie sich auf simple Abläufe und strikte Grenzen. Manchmal wurden diese Routinen durch Kurzzeitsträflinge gestört, die wegen Platzmangels zu den Frauen mit langjährigen Haftstrafen in die ohnehin zu kleinen Zellen gesteckt wurden. Diese kurz inhaftierten Frauen wurden meist einfach weggeschubst und ignoriert.

Noni war eine stille Frau, die vier Monate abzusitzen hatte, als sie zu Anita in die Zelle kam. Anita schaffte sofort klare Verhältnisse und sagte ihr: »Hier kannst du deine Sachen ablegen, und das da ist dein Teil der Zelle – keinen Schritt darüber hinaus!«

Dann konnte sie tagelang nur zusehen, wie ihre neue Zellennachbarin deprimiert und kränklich auf ihrem Bett saß und kaum etwas aß. Sie erbrach sich auch immer wieder, vor allem am Morgen – bis es Anita endlich dämmerte, dass Noni schwanger war.

Sie konnte nicht anders, sie dachte ständig an diese junge Frau und ihr Kind. Sie fand es nicht richtig, dass die wer-

dende Mutter hungerte, das musste doch dem entstehenden Leben schaden! Anita fing an, ihr gut zuzureden, und hörte sich ihre Geschichte an. So wurde sie ihre Vertraute und dann auch ihre Beschützerin. Sie sorgte dafür, dass sie es leidlich bequem hatte und aß. Die Kunde von der schwangeren jungen Frau verbreitete sich schließlich im ganzen Hochsicherheitstrakt für Frauen, und es dauerte nicht lange, bis sich die Lage der Schwangeren durch geeignete Ernährung und andere Annehmlichkeiten entscheidend verbesserte. Es war eine Welle des Mitgefühls, die so etwas wie Gemeinsinn unter den inhaftierten Frauen stiftete.

Als Noni einige Monate später entlassen worden war, machte alsbald die Nachricht die Runde, dass sie ein gesundes Mädchen namens Julia zur Welt gebracht hatte. Das begeisterte die Frauen im Gefängnis, sie fühlten sich als Julias Tanten und Großmütter. Ein Gefühl von neuem Leben breitete sich in den Zellen aus, in denen sonst nur Leid herrschte.

Die größte Veränderung erlebte Anita. Ihr verhärtetes Herz konnte sich gegen das neue Leben nicht durchsetzen, und so begann für sie eine sechs Jahre umfassende Phase der Heilung und Erlösung. Sie entdeckte, dass sich in ihrem eigenen Inneren neues Leben regte. Heute arbeitet sie in Vollzeit für Initiativen, bei denen es um neue Hoffnung für inhaftierte Frauen geht.

Als die amerikanischen ehemaligen Gefängnisinsassen von all den Nöten erzählt hatten, die man hinter Gittern erlebt, forderte der Dalai Lama die beiden tibetischen Nonnen auf zu sprechen. Sie erzählten von Prügeln, von Hunger, von Elektroschockfolter – und davon, dass sie nie aufhörten, ihre Gebete zu rezitieren. Ob sie je Angst gehabt hätten, wollte der Dalai Lama wissen. Ja, sagten sie. Ihre größte Angst sei es gewesen, dass sie ihr Mitgefühl verlieren und Hass in ihr Herz einlassen könnten. Sie hätten aber

gewusst, dass ihnen nur eins zu tun bliebe: »Für die Feinde beten.« Anschließend sagte ein stämmiger tätowierter früherer Strafgefangener aus Louisiana mit feuchten Augen: »Also, ich hab ja im Gefängnis durchaus Leute mit Mumm erlebt, aber so was, nein, so was nicht.«

Allen solchen Berichten, ob es darin um extreme Bedingungen oder alltägliche Schwierigkeiten geht, führen uns vor Augen, was hier und jetzt möglich ist. Freuden hin, Probleme her, wie ist es heute um Ihre Lebensgeister bestellt? Hat es Sie wieder mal erwischt, fühlen Sie sich den Dingen nicht gewachsen, sind Sie traurig? Haben Sie die Zuversicht verloren? Sind Sie wie Elija, dessen kriminelle Laufbahn so früh begann, irgendwie ratlos, und warten Sie darauf, dass die Umstände sich ändern oder die Ampel noch grüner wird? Setzen Sie einfach einen Fuß vor den anderen. Bei der Arbeit, in der Familie oder mit sich allein, Ihr Geist ist immer frei. Daran gilt es bei der Auseinandersetzung mit Traumatisierungen zu denken.

Innere Kräfte

Die moderne Psychologie verfügt über verschiedene Typologien oder Klassifikationen für die Vielzahl an Persönlichkeitsstörungen. Die Psychoanalyse bezeichnet das primitive Es als eine der drei Provinzen unserer Psyche, in der Neurowissenschaft werden die stammesgeschichtlich ältesten und »niedrigsten« Anteile unseres Gehirns beschrieben und von der jüngeren Großhirnrinde unterschieden, und die spirituellen Traditionen schließlich verzeichnen Todsünden, destruktive Gefühlsregungen, innere Dämonen, Versuchungen und geistige Gifte. Darüber hinaus wissen wir alle, dass der menschliche Geist von Gier, Lüsternheit, Wut, Stolz, Eifersucht, Wahn, Hass und Geiz beherrscht sein kann. Das

sind in uns wirkende Kräfte, in jedem Land und jeder Kultur zu finden.

Bei der Auseinandersetzung mit solchen Energien geht es zuerst darum, sie klar zu sehen. Dazu dienen uns Achtsamkeit und das liebende Bewusstsein. Chloe erzählte bei einem Retreat für Teenager, wie sie früher oft in der Depression versunken war und dann zu selbstzerstörerischen Verhaltensweisen wie dem Trinken und Ritzen geneigt hatte. Alle von ihren Eltern angebotenen Lösungsansätze hatte sie schlichtweg abgelehnt, aber an einem besonders verzweifelten Nachmittag sei ihr im Bücherregal ihrer Mutter ein Buch über Achtsamkeit und Yoga in die Hände gefallen. »Das war«, erzählte sie, »als hätte ich plötzlich *das* Heilmittel in der Hand, es war fast zu schön, um wahr zu sein. Hier wurde mir gezeigt, dass ich nicht gezwungen bin, meinen Gedanken und Gefühlen zu glauben.« Danach stellte sie fest, dass sie sich nicht mehr ganz so ausgeliefert fühlte, wenn sie ihre Gefühle achtsam zur Kenntnis nahm, und von da an änderten sich die Dinge ganz allmählich.

Liebevolles Bewusstsein erlaubt uns, aus dem gesamten Paradigma von Lob und Tadel auszusteigen. Solange wir ohne Bewusstsein in Zustände verfallen, die von Verurteilung, Ärger, Rigidität, Zwanghaftigkeit und Vorurteil geprägt sind, handeln wir blind nach diesen Gefühlen und schieben anderen die Schuld an den Problemen zu. Sehen wir jedoch genauer hin, stellt sich meist heraus, dass die Schuldzuweisungen durch unsere eigene Unsicherheit und Verletzlichkeit bedingt sind. Wir ertragen diese Zustände nur schwer und suchen deshalb Schuldige. James Baldwin schreibt: »Wenn die Leute so starr an ihrem Hass und ihren Vorurteilen festhalten, liegt das auch an der Ahnung, dass sie ohne diesen Hass gezwungen wären, sich selbst mit ihren Schmerzen auseinanderzusetzen.«

Wer seine eigene Zuteilung an Schmerz nicht tragen und sich mit der Ungewissheit und Beschränktheit des Lebens nicht abfinden kann, sieht die Ursachen immer bei anderen. Wir Amerikaner haben eine lange Tradition der Projektion unserer Verunsicherung und Angst auf wechselnde Feinde – Kommunisten, Homosexuelle, Schwarze, Juden, Muslime, Einwanderer. Rassismus, Intoleranz, Unrecht und Krieg folgen auf dem Fuße. Der Satiriker P. J. O'Rourke schreibt dazu: »Der ärgerliche Nachteil des Glaubens an den freien Willen und die individuelle Verantwortung liegt in der Schwierigkeit, jemanden zu finden, dem man seine Probleme in die Schuhe schieben kann. Findet man doch jemanden, sieht er dem Bild im eigenen Pass verteufelt ähnlich.«

Frieden schließen

Es ist aber so, dass wir uns diese inneren Kräfte bewusst machen können, um sie zu verstehen und schließlich zu bändigen. Wenn Sie Ihre Angst oder Verärgerung, Ihre Wünsche und Ihre Einsamkeit bewusst wahrnehmen, lernen Sie sie kennen und können besser mit ihnen umgehen. Sehen Sie sich beispielsweise Ihre Einsamkeit sehr genau an. Das empfiehlt auch der Sufi-Dichter Hafis: »Entledige dich nicht voreilig deiner Einsamkeit. Lass sie tief eindringen. Lass dich von ihr würzen, wie es nur wenige Zutaten vermögen.« Solange wir meinen, wir könnten unsere Einsamkeit, unseren Überdruss, unsere Angst nicht ertragen, werden wir auszuweichen versuchen. Kaum treten solche Gefühle auf, stehen wir auch schon vor dem Kühlschrank oder gehen online – alles ist uns dann recht, was uns davor bewahrt, mit uns selbst allein zu sein. Das liebende Bewusstsein dagegen lässt uns das ertragen und macht uns fähig, unsere Einsam-

keit zu betrachten und als wertvoll zu schätzen. Sie kann ja auch einiges mitzuteilen haben. Sie sagt uns etwas über uns selbst und unsere Sehnsüchte, über alles, was wir vernachlässigt haben. Und das wiederum kann uns zu einer tieferen Freiheit verhelfen.

Oder nehmen wir Trauer als weiteres Beispiel. Für die Lakota-Sioux ist Trauer etwas Wertvolles, sie bringt uns dem Großen Geist näher. Wenn sie der anderen Seite eine Botschaft zukommen lassen möchten, bitten sie eine Familie, in der es einen Trauerfall gab, diese Botschaft zu überbringen. In Trauer, Neid, Angst oder Ärger nimmt Ihre Freiheit zu, wenn Sie sich dem Gefühl bewusst zuwenden. Als der krebskranke Zen-Lehrer Myogen Steve Stücky im Sterben lag und große Schmerzen litt, sagte er zu seinen Freunden und Schülern: »Linderung meiner Schmerzen finde ich allein dadurch, dass ich mich dem Allerschwierigsten zuwende.«

Für mich war der Zorn dieser Lehrer. Mein Vater war gewalttätig gewesen, er schlug seine Frau und hielt die ganze Familie mit seinen unvorhersehbaren paranoiden Wutausbrüchen in Angst und Schrecken. Ich lief immer weg, wenn er besonders übergriffig war, und meine Mutter versteckte in allen Zimmern leere Flaschen hinter den Vorhängen, um immer etwas griffbereit zu haben, womit sie seine Schläge abwehren konnte.

Ich schwor mir, niemals so zu werden wie er. Ich wurde der Friedensstifter der Familie, versuchte, jeden Streit zu schlichten. Während ich dann als junger Mönch in einem thailändischen Waldkloster lebte, sagte ich mir, es werde sicher ganz leicht sein, Frieden zu finden. Niemals hätte ich gedacht, dass sich die Gedanken und Gefühle derart in mir jagen würden, wie ich es dann erlebte – all der Kummer, all die Wünsche, all die Einsamkeit. Am meisten überraschten mich der Ärger und Groll, auf die ich da stieß.

Da ich auf keinen Fall so sein wollte wie mein gewalttätiger Vater, hatte ich meinen ganzen Ärger verdrängt – es war zu gefährlich, ihn auch nur zu fühlen. Hier jedoch, in dieser Einsamkeit und im meditativen Bewusstsein, kam das alles wieder hoch, und es war nicht einfach Ärger oder Erbitterung, es war rasende Wut. Zuerst auf meinen Vater, der seiner Familie so viel angetan hatte, dann aber auf mich selbst, weil ich mich derart hatte ins Bockshorn jagen lassen, dass ich die Wut unterdrückte, bis ich sie selbst nicht mehr wahrnahm.

Ajahn Chah sagte, ich solle genau da mittendrin sitzen. Er riet mir, mich auch an heißen Tagen ganz warm einzupacken und zu lernen, die Hitze zu ertragen. Später ließ mich mein nach Wilhelm Reich arbeitender Therapeut heftig atmen, Geräusche von mir geben, schreien, Grimassen schneiden, toben und um mich schlagen, bis der ganze Schmerz der Wut heraus war und ich weinen konnte. In diesen Jahren der Meditation und Therapie lernte ich, mit der Wut zu arbeiten, bis sich herausstellte, dass sie eine erkennbare Energie war, die ich tragen konnte und nicht fürchten musste. Wenn sie sich regte, musste ich sie bewusst zur Kenntnis nehmen und dabei realisieren, dass ich sie fühlen konnte, ohne so vergeltungssüchtig und gewalttätig zu werden wie mein Vater.

Mir wurde auch klar, dass der Zorn seinen Wert hat, wenn er verstanden worden ist. Er ist ein Aufbegehren immer dann, wenn wir uns gekränkt fühlen oder fürchten oder wenn unsere Bedürfnisse nicht befriedigt werden. Dann kann er sogar klärend wirken. Die alten Griechen sahen im Zorn eine »edle« Regung, die uns Stärke verleiht und für das einstehen lässt, was wirklich zählt. So sah ich immer klarer, was an Enttäuschung, Verletzung und Angst hinter meiner Wut stand. In gleichem Maße gewann ich Freiheit, und so verwandelte sich diese Energie zunehmend

in Mitgefühl mit mir selbst und anderen. Heute ist es ein Teil meiner beruflichen Arbeit, anderen beim Umgang mit ihren Gefühlen Hilfestellung zu leisten.

Konflikte lösen

Mein Freund Arturo Bejar war einer der leitenden Ingenieure bei Facebook. Zu seinem Aufgabengebiet gehörten die von Nutzern gemeldeten Probleme und Beschwerden. Er lachte, als er vorrechnete, dass es bei der ungeheuren Zahl von Facebook-Nutzern nicht lange dauern kann, bis Millionen von Beschwerden auflaufen, selbst wenn man nur ein Prozent der Nutzer berücksichtigte. Technische Probleme waren für Arturo noch am einfachsten, er schickte sie einfach weiter an die Technikabteilung. Oft ging es aber um persönliche Angelegenheiten, wenn sich Nutzer über die Aktivitäten anderer aufregten und ihrem Ärger Luft machten: »Jemand hat ein Bild von mir gepostet, das ich überhaupt nicht mag.« – »Jemand hat eine Story über meine Kinder gepostet. Dazu hat er kein Recht.« – »Jemand verbreitet Sachen über mich, die nicht stimmen.«

Erst einmal versuchte es Facebook mit der Aussendung seiner Nutzungsbedingungen, aus denen hervorging, dass rechtswidrige, mit Copyright geschützte, laszive und anderweitig anstößige Fotos gelöscht würden. Arturo merkte aber bald, dass die Leute damit nicht zufrieden waren. Er spürte, dass sie miteinander ins Gespräch kommen mussten. Deshalb schlug er den Nutzern vor, den direkten Kontakt zu den Leuten zu suchen, mit deren Verhalten sie nicht einverstanden waren, um so eine Klärung herbeizuführen. Um ihnen darin noch ein bisschen auf die Sprünge zu helfen, fügte er hinzu: »Sagt ihnen, was euch nicht gefällt, und sagt auch, wie ihr euch dabei fühlt.«

Bald stellte sich heraus, dass die Leute ihre Gefühle oft nicht besonders gut kennen, vor allem im Zusammenhang mit Problemen. Also schlug er den Usern weiterhin vor, sie sollten ihre Gefühle besser kennenlernen. Er schickte ihnen sogar Emoticons, um ihnen das Eingeständnis ihrer Gefühle – Kränkung, Sorge, Ärger, Ratlosigkeit, Traurigkeit, Befürchtungen oder Entrüstung über mangelnde Wertschätzung – zu erleichtern. Zuletzt forderte er auch zu einfachen Nachfragen auf: »Weshalb hast du das gepostet?« Oder: »Was hast du damit bezweckt?«

Die Ergebnisse waren phänomenal. Achtundvierzig Prozent der Differenzen waren allein durch dieses Vorgehen zu lösen. In vielen Fällen antworteten die Übeltäter so: »Für mich siehst du auf diesem Foto gut aus, aber ich hab es sofort rausgenommen, als ich hörte, dass du es nicht magst.« – »Das tut mir leid, ich dachte, es sei nett, die Geschichte über deine Kinder zu posten.« Arturo selbst sagt: »Auf diese Art kann ich 950 Millionen Leuten etwas über emotionale Intelligenz und Konfliktlösung vermitteln.«

Sich den Dämonen stellen

Angesichts besonders erschreckender, überwältigender, ja lähmender Energien kommt es darauf an, sich nicht mit ihnen zu identifizieren, sondern präsent zu bleiben und die Dinge gleichsam unparteiisch zu verfolgen. Freiheit rückt in greifbare Nähe, wenn wir die Wellen der Emotionen erkennen, die Energien als das nehmen, was sie sind, und uns nicht in die von unserer Psyche verfassten Dramen verwickeln lassen.

Der Buddha befreite sich selbst folgendermaßen von seiner Angst: »Wie wäre es«, fragte er sich, »wenn ich in mondloser Nacht besonders furchteinflößende Orte in der Nähe

von Grabstätten oder tief im Wald aufsuchte, würde ich da nicht Angst und Entsetzen verstehen? Und da ich entschlossen war, den Bann der Angst zu lösen, tat ich es und hielt Angst und Schrecken so lange stand, bis ich von ihrem Bann befreit war.«

Der tibetische Meister Milarepa soll seinen Kopf »in den Rachen« des schlimmsten seiner Dämonen gesteckt haben. Ein tief unglücklicher junger Mann namens Marv erzählte mir, nach der Lektüre der Geschichte von Milarepa habe er sich entschlossen, es auch so zu versuchen. Bei einem Meditations-Retreat, fuhr er fort, hätten ihm seine Dämonen der Wut, der Wertlosigkeit und der selbstzerstörerischen Gedanken, die ihn seit seiner Kindheit verfolgten, schier ununterbrochen zugesetzt. Da sagte er sich, er werde sie nicht mehr abzuwehren versuchen, sondern in dieser tiefsten Hölle bleiben, bis er sie zuinnerst erfahren und verstanden hätte. So ergab er sich der bewussten Achtsamkeit und Freundlichkeit gegenüber seinen Leiden und Ängsten und meditierte in dieser Weise etliche Stunden. Irgendwann, ganz am Grund seiner Qualen, sah er eine große Lichtkugel. Er trat in sie ein und fühlte sich augenblicklich verwandelt, zum ersten Mal frei von dieser vernichtenden Angst.

So läuft das, stell dich deinen Dämonen, und sie verlieren ihre Macht. Wir nehmen ihnen ihre Geschichten dann nicht mehr ab und erkennen, dass es sich einfach um menschliche Gefühle handelt. Wir wollen sie nicht mehr loswerden oder etwas anderes haben, wir haben nicht mehr das Gefühl, etwas falsch gemacht zu haben.

Tori Murden ist als erste Frau allein über den Atlantik gerudert. Sie schreibt darüber:

Wenn du weißt, wie das ist, da draußen und mit deinen Ängsten ganz allein auf dem Meer zu treiben, bekommst du ein Gefühl für das, was alle anderen Menschen

durchmachen. Ich rudere auf einem echten Ozean. Andere Menschen haben genauso ihre Hindernisse zu überwinden.

Wenn wir unsere Sorgen und Ängste für bare Münze nehmen, zieht uns das sehr viel Energie ab. Dazu noch einmal Hafis: »Angst ist das billigste Quartier im ganzen Haus. Ich sähe dich gern besser untergebracht.« Wenn wir einmal genau hinsehen, besteht Angst einfach aus Gedanken, und da können wir einen Schritt zur Seite tun und sie betrachten wie verängstigte Kinder. Je mehr wir uns von der Angst lösen, desto stärker werden Liebe und Vertrauen.

Wie Mitgefühl wächst

Verstörende Gefühle, die wir alle kennen, haben uns nicht mehr so sicher im Griff, wenn wir ihnen mit Bewusstheit und Mitgefühl begegnen. Im liebenden Bewusstsein können wir allen Dingen mehr Raum geben, sodass ungesunde geistige Zustände ihre Kraft einbüßen. Wir lernen, Schmerz, Verlust und Verunsicherung zu tragen, ohne sie mit aller Kraft von uns zu weisen oder unsere Energien an Urteile und Vergeltungsgedanken zu verschwenden. Wenn das gelingt, zeigt sich oft etwas ganz anderes, nämlich Vergebung und Mitgefühl, die eine neue Freiheit begründen.

Sobald wir klar erkennen, dass Zwietracht und Unglück aus Unwissenheit entstehen, können wir die Tür zu Weisheit und Mitgefühl öffnen. Der tibetische Lehrer Alan Wallace nannte dazu ein Beispiel: Stellen Sie sich vor, Sie gehen mit Tüten voller eben eingekaufter Lebensmittel in den Armen nach Hause und jemand rempelt Sie derart an, dass Sie hinfallen und Ihre Sachen nur so herumfliegen. Sie rappeln sich aus der Bescherung von zerbrochenen Eiern und

Tomatensaft auf und möchten schon losbrüllen: »He, Sie Trottel, sind Sie blind?« Aber im letzten Moment sehen Sie, dass Sie tatsächlich einen Blinden vor sich haben, und der liegt jetzt auch da in Ihrem Gemüse. Im Nu verpufft Ihr ganzer Ärger, und jetzt sind Sie nur noch fürsorgliches Mitgefühl.

Sondra war während eines Retreats zur Einzelarbeit bei mir. Sie litt schon sehr lange an einer Essstörung, die heute meist »Binge-Eating-Störung« genannt, oft aber auch einfach als »Fressattacken« bezeichnet wird. Um sich diesem Gegner stellen zu können, brauchte sie Mitgefühl. Sie berichtete von Jahren der Auseinandersetzung mit dem Zwangsverhalten, in denen sie sich wie ein hungriger Geist fühlte und voller Selbsthass war. Und sie erzählte von ersten Erfolgen:

Ich glaubte, dass Essen wirklich etwas tief Befriedigendes hat und mir meine Schmerzen erleichtern konnte. So griff ich immer wieder nach Essbarem und erhoffte mir jedes Mal diese Wunderwirkung, doch die trat schließlich nicht mehr ein, im Gegenteil, meine Lösung versagte und brachte unsägliche körperliche und seelische Leiden mit sich, vor allem Scham. Ich sah meine Lage und mich selbst immer kritischer und konnte schließlich nur noch verzweifeln.

Freiheit entstand für mich daraus, dass ich mir zunehmend das tiefe Unbehagen bewusst machte, dem ich durch das Essen zu entkommen versuchte. Dann stellte sich allmählich heraus, dass ich schneller und mit weniger Leid aus diesen Essattacken herauskam, wenn ich mir einen Rest von freundlicher Präsenz gegenüber meinem Schmerz bewahrte. Ich musste dann nicht mehr wie früher erst recht weiteressen, um Reue und Selbsthass gar nicht erst aufkommen zu lassen, sondern konnte zu-

sehen, wie dieser Impuls entstand und ich drauf und dran war, doch wieder diesen traurigen alten Weg zu gehen. Schließlich wurde das liebende Bewusstsein so stark, dass mir aufging: Sieh mal einer an, ich muss gar nicht in diese Richtung gehen. Und damit wuchs auch das Mitgefühl mit mir selbst. Ich bin zutiefst dankbar für das Mitgefühl, das mich aus dem Reich der hungrigen Geister zurückgeholt hat.

Freundlichkeit zieht Freiheit nach sich, und so erkannte Sondra, dass sie ihren destruktiven Gedanken nicht glauben musste. Die Freiheit haben Sie auch!

Sie sind nicht gezwungen, sich mit ungesunden inneren Mustern zu identifizieren, unter denen Sie leiden. Sie sind nicht Ihre Angst, Ihr Klammern, Ihr Ärger, Ihre Ratlosigkeit. Mitgefühl und Mut machen aus quälenden inneren Zuständen Spukgestalten, Blender, bloße Erscheinungen ohne Realität. Wo sie herrschten, entsteht jetzt eine Welt der Ausgeglichenheit und des Wohlbefindens. Freiheit ist unsere wahre Heimat.

ÜBUNG
Mitgefühl

Nehmen Sie für die Übung des Mitgefühls eine bequeme Haltung ein, in der Sie still und gesammelt sitzen können. In dieser Übung verbinden sich intentionale Sätze mit Visualisationen, um Regungen des Mitgefühls wachzurufen.
Atmen Sie ganz gelassen, fühlen Sie den Körper, den Puls, das Leben in sich. Spüren Sie, wie lieb Ihnen dieses Leben ist, wie Sie es gegen Gefahren und Leid zu schützen bereit sind. Das liegt in der Natur allen Lebens. Denken Sie jetzt an je-

manden, den Sie innig lieben. Sehen Sie diesen Menschen vor Ihrem inneren Auge, fühlen Sie, wie sehr er Ihnen am Herzen liegt und mit wie viel liebevoller Zuwendung Sie ihn betrachten. Sagen Sie sich, dass dieser Mensch wie alle anderen mit Schwierigkeiten, Kummer und Leid zu kämpfen hat. Das Herz geht Ihnen auf, und Sie wünschen dem Betreffenden alles Gute und Tröstliche, Sie sehen seine Schmerzen, und da ist nichts als Mitgefühl. Ihr Herz reagiert ganz spontan so. Behalten Sie diesen Menschen vor Augen, während Sie jetzt innerlich diese Sätze sprechen:

Möge Mitgefühl um dich sein.
Mögen dein Schmerz und dein Kummer Linderung erfahren.
Mögest du Frieden finden.

Wiederholen Sie die Sätze mehrmals, während Sie sie im Herzen lebendig halten. So kann Ihr Mitgefühl noch wachsen. Bleiben Sie eine Weile bei dieser fürsorglichen Intention. Sie können die Sätze ohne Weiteres so abwandeln, dass sie genau zur Intention Ihres Herzens passen.
Stellen Sie sich nach einigen Minuten vor, dass dieser geliebte Mensch seinerseits Sie anschaut und mit dem gleichen Geist des Mitgefühls Ihre Schwierigkeiten, Kümmernisse und Schmerzen wahrnimmt – um schließlich diese Worte zu Ihnen zu sprechen:

Möge Mitgefühl um dich sein.
Mögen dein Schmerz und dein Kummer Linderung erfahren.
Mögest du Frieden finden.

Nehmen Sie dieses fürsorgliche Mitgefühl tief in sich auf. Und jetzt bringen Sie sich selbst das gleiche Mitgefühl entgegen.

Umgeben Sie Ihre Ängste, Beschwernisse und Schmerzen mit Mitgefühl. Legen Sie die Hand aufs Herz, wenn Sie mögen, und sprechen Sie einige Minuten lang diese Sätze:

Möge mein Mitgefühl um mich sein.
Mögen mein Schmerz und mein Kummer Linderung erfahren.
Möge ich Frieden finden.

Anschließend können Sie Ihr Mitgefühl anderen widmen. Führen Sie sich Ihre Lieben einen nach dem anderen vor Augen. Halten Sie jedes einzelne Bild im Herzen, machen Sie sich ihre Schwierigkeiten bewusst, um dann jedem mit diesen Sätzen Gutes zu wünschen.
Danach weiten Sie Ihr Mitgefühl Schritt für Schritt weiter aus – auf Freunde, Nachbarn und schließlich alle Menschen in Ihrer Gegend. Dann weiter auf alle Leidenden, auf schwierige Leute, auf Feinde und zuletzt auf die große brüderlich-schwesterliche Gemeinschaft aller Wesen. Spüren Sie die zärtliche Verbundenheit mit der Gesamtheit des Lebens und seinen Geschöpfen.
Gehen Sie intuitiv an diese Mitgefühlübung heran. Sie kann manchmal schwierig erscheinen, so als könnten Sie von all dem Schmerz überwältigt werden. Denken Sie daran, dass Sie den Schmerz der Welt nicht verschwinden lassen wollen, Sie möchten ihm nur mitfühlend begegnen. Bleiben Sie entspannt und behutsam. Atmen Sie: Lassen Sie Atem und Herz in ihrer natürlichen Ruhe sein, ein Zentrum des Mitgefühls in dieser Welt.

ÜBUNG
Mit beschwerlichen Gefühlen umgehen

Setzen Sie sich still hin, um an etwas in Ihrem Leben zu denken, bei dem es irgendwie nicht weitergeht. Achten Sie auf die damit verbundenen gemischten Gefühle, die ein Problem oft erst richtig schlimm machen. Fassen Sie diese Gefühle mit freundlicher Zuwendung in den Blick. Sie atmen nur und lassen die Gefühle sein, wie sie sind. Angst und Enttäuschung, Beklommenheit und Sorgen, Ärger, Wut, Einsamkeit und Kummer – sie alle sind ganz natürlich im Menschenleben. Wenden Sie sich ihnen zu. Wo und wie bekunden sie sich im Körper, im Herzen, im Denken? Stellen Sie mit liebendem Bewusstsein einfach fest: »Angst fühlt sich so an«, »Enttäuschung fühlt sich so an«, »Schmerz fühlt sich so an« – schon durch das Benennen werden Sie der achtsame Zeuge, liebendes Bewusstsein.

Nehmen Sie sich nach ein, zwei Minuten eine dieser Gefühlsregungen vor. Stellen Sie wieder einfach fest: »... fühlt sich so an.« Finden Sie heraus, wo das Gefühl im Körper seinen Sitz hat, dann erlauben Sie ihm, stärker zu werden, sich auszudehnen und zuzunehmen. Sie räumen ihm so viel Platz ein, wie es haben möchte, auch den ganzen Körper, wenn es so sein soll. Spüren Sie dann, wie es sich auch darüber hinaus noch weiten möchte und zuerst Ihre unmittelbare Umgebung anfüllt, dann das ganze Zimmer, den Himmel. Geben Sie dem Gefühl Zeit, sich ins Unermessliche zu dehnen. Was geschieht dabei mit ihm? Anfangs wird es vielleicht noch stärker und heftiger, aber von einem bestimmten Punkt an wird das Gefühl oft weicher, und seine Energie kann in andere Formen der Erfahrung eingehen. Das kann so aussehen, dass sich das Gefühl weniger persönlich anfühlt. Es ist dann einfach die Energie des Ärgers, der Angst, der Einsamkeit, die sich in Ihnen regt. Es kann auch sein, dass sich ein anderes

starkes Gefühl einstellt und hinter dem Ärger Traurigkeit oder Verletztheit auftauchen, hinter der Einsamkeit Sorge oder zärtliche Liebe. Die Energie wird weniger konkret und kann auch in die entgegengesetzte Emotion einfließen. Vielleicht stellen Sie sogar fest, dass Ihre Reaktionsbereitschaft im Zuge dieser energetischen Lockerung zurückgeht. Die Energie hat ihre Bewegungsfreiheit zurückgewonnen, sie ist nicht mehr festgelegt. Sie können jetzt präsent und bereit sein und werden nicht mehr ganz so leicht von Gefühlen mitgerissen.
Natürlich treten manche Gefühle immer wieder auf wie Wellen. Lassen Sie zu, dass sie kommen und gehen, das muss Sie nicht entmutigen. Es sind die Energien des Lebens, sie möchten Ihnen etwas zu verstehen geben. Sie steigen aus der Tiefe Ihrer Traumatisierung und Angst auf, sie haben etwas mit Ihrer Verletzlichkeit zu tun, mit dem, was Ihnen besonders wichtig ist, sie zeigen Ihnen den Weg zu tieferem und weiterem Mitgefühl. Sie können sich dieser Entwicklung anvertrauen. Sie heilt und befreit Ihr Herz.

Dritter Teil

Verwirklichte Freiheit

Die Wahrheit ist, dass wir noch nicht frei sind.
Wir haben nur erreicht, dass wir
die Freiheit haben, frei zu werden.
Nelson Mandela

8
Schöne Unvollkommenheit

Der Hauch des Unvollkommenen war es,
der dem werdenden Vollkommenen Süße verlieh,
weil er ihm das Menschliche mitteilte.
Thomas Hardy

Es gibt so viele Idealvorstellungen, die uns weismachen wollen, wie wir und wie die Welt zu sein hätten, doch die Realität sieht in der Regel anders aus. Das Menschenleben ist eine bunte Mischung – unordentlich, widersprüchlich, manchmal widersinnig. Und der Stoff der Welt ist aus Größe und Beschränktheit gewebt, aus Triumph und Niederlage, aus Verlust und ewig neuem Werden. Wenn wir stets einem Ideal von Vollkommenheit nachjagen, stehen wir bald auf Kriegsfuß mit der Wirklichkeit.

Im Auge des Betrachters

David Roch, Lehrer, Humorist und Autor des Buchs *The Church of 80 % Sincerity*, findet achtzig Prozent in allen Dingen ausreichend: achtzig Prozent aufrichtig, achtzig Prozent weise, achtzig Prozent mitfühlend, achtzig Prozent zölibatär. Er wurde mit einer riesigen Geschwulst im Gesicht geboren, die man schon in früher Kindheit chirurgisch zu entfernen versucht hatte, wobei David seine Unterlippe einbüßte. Darüber hinaus nahmen die Ärzte eine so aggressive Strahlentherapie vor, dass seine untere Gesichtshälfte

nicht mehr wuchs und jetzt außerdem von bläulichen Brandmalen entstellt ist.

Heute hält er unter anderem Vorträge über Unvollkommenheit an Mittelschulen. Wenn er den Raum betritt und seinen Platz einnimmt, ist ihm bewusst, dass viele der Kids seinen Anblick kaum ertragen. Teenager sind ja hauptsächlich mit sich und ihrem Aussehen beschäftigt und fürchten jede kleine Unvollkommenheit an ihrem Körper. David sagt einfach: »Da bin ich, euer schlimmster Albtraum.« Dann fordert er die jungen Leute auf, sich vorzustellen, sie müssten mit diesem Gesicht zu einer Party gehen. Oder er fragt sie, wie sie es fänden, in einem Lift zu stehen und von Kindern angestarrt zu werden, deren Eltern möglichst unauffällig zu verhindern versuchten, dass sie auch nur den Mund aufmachen. Manchmal, witzelt er, juckt es ihn zu sagen: »Das hab ich, weil ich meinen Schniedel angefasst habe.«

David geht so freimütig und humorvoll, so gar nicht zimperlich mit seiner Verunstaltung um, dass sein großes Herz und seine Weisheit das Publikum bald für ihn einnehmen. Manchmal ist seine Frau Marlena dabei. Meist fragt er am Ende der Veranstaltung seine Zuhörer, ob er jetzt anders aussehe. Allerdings!, stimmen sie dann zu. Jetzt sähen sie *ihn,* seine Menschlichkeit, sein Herz. Sie ahnen, was es heißt, sich in aller großartigen Unvollkommenheit zu lieben.

Die Tyrannei des Perfekten

Depression und Angst waren Emily nicht fremd, und um zur Freiheit des Unvollkommenen zu finden, musste sie sich mit Scham und Verwirrung anfreunden, die sie in einer Gestalt namens Mara verkörpert sah. In Geschichten über das Leben des Buddha ist Mara der Inbegriff von Gier, Hass

und Verblendung. In der Nacht, in der Prinz Siddhartha Erleuchtung fand und der Buddha wurde, der Erwachte, setzte Mara alles daran, seine Meditation zu stören. Doch wie Mara ihn auch attackieren mochte, der Buddha blieb ungerührt und sagte nur: »Ich sehe dich, Mara.« Jedes Mal sah sich Mara ertappt und erkannt und konnte sich dann nur noch davonschleichen. In späteren Erzählungen lud der Buddha seinen alten Freund Mara sogar zum Tee ein.

Für Emily trat Mara als Scham und Verwirrung auf. Immer wenn das Geld knapp wurde, wenn es bei der Arbeit Probleme gab, wenn sie ein paar Pfund zugenommen hatte oder ihr Exfreund anrief, ging Mara auf sie los. Es war ein nur allzu vertrautes altes Muster. Seit ihrer Kindheit wurde Emily von dem Gefühl verfolgt, dass mit ihr etwas nicht stimmte. Sie sah sich weder als charmant noch als hübsch, weder als intelligent noch als kreativ oder effizient genug, und sie hatte noch eine Menge mehr an sich auszusetzen.

Durch die Übung von Achtsamkeit und liebendem Bewusstsein weitete sich ihr Blick jedoch nach und nach, und schließlich sah sie Mara klar. Zunächst lernte sie, den stetigen Wechsel ihres Atems zu fühlen und körperliches Unbehagen oder Schmerzen mit freundlicher Gelassenheit zu betrachten. Dann übte sie, mit den verschiedenen Erscheinungsformen Maras zu sitzen und sie sogar neugierig zu betrachten. Sie benannte diese Zustände, wie es schon der Buddha tat: »O Mara der Verzweiflung, Mara der Scham, bist du das wieder? Ich sehe dich.« Und schließlich lernte sie, sich dem Zugriff dieser Gefühle mitfühlend zu entziehen. »Vielleicht möchtest du zum Tee bleiben, aber ich kann dir nicht viel Zeit widmen, ich habe etwas anderes vor.«

Wir wünschen uns Vollkommenheit, den perfekten Partner, das perfekte Haus, den perfekten Job und Boss, den perfekten spirituellen Lehrer. Und wenn wir glauben, sie

gefunden zu haben, möchten wir, dass alles immer so bleibt, ohne seinen Glanz zu verlieren und zu altern, die Farbe soll nicht blättern, der Dachstuhl nicht morsch werden. Auch bei uns selbst suchen wir Vollkommenheit. Die Romanautorin Florida Scott-Maxwell schrieb: »Wie alt eine Mutter auch sein mag, sie möchte bei ihren in die Jahre kommenden Kindern doch immer wieder Anzeichen von Verbesserungen sehen.« Vollkommenheit wird uns in Aussicht gestellt, wenn wir uns nur ausreichend therapieren lassen, kräftig in der Muckibude schwitzen, uns besonders gesund ernähren, unsere Cholesterinwerte in den Griff bekommen und genug meditieren.

Wenden Sie sich ab von dieser Tyrannei der Perfektion. Sie müssen nicht sich perfektionieren, sondern Ihre Liebe. Ihre Unvollkommenheiten sind einfach der Ruf nach liebevoller Zuwendung. Sie wissen ja, dass Unvollkommenheiten ein bewusstes Stilmittel in der hohen Kunst des Teppichknüpfens sind und an erstklassiger japanischer Keramik besonders geschätzt werden. Sie sind fester Bestandteil des Kunstwerks. Wie befreiend, das eigene Leben in all seiner Schönheit und Unvollkommenheit nehmen zu können, wie es ist!

Wilde, unvollkommene Schönheit

Wenn wir erst mal »so richtig spirituell« geworden sind, so stellen wir uns das vielleicht vor, haben wir keine Angst mehr und ärgern uns nicht mehr, mit Kummer und Sorgen geben wir uns nicht mehr groß ab. Wir möchten zwar »in der Welt« leben, aber Schwierigkeiten werden uns dann nichts mehr ausmachen, und das Ganze soll auch noch buddhaähnlich weise und liebevoll wirken – ein Leben in vollkommenem Frieden.

Wir glorifizieren berühmte Führungspersönlichkeiten, Künstler und spirituelle Lehrer. Doch auch sie haben Seiten an sich, die nicht zu unseren Idealvorstellungen passen. Große spirituelle Lehrer können auch Ärger mit den Menschen in ihrem Umfeld haben. Beim Buddha war es so, bei Jesus, dem Dalai Lama und Mutter Teresa. Sie bekommen auch Migräne, Rückenschmerzen, Diabetes, Herzbeschwerden, Depressionen. Heiß geliebte Meister wie Shunryu Suzuki Roshi, der 16. Karmapa und Ramana Maharshi starben an Krebs. Das erwachte Herz entspringt nicht irgendeinem erreichten Ideal, sondern der Liebe, die einfach alles begleitet – Lob und Tadel, Gewinn und Verlust, Freude und Schmerz.

Unsere Ideale und unser Menschsein sind nie deckungsgleich. Auch Gandhi, Martin Luther King, Krishnamurti und Chögyam Trungpa hatten ihre Schattenseiten. Lamas und Sadhus, Bischöfe und Rabbiner, sie alle haben mit ihren Unvollkommenheiten zu kämpfen. Selbst ein wunderbarer Mensch wie der Dalai Lama sagt: »Ich kann durchaus ärgerlich werden, aber dann denke ich: ›Was soll's?‹, und lass es einfach los.«

Vor einigen Jahren gehörte ich zu einer Gruppe von Schülern eines der ältesten Lehrer des Rinzai-Zen im Westen, Joshu Sasaki Roshi. Da saßen wir nach Zen-Art Stunde für Stunde in langen Reihen mit oft schmerzenden Beinen regungslos auf unseren Kissen, und jeder meditierte über sein Koan – eine jener Zen-Fragen, die jeder bekommen hatte, auf die es irgendwie keine Antworten gibt, wie man sie auch dreht und wendet. Ich war zu der Zeit schon ein bekannter Meditationslehrer und bekam bei meinem ersten Retreat mit ihm eine Koan-Nuss zu knacken, die ich für besonders schwierig hielt.

Alle Schüler gingen viermal am Tag einzeln zum Gespräch mit dem Meister. Dabei trugen wir nach einer

zeremoniellen Verneigung unser jeweiliges Koan vor und versuchten uns an Antworten. Ich probierte alles durch, was mir so einfiel, aber der Roshi sagte jedes Mal: »Nein« oder »Gute Idee, aber nicht Zen« oder »Nicht ganz«, um dann seine Handglocke zu betätigen und mich zu entlassen. Ich legte mich Tag und Nacht immer verbissener ins Zeug (was kein guter Ansatz ist), während der Meister sich amüsiert zeigte und mich sogar aufzog. »Zu viel Ego«, sagte er, »Zwei Prozent« oder »Nicht gut« – und schließlich sogar: »Sie sind Lehrer?« Ich rang mir immer weitere Antworten ab, der Frust nahm zu.

Irgendwann hatte ich genug, ich war wütend auf ihn, auf mich, auf die ganze Veranstaltung. Ich bewegte mein Koan weiter in mir und gestattete mir einfach diese Verdrossenheit. Als der Gong wieder einmal dazu aufrief, sich vor dem Zimmer des Meisters in die Schlange einzureihen, war ich stinksauer und nahm mir vor, einmal zu testen, was er mit einem richtig wütenden Schüler anfangen würde, schließlich war er ein Roshi. Als ich an der Reihe war, trat ich ein und verneigte mich. Als er mich aufforderte, mein Koan vorzutragen, schrie ich: »Fuck you, Roshi!«, drückte die Kerze mit der flachen Hand aus, nahm seine Glocke, klingelte selbst und stürmte zur Tür. Beim Griff nach der Klinke hörte ich hinter mir noch einmal die Glocke und dann eine leicht befremdete, aber ganz ruhige Stimme: »Nein, nicht die Antwort.«

Da gab ich es auf, etwas richtig machen zu wollen. Ich gab, wie das aus vielen Zen-Geschichten bekannt ist, innerlich nach. Von da an bekam mein Koan etwas Natürliches, und die Antwort fiel mir dann einfach zu. Am Ende des Retreats war ich sehr froh über diese Einführung in die Koan-Schulung und noch mehr über den Umstand, dass Zweifel, Frust, Demütigung, Ratlosigkeit und sogar ein Wutausbruch so ganz einfach in den Prozess integriert

waren. Die Antwort war nicht getrennt von diesem ganzen Drunter und Drüber, sondern entsprang ihm eigentlich. Dem Durcheinander des Lebens sein Recht geben und doch sitzen, das ist Zen.

Wenn Sie mehr über Unvollkommenheit und Liebe wissen möchten, ziehen Sie sich einmal aus und stellen Sie sich nackt vor einen Ganzkörperspiegel. Ist das nicht eine sehr mysteriöse Angelegenheit, einen menschlichen Körper zu haben, ein Menschenleben? Achten Sie bei der Betrachtung auf Ihre Vorstellungen davon, wie dieser Körper sein sollte. Können Sie Ihren Körper, Ihr Leben als Mensch, genauso lieben, wie es ist, in seiner ganzen wilden, chaotischen, unerforschten, unvollkommenen Schönheit?

Augen der Liebe

Ich kenne eine Frau, die die Zen-Praxis aufgenommen hatte, aber die Hände nicht ineinanderliegend im Schoß ablegen konnte, wie es bei der Zen-Meditation vorgesehen ist. Ihr fehlte von Geburt an ein Unterarm. Keiner der in der Meditationshalle Aufsichtführenden sprach das Problem an, was wäre auch zu ändern gewesen? Diese Frau jedenfalls ging ihrer Praxis sehr engagiert nach, und mit der zunehmenden Stille konnte sie ihr Leben immer näher an sich heranlassen. Während einer Meditationsklausur hielt sie sich einmal in ihrem Zimmer auf, als sie beim Blick in den Spiegel voller Mitgefühl und Bedauern bemerkte: »Ich habe meinen Arm noch nie richtig angeschaut.« Sie war sechsundzwanzig und hatte sich bislang nicht urteilsfrei und ohne Betroffenheit oder sogar Widerwillen betrachten können. Wie bei David Roche mit seinem verunstalteten Gesicht war ihr Körper sichtbar beschädigt, aber größeren Schaden hatte ihr Geist genommen, und das war ihr ent-

gangen. Wir können erst frei sein, wenn wir unsere Unvollkommenheiten angenommen haben. Dann verwandelt sich unser Sehen in reine Wahrnehmung, wir sehen mit den Augen der Liebe.

Ram Dass, der ja das bekannte Buch *Sei jetzt hier* geschrieben hat, wurde 1971 von seinem indischen Guru Neem Karoli Baba aufgefordert, in seine Heimat zurückzureisen und dort zu lehren. Die Botschaft seines Gurus war Liebe. Wie gesagt stammt von ihm der Spruch: »Liebe die Menschen und gib ihnen zu essen.« Ram Dass wandte ein, er fühle sich dazu noch zu unrein und spirituell unvollkommen. Sein Lehrer erhob sich und umrundete Ram Dass minutenlang sehr langsam, wobei er ihn von allen Seiten genau musterte. Dann setzte er sich wieder hin. Er blickte Ram Dass tief in die Augen und sagte nur: »Ich sehe nichts Unvollkommenes.« Damit war es entschieden. Ram Dass reiste nach Amerika zurück und brachte Millionen die Botschaft der reinen Liebe.

Sie sind vollkommen Sie. Was Sie an Liebe und Mitgefühl suchen, befindet sich nicht im fernen Indien oder sonst wo. Liebe und Mitgefühl sind immer da und erwarten Sie hier und jetzt. Ich erlebe stets aufs Neue, wie die Früchte des liebenden Bewusstseins und des Selbstmitgefühls gegen Ende eines Retreats reifen. Die ersten Tage nutzen die Teilnehmer, um innerlich zur Ruhe zu kommen. Sie wirken immer weniger gehetzt und dafür umso präsenter. Nach und nach wird es still in ihnen, ihr Körper wirkt bereiter, der Blick wird weicher. Es wird auch gern über den »Vipassana-Facelift« gewitzelt, weil man am Ende eines Retreats einfach jünger und lebendiger wirkt. Wenn man mit den Augen der Liebe sieht, ändert sich alles.

Was einem geblieben ist

Dennoch, es ist schwierig, bei der Betrachtung des eigenen Lebens nicht den Vergleich mit Prominenten in Hochglanzmagazinen, mit Supermodels und gefeierten Sportlern zu ziehen. Man wird den Eindruck nicht los, dass man gegen sie doch ziemlich abfällt. Als von Zweifeln geplagter Schüler, gehetzter Manager oder mit dem Alltag kämpfende Mutter kommt man leicht auf die Frage, wie man wohl dasteht und ob man gut genug ist. Doch die Vorbilder sind ohnehin nicht das, was sie zu sein scheinen. All die schönen Menschen bieten daheim auch nicht ganz den Anblick, den man von ihren Fotos kennt, und das Leben setzt auch ihnen zu – sie altern, haben Familien, müssen sich um ihre Finanzen kümmern. Wie alle anderen müssen sie sich mit Lob und Tadel, Freude und Kummer, Gewinn und Verlust herumschlagen. Mitgefühl mit allem, was das Menschenleben mit sich bringt, ist eine segensreiche Übung in liebevoller Bejahung. Die Lyrikerin Alison Luterman nennt ihr Leben einen »wunderbaren Fehlschlag«.

Wenn Astronauten zur Erde zurückkehren, atmen sie mit Wonne die frische Luft, freuen sich über jeden Schritt auf der Erde und sind dankbar, wohlbehalten heimgekehrt zu sein. Fühlen Sie die ganze Freude und den Kummer, aus denen Ihre Inkarnation besteht. Es ist nur natürlich, sich schützen zu wollen, aber vergessen Sie nicht, dass Leid uns für Mitgefühl bereit macht. Verletzlichkeit bringt liebevolle Zuwendung mit sich, und das mit jedem Tag neu werdende Leben ist Grund zur Freude. Wer auch die wunderbaren Fehlschläge des Lebens bejahen kann, findet Frieden.

Es ist wichtig, sich in seiner eigenen Haut wohlzufühlen. Üben Sie sich in Mitgefühl sich selbst gegenüber. Pflegen Sie den Garten, der nun mal Ihr Garten ist, mit liebevoller Sorgfalt. Halten Sie es mit Suzuki Roshi, der sagte: »Ihr seid

so, wie ihr seid, vollkommen, aber es bleibt natürlich immer noch Raum für Verbesserungen.« Sich selbst lieben, das ist der Kern von allem. Dann ziehen Sie mit Ihrer ganzen menschlichen Unvollkommenheit los und lassen sich nicht davon abbringen, etwas Schönes zu schaffen.

An Itzhak Perlman, einem der bedeutendsten Geiger unserer Zeit, ist das sehr schön zu sehen. Als Kind erkrankte er an Poliomyelitis und ist seitdem gehbehindert und auf Gehhilfen angewiesen, weshalb er bei Konzerten im Sitzen spielt. Bei Auftritten sieht man ihn langsam und majestätisch über die Bühne gehen, bis er seinen Platz einnimmt. Dann legt er die Krücken auf den Boden, schnallt die Beinstützen ab, nimmt seine Violine auf, setzt sie an und nickt dem Dirigenten zu, dass es losgehen kann.

Einmal riss ihm während des Konzerts eine Saite, es knallte richtig wie ein Schuss. Es war klar, was das bedeutete: Ohne diese Saite würde er die Musik nicht so spielen können, wie sie in der Partitur stand. Alle warteten gespannt, ob er jetzt die Beinstützen wieder anlegen würde, um sich eine andere Geige oder eine neue Saite zu holen. Das tat er nicht. Er wartete einen Moment mit geschlossenen Augen, dann gab er dem Dirigenten ein Zeichen, von vorn zu beginnen. Das Orchester setzte ein, und Perlman wandelte seinen Solopart aus dem Stegreif so ab, dass er ihn mit leidenschaftlicher Konzentration und gestochen scharf auf drei Saiten spielen konnte.

Am Schluss herrschte die vollkommene Stille eines ehrfürchtigen Staunens. Dann brach unbeschreiblicher Jubel los. Perlman lächelte, wischte sich den Schweiß von der Stirn und hob schließlich den Bogen, um sich Gehör zu verschaffen. Als es still wurde, sagte er leise und nachdenklich: »Wissen Sie, manchmal stellt einem das Leben die Aufgabe, auszuprobieren, wie viel Musik man noch machen kann mit dem, was einem geblieben ist.«

Meisterschaft

Menschliche Spitzenleistungen – eines Violinisten oder Akkordeonspielers, eines Rodeoreiters, Astrophysikers oder Rosengärtners – begeistern uns. Die größten Künstler und Performer haben vermutlich mehr als die zehntausend Stunden geübt, die Malcolm Gladwell in seinem Buch *Überflieger* ansetzt, um es auf irgendeinem Gebiet zur Weltspitze zu bringen. Musikalische Genies wie Yo Yo Ma und Stevie Wonder oder auch eine Ausnahmeturnerin wie Simone Biles führen uns vor Augen, wie weit man sich der Perfektion annähern kann. In ihrer Meisterschaft verbinden sich große Begabung und rückhaltloses Engagement. Doch selbst wenn sie auf ihrem Spezialgebiet Champions sind, gibt es auch in ihrem Leben immer auch andere Gebiete, auf denen noch Entwicklungsspielraum besteht. Selbst ein glänzender Schauspieler wie Sir Laurence Olivier beispielsweise hatte sein Leben lang mit Lampenfieber zu kämpfen.

Wir bewundern Spitzenleistungen und den gewaltigen Einsatz, den sie verlangen, und das ist ganz natürlich. Wir haben die Freiheit, uns ganz einer Kunst, einem Werk, einem kreativen Vorhaben zu widmen, und das bringt Freude mit sich und ist bewundernswert. Wir geben unser Bestes, verfeinern unser Können, widmen uns engagiert unserer Kunst, unserem Werk, unserer Liebe, aber um Perfektion kann es dabei nicht gehen. Künstler, Eltern, Sportler oder Köche sind sicherlich von ihren besten Leistungen begeistert, aber wenn sie stets dem Vollkommenen nachjagen, sind ihnen auch Enttäuschungen sicher, und sie werden zuweilen hinter das Erreichte zurückfallen. Der engagierte Einsatz selbst und nicht in erster Linie das Ergebnis ist das, was uns Freude macht. Sonst finden wir uns in der Situation, die Dustin Hoffman so umschreibt: »Jede gute Kritik ist einfach ein Aufschub der Hinrichtung.«

Das beste Beispiel für diese Fehlentwicklung bietet das Verhalten vieler Eltern, die ihre Kinder bei sportlichen Ereignissen begleiten. Sie würden ihre Kinder gern als künftige Stars sehen und sich in ihrem Ruhm sonnen, und so sieht man sie beispielsweise beim Fußballspiel herumschreien und mit viel zu viel Ernst anfeuern und kritisieren. Das nimmt dem Spiel alles Spielerische und den ganzen Spaß, der eigentlich seinen Wert und den des Lebens überhaupt ausmacht.

Einsatz und Engagement sind dann am schönsten, wenn sie mit Liebe und Augenmaß einhergehen. Sie stecken sich Ziele, bündeln Ihre Kräfte, mobilisieren Ihre ganze Tatkraft und streben das Bestmögliche an, aber was dabei herauskommt, bleibt ungewiss. Auch die großartigste Darbietung ist irgendwann vorbei, jedes große Kunstwerk ist eine Deklaration der Schönheit, und dann geht das Leben weiter. Freiheit braucht Engagement und Einsatz, aber mit dem Klammern an Ergebnissen ist ihr nicht gedient.

Die Freiheit des Unvollkommenen

Alles in dieser Welt ändert und erneuert sich. Wir sind ein Fließen von Yin und Yang, von Sinneswahrnehmungen und Träumen, ein vielschichtiger Strom von Gefühlen und Gedanken. Folgerichtigkeit ist die Domäne der Presseverlautbarungen, Ungereimtheit die des Lebens. Lassen Sie es gut sein. Nehmen Sie das Paradoxon von Wandel und Ewigkeit gelassen, ohne Angst oder Urteil. Dann werden Sie sehen, dass diese unvollkommene Welt Freuden einer anderen Art bietet. Wir haben die Freiheit, ganz und gar wir selbst zu sein. Wir haben das Lachen der Weisen, wir können unter allen Umständen wählen, welchen Geist wir ausstrahlen wollen. Und es steht uns frei, trotz allem zu lieben, in all der

großartigen, erschreckenden, nie versiegenden Schönheit zu lieben. Wir haben die Weisheit und den Mut, in diesem flüchtigen Spiel der Tage ganz da zu sein.

Ajahn Chah hielt seine geliebte chinesische Teeschale hoch und sagte: »Für mich ist sie schon zerbrochen, und so kann ich mit Wonne aus ihr trinken und sie in Ehren halten. Sollte sie vom Tisch fallen, habe ich bereits erkannt: Das ist der Lauf der Dinge.«

Die Realität verlangt Flexibilität. Man kann zurückrudern, etwas wiederholen, seine Meinung ändern, etwas Neues lernen, nachgeben, umschwenken, verlieren und finden, eine andere Tür probieren, umkehren, einen neuen Weg einschlagen und alles in Maßen tun, auch Mäßigung. Man kann lernen, wissbegierig präsent zu sein, um zu sehen, was als Nächstes passiert.

Lernen Sie, Fehler leicht zu nehmen, zu vertrauen, auch zu scheitern, sich von etwas Größerem tragen zu lassen. Gioachino Rossini erzählte von einem Missgeschick, das ihm beim Komponieren seiner Oper »Moses in Ägypten« unterlief:

Als ich den Chor in g-Moll schrieb, tauchte ich die Feder versehentlich in die Medizinflasche statt ins Tintenfass, sodass ein Klecks entstand. Als ich zum Trocknen Sand darüberstreute, nahm das Geschriebene die Form eines Auflösungszeichens an. Dabei kam mir sogleich der Einfall, welchen Effekt der Wechsel von g-Moll zu G-Dur haben würde, und so ist diesem Klecks die wunderschöne Wirkung des Chors zu verdanken.

Die Freiheit des Unvollkommenen bringt Vergebung und Mitgefühl mit sich, uns selbst und anderen gegenüber. Einem jungen Offizier, der sehr hitzköpfig war, schlecht mit Stress umgehen konnte und schon wiederholt wegen seiner

Wutausbrüche aufgefallen war, wurden von seinem Colonel acht Wochen Achtsamkeitstraining verordnet, damit er von seinem Stress herunterkäme. Nachdem er den Kurs schon einige Wochen besucht hatte, kaufte er auf dem Nachhauseweg noch ein. Er war wie so oft in Eile und schon ein bisschen genervt. Als er mit seinem Einkaufswagen zur Kasse ging, gab es überall lange Schlangen. Er stellte sich hinter eine Frau, die nur ein einziges Produkt im Wagen und ein kleines Kind auf dem Arm hatte. Das werde sicher schnell gehen, dachte er. An der Kasse angekommen, entspann sich jedoch ein Gespräch zwischen dieser Frau und der Kassiererin. Schon ärgerte sich der Offizier wieder. Wie kam diese Frau dazu, alle anderen Leute aufzuhalten? Innerlich schnaubend, fragte er sich, wie die Leute nur so rücksichtslos sein konnten. Dann legte die Frau dieses Kind auch noch der Kassiererin in die Arme, die sich einen Moment Zeit nahm, um mit ihm zu gurren und zu schmusen. Er merkte, wie der Ärger in ihm brodelte, doch da er jetzt Achtsamkeitsschüler war, machte er sich die innere Hitze und Enge bewusst und spürte sein Unbehagen. Er atmete tief durch und entspannte sich. Als er den Blick wieder hob, sah er den kleinen Jungen lächeln. Und als er schließlich an der Reihe war, sagte er zur Kassiererin: »So ein niedlicher kleiner Knirps.« – »Finden Sie wirklich?«, fragte sie strahlend. »Es ist meiner. Sein Vater war bei der Air Force und ist letzten Winter ums Leben gekommen. Deshalb muss ich jetzt Vollzeit arbeiten. Meine Mutter sieht immer zu, dass sie ihn ein-, zweimal am Tag vorbeibringt, damit ich ihn sehen kann.«

Wir sind schnell mit Urteilen bei der Hand. Das muss aber nicht so sein. Werfen Sie einen neuen Blick auf die Welt ringsum. In der Achtsamkeit sehen wir mit staunendem, zugewandtem Blick. Nietzsche beschreibt im Epilog zu *Nietzsche contra Wagner,* wie sich unser Herz jenseits aller Ideen und Ideale öffnen kann:

Aus solchen Abgründen, auch aus dem Abgrunde des großen Verdachts kommt man neugeboren zurück, gehäutet, mit einem feineren Geschmack für die Freude, mit einer zarteren Zunge für alle guten Dinge, mit lustigeren Sinnen, mit einer zweiten gefährlicheren Unschuld in der Freude, kindlicher zugleich und hundertmal raffinierter, als man je vordem gewesen war.

Es ist eine Einladung zur Freiheit.

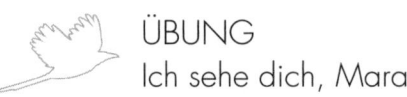
ÜBUNG
Ich sehe dich, Mara

Mara, in der buddhistischen Tradition die Verkörperung von Gier, Hass und Verblendung, schafft es immer wieder, uns heimzusuchen. Er ist ein Meister der Verkleidung, er weiß, wie er seine Opfer ködern kann. Mal tritt er als Angst oder Selbstzweifel auf, mal als Versuchung zur Sucht oder selbstgerechte Aggressivität. Jeder hat seinen ganz eigenen Mara, wobei es natürlich so etwas wie die Top-Ten-Varianten gibt. Zunächst einmal gilt es zu erkennen, dass diese Erscheinungsformen tatsächlich Mara-Zustände sind. Es kann sich beispielsweise um Scham, Verwirrung, Gereiztheit, Angst, Ärger oder Selbsthass handeln. Sie geben sich gern einen idealistischen, erzieherischen Anstrich und tun so, als wollten sie uns zeigen, wie wir besser, intelligenter, schlanker, weiser werden können. Oder sie sagen uns, wie andere Leute zu sein haben.
Versuchen Sie einmal, Maras häufigsten Manifestationen Nummern oder alberne Namen zu geben. Wenn Scham, Selbstkritik, Sorgen und Ärger die Top-Hits sind, kann das so aussehen: »Mara zwei, ich sehe dich.« Oder: »O Mara,

Angsthase, ich sehe dich.« Nehmen Sie die Dinge humorvoll, liebevoll: »Ich sehe, du würdest gern noch bleiben, Mara, aber leider habe ich schon etwas anderes vor.« Mara wird dann Druck machen, aber Sie bleiben ebenso freundlich wie standhaft. Behandeln Sie Mara mitfühlend, doch seine Gelage dürfen Sie dankend ablehnen. Er ist ein alter Freund, es genügt, wenn Sie sagen: »Ich sehe dich, Mara.« Ihr wahres Wesen ist liebendes Bewusstsein, und wenn Sie Mara so zur Kenntnis nehmen, verliert er seine Macht und Sie sind frei.

ÜBUNG
Sich mit dem Unvollkommenen anfreunden

Was wäre, wenn Sie sich mit allen Unvollkommenheiten lieben könnten? Und was, wenn Sie andere auch so lieben könnten?

Vielleicht denken Sie jetzt: »Also, wenn ich meine Wut und meine Faulheit, meine Süchte und Ängste jetzt auch noch liebe, dann ändert sich ja nie was! Dann werde ich doch nur *noch* fauler, wütender, süchtiger und egozentrischer!«

Aber probieren Sie es aus, oft passiert nämlich genau das Gegenteil. Sie können sich mit einer größeren und weiseren Liebe bejahen, sodass Angst, Trägheit, Aggressionen und der ständige Bedarf an was auch immer keinen Halt mehr finden. Liebe – eine warme, herzliche Liebe – weiß ganz von selbst, was gut für Sie ist.

Ein Versuch kann nicht schaden. Nehmen Sie wieder eine bequeme Sitzhaltung ein, in der Sie zur Ruhe kommen können, bis sich ein Gefühl von Präsenz und liebendem Bewusstsein einstellt. Nach einiger Zeit wenden Sie sich dem zu, was Sie als Ihre Unvollkommenheiten und Fehler sehen.

Widmen Sie sich zuerst Ihrem Körperbild. Welche Unvollkommenheiten oder Makel glauben Sie da zu sehen?
Danach betrachten Sie Ihre Persönlichkeit, Ihren Charakter. Wo liegen die größten Schwächen?
Dann geht es um Ihre Geistesverfassung. Dehnen Sie diese Betrachtung auch auf die Unvollkommenheiten in Ihren Beziehungen zu anderen aus.
Stellen Sie sich nun vor, Sie würden sich lieben, wie Sie sind, mit allen menschlichen Schwächen. Jeder Mensch ist unvollkommen, es gehört einfach zu unserer Inkarnation. Sie haben nichts weiter zu tun, als das alles klar zu sehen und trotzdem zu lieben.
Gehen Sie jetzt ganz in das liebende Bewusstsein, in dem Ihr Leben mit allen seinen Erfolgen und Unvollkommenheiten geborgen ist wie in einem Meer der Liebe. Die Schwächen, Traumata und Ängste sind nicht Ihr wahres Wesen. Es sind Äußerlichkeiten, alles Ringen mit diesen Gegebenheiten erscheint im reinen Bewusstsein. Sie sind zeitliches Bewusstsein, dessen ursprüngliche Schönheit keinen Abbruch erleidet – ein Kind des Geistes mit einer komplizierten Inkarnation wie wir übrigen siebeneinhalb Milliarden.
In dieser tiefen Bejahung des liebenden Bewusstseins treten Sie jetzt aus dem Gerichtssaal heraus. Erlauben Sie sich, ganz ruhig zu werden, eins mit allem, was Sie sind, freundlich und verständnisvoll. In dieser Wohlgesinntheit werden Sie bessere Entscheidungen treffen, aber jetzt nicht mehr aus Scham und Selbsthass, sondern weil Ihr liebendes Herz Ihnen sagt, was das Beste für Sie ist. Das liebende Herz ändert alles.
Nachdem Sie sich Ihrer eigenen Unvollkommenheiten auf diese Weise angenommen haben, können Sie auch andere Menschen und ihre Unvollkommenheiten in Ihre Übung einbeziehen. Fangen Sie wieder mit solchen an, bei denen das relativ leicht geht, um sich dann die schwierigeren Kandidaten vorzunehmen.

Sehen Sie die Unvollkommenheiten dieser Leute klar, aber mit liebendem Bewusstsein. Nehmen Sie sich Zeit dafür. Fällt Ihnen auf, dass Konflikte und ungute Gefühle sich in dieser bejahenden Haltung schon nicht mehr so schlimm anfühlen? Andere Menschen sind Lernende wie Sie. Wenn Sie sich jetzt vorstellen, wie Sie diese Personen mitsamt ihren Fehlern lieben, spüren Sie vielleicht schon, wie Ihr liebevoller, verständnisvoller Blick das Beste in ihnen wachruft. Es ist, wie Nelson Mandela bereits sagte: »Es schadet nie, das Gute in einem anderen zu sehen. Oft wirkt sich das positiv auf ihr Tun aus.«

9
Die Gabe der Aufgeschlossenheit

Also, da haben wir mal einen wirklich weltoffenen Geist –
man spürt den Luftzug bis hierhin.
Groucho Marx

Unser Geist weitet sich und zieht sich zusammen wie die Lunge. Er ordnet den Strom der Sinnesdaten zur Wahrnehmung, und so macht er sich ein Bild der Welt, unterscheidet zwischen Ich und Nicht-Ich, bekommt ein Gefühl für Zeit und Perspektive, für Bedeutungen, Werte und Ideen. Anhand unserer Wahrnehmungen und Erfahrungen legen wir uns die Welt zurecht. Mit aufgeschlossenem Geist sehen wir klar, wir entdecken das Leben, lassen uns auf es ein und freuen uns daran. Engstirnigkeit dagegen legt die Dinge fest, macht sie klein und beängstigend. Wie Sie die Welt auch sehen mögen, es ist immer nur eine Betrachtungsweise unter vielen möglichen, reduziert auf einen bestimmten Blickwinkel.

Zen in der Kunst der Unvoreingenommenheit

Zu einem Retreat an der Big-Sur-Küste Kaliforniens hatte ich mehrere Meister und Lamas eingeladen. Der Zen-Meister Kobun Chino Roshi sprach von Aufgeschlossenheit gegenüber Möglichkeiten jeder erdenklichen Art, und danach bot er uns eine Demonstration der berühmten Zen-Bogenkunst an. Am vereinbarten Nachmittag stellte er seine Ziel-

scheibe am unteren Ende einer gepflegten, zum Pazifik hin abfallenden Rasenfläche auf. Alle Teilnehmer und Lehrer waren versammelt. Der Roshi errichtete einen wunderschönen kleinen Altar auf einem Felsbrocken und betete. Danach verneigte er sich und legte ein weißes Seidengewand an, alles langsam und mit genau bemessenen Bewegungen, es hatte etwas von einer Ballettaufführung. Er zog den Bogen aus seinem Lederfutteral und legte bedächtig die Sehne an. Danach holte er die Pfeile heraus und setzte sich zur Meditation hin, die Pfeile im Schoß. Schließlich prüfte er sie einen nach dem anderen, wendete sie hin und her, visierte vom Federende zur Spitze den Schaft entlang und entschied sich schließlich für einen. Er stand auf und entfernte sich achtsam fünfzig Schritte von der Zielscheibe. Dann stand er eine Weile da, still, vollkommen bereit und präsent.

Es war mucksmäuschenstill. Nach einer endlos lang erscheinenden Zeit hob er schließlich den Bogen und legte den Pfeil an die Sehne. Er wandte sich zur Zielscheibe, zog den Pfeil ganz langsam auf seine volle Länge zurück, zielte lange, hob den Bogen schließlich noch ein wenig und ließ den Pfeil abschnellen. Er flog über die Zielscheibe, über den Abbruch der Steilküste hinaus ins Meer. Der Roshi zeigte uns ein breites Lächeln und nahm sich nochmals eine Viertelstunde, um den Bogen mit der gleichen behutsamen Langsamkeit zu entspannen, Bogen und Pfeile zu verstauen, sich vor dem Altar zu verneigen und wieder seine schwarze Kleidung anzuziehen. Am Schluss lachte er und verbeugte sich zu uns Zuschauern hin.

Evans Cousin verlobte sich mit einer Muslimin, die er am College kennengelernt hatte. Evan entschloss sich, das Paar zu besuchen, und man verabredete sich in einem Café. Die Verlobte seines Cousins erschien mit Kopftuch, und Evan spürte sofort, wie sich ein Gefühl von Ablehnung in ihm regte. Er kannte eigentlich keine Muslime, und als sich diese

Frau jetzt als geistreich, warmherzig, weltoffen und intelligent erwies, war er über sich selbst schockiert. Offenbar war er einem Klischee aufgesessen und hatte ein Fünftel der Menschheit einfach abgeschrieben.

Einen ähnlichen Sinneswandel erlebte die Highschool-Lehrerin Sandra, als sie an eine Schule mit lauter tätowierten Gang-Kids versetzt wurde. Die Baggy Pants, der raue Gesprächston, die ganze Kraftmeierei und dazu noch alles, was sie über Gewalttätigkeit in diesem Milieu gelesen und im Fernsehen gesehen hatte – Sandra war richtig eingeschüchtert. Solchen Menschen war sie auf der Straße immer ausgewichen. Aber als sie diese jungen Leute ein halbes Jahr unterrichtet hatte, änderte sich ihre Wahrnehmung. Pedro, Vinh, Malcolm mit ihrem Leben und mit ihren Kämpfen – auf einmal waren es reale Menschen für sie. Jetzt ging sie auf der Straße auf sie zu, um Hallo zu sagen. Und sie sagten dann: »Yo, Sandra, was geht?« Es waren ihre Jungs geworden.

Vorurteile und der Blick für die Dinge

Die beiden Nobelpreisträger David Hubel und Torsten Wiesel haben vorgeführt, wie durchsetzungsstark eine konditionierte Wahrnehmung sein kann. Sie teilten neugeborene Kätzchen in drei Gruppen ein, die in den kritischen Tagen, in denen die Tiere die Augen öffnen und das Sehvermögen sich entwickelt, unterschiedlichen visuellen Reizen ausgesetzt wurden. Alle Kätzchen befanden sich in weißen Boxen, die erste hatte waagerechte schwarze Streifen, die zweite senkrechte, und die dritte war nur weiß. Was die kleinen Katzen hier an Prägung erhielten, blieb ihr Leben lang bestehen. Die in einer Welt mit waagerechten Streifen aufgewachsenen Tiere konnten später senkrechte Dinge nicht

richtig erkennen. Sie liefen immer wieder gegen Stuhl- und Tischbeine, die sie buchstäblich nicht wahrnahmen. Die Katzen aus der senkrecht gestreiften Welt sahen später keine waagerechten Strukturen. Und die Kätzchen aus der ganz weißen, konturlosen Welt hatten später die größten Orientierungsprobleme und konnten eigentlich kein Objekt elegant nach Katzenart umgehen.

Je nach Betrachtungsweise sehen Sie eine Kuh als Milchlieferanten, als Fleisch, als Leder, als Mutter, Huftier, Weidevieh, im Hinduismus als heiliges Tier oder eben als lebendiges Mysterium. Solange Sie eine Kuh nur als Nutztier oder Investition betrachten, muss man Ihre Wahrnehmung als sehr unvollständig bezeichnen. Ähnliches gilt für Menschen, Kulturen und eigentlich alles im Leben. Ihre Wahrnehmung ist entweder von Ihren Wünschen und Ansichten geprägt, oder Sie blicken mit neuen Augen und erleben die Freiheit, die da geduldig auf Sie wartet. Was für eine Freude, der Welt aufgeschlossen zu begegnen! Beide Seiten haben etwas davon – für Sie ist es das Geschenk der Freiheit, für andere ein Segen.

Klares Sehen ist aber nicht unbedingt nur angenehm. Manche Bereiche des Lebens blenden wir lieber aus, um uns Konflikte und mögliche Überforderung zu ersparen. Verlust, Unrecht, Sucht, Oberflächlichkeit, Intoleranz – all das wird unsichtbar, sobald wir uns abwenden. Das Hinsehen kann uns Mut abverlangen. Bei einem Kurs, in dem es um Mitgefühl und Hilfsbereitschaft ging, bat Ram Dass die Teilnehmer, sich bewusst zu machen, wie sie auf Leid in ihrer Umgebung reagierten. Eine Frau berichtete, sie habe einem Obdachlosen in ihrer Gegend jedes Mal Geld gegeben, wenn sie ihn sah, aber sie habe es vermieden, genauer hinzusehen. Jetzt wusste sie, warum. »Hätte ich ihm in die Augen geblickt, wer weiß, vielleicht hätte ich ihm dann meine Wohnzimmercouch zum Schlafen angeboten.«

Sie brauchen sich natürlich nicht alle Obdachlosen und alles Leid der Welt ins Haus zu holen, aber sehen Sie sie klar, geben Sie ihnen einen Platz in Ihrem Herzen. Diese Frau wurde mit der Zeit eine Verbündete ihres obdachlosen Nachbarn, und ihre Bereitschaft zu geben änderte beider Leben. Reichen Sie den Wunden der Welt und Ihren eigenen liebevoll die Hand. Wer sein Herz öffnen kann, bekommt ein offenes und interessiertes Ohr für die Realität der Dinge, der Blick wird frisch, neugierig und freundlich.

Aufgeschlossenheit erlaubt uns lebendige Präsenz im Augenblick. Jedem noch so glänzenden Schauspieler würde ein auf die Bühne kommender Hund oder ein Kind die Schau stehlen. Wir lieben das Überraschende, das Ungeplante. Spontaneität, Kreativität, Lebendigkeit sind die Kennzeichen eines freien, unvoreingenommenen Geistes. Das sagt auch ein berühmter Ausspruch von Kobun Chinos Lehrer Shunryu Suzuki: »Der Anfängergeist hat viele Möglichkeiten, der Expertengeist wenige.«

Wenn Sie vorurteilslos im Augenblick leben, wird Ihnen der Unterschied zwischen Ihrer unmittelbaren Erfahrung und Ihren Gedanken darüber auffallen. Jeder Mensch ist interessanter, vielschichtiger und überraschender als die Meinung, die Sie bereits über ihn haben könnten. Ihre Erinnerung an einen Verwandten oder Ihre Ansichten über irgendeine bedeutende Persönlichkeit erweisen sich oft als gegenstandslos, wenn Sie den Menschen direkt begegnen. Wäre es nicht besser, unsere vorgefassten Meinungen gar nicht erst so ernst zu nehmen?

Ob Sie die Realität mit den Augen des Konservativen, des Liberalen oder des Sozialisten betrachten, ob Sie wissenschaftlich oder fundamentalistisch denken, die Welt als beängstigend oder als Fest der Kreativität erleben, wichtig ist am Ende, dass Sie gegenüber allen und allem respektvoll bleiben. Jedes dieser Weltbilder ist nur eine Teilwahrheit,

aber jedes besitzt auch seinen Wert. Rigide Überzeugungen ziehen immer Konflikte und Leiden nach sich. Wie schon der Buddha sagte: »Die unbeugsam an ihren Anschauungen festhalten, werden den Menschen mit ihrem Handeln in der Welt zur Plage.«

Barrieren überwinden

Als die ersten Westler in Ajahn Chahs Kloster auftauchten und dann immer weitere folgten, entstand bald die Idee, in der Nähe ein Waldkloster aufzubauen, in dem die Anleitungen und Unterweisungen auf Englisch gegeben werden konnten. So geschah es, und das neue Kloster erwies sich mit seiner strengen und doch liebevollen Schulung als ein wahrer Segen. Schüler aus dem Westen mit den unterschiedlichsten Hintergründen wollten sich hier als Mönche und Nonnen ordinieren lassen. Eine amerikanische Nonne erwarb sich durch ihre Lauterkeit und die Tatsache, dass sie immer besser Thailändisch und Laotisch sprach, die Bewunderung und Achtung sogar der Dorfbewohner. Nach fünf Jahren verließ sie jedoch das Kloster ganz plötzlich und ohne Erklärung.

Ihre Abreise wurde allgemein bedauert, und alle waren überrascht, als sie nach einem Jahr wieder auftauchte, jetzt aber als evangelikale Christin und damit als Laiin. Sie wohnte im Kloster, verbrachte jedoch ihre Tage damit, die im Kloster Lebenden und auch die Leute im Dorf aufzufordern, sich Christus zuzuwenden. Das empfanden manche nach einiger Zeit als anstrengend und zunehmend auch als störend. Sie wollten diesem unangebrachten Verhalten etwas entgegensetzen und fassten den Entschluss, darüber mit Ajahn Chah zu sprechen. Einige Mönche und Leute aus dem Dorf machten sich auf den Weg zum Hauptkloster.

Hier setzten sie sich mit dem Meister zusammen und schilderten, wie unpassend sie es fanden, in einem buddhistischen Kloster das Evangelium zu predigen. Das war Ajahn Chah nicht neu, andere hatten ihm bereits von diesen Missionsbemühungen berichtet. Jetzt jedenfalls wurde er gefragt: »Dürfen wir das einfach so zulassen?« Konnte man sie nicht irgendwie zum Schweigen bringen oder ihr die Abreise nahelegen? Das wäre allen das Liebste gewesen.

Ajahn Chah hörte sich das alles geduldig in voller Länge an. Dann lächelte er und sagte: »Vielleicht hat sie ja recht.«

Die meisten lachten. Sie begriffen, wie sehr sie sich an ihren Buddhismus geklammert und dadurch alles erst wirklich peinlich gemacht hatten. Ajahn Chah schickte sie heim, manche lächelten, andere seufzten. Jedenfalls traf die ehemalige buddhistische Nonne jetzt auf keinen Widerstand mehr. Sie blieb noch eine Weile, dann reiste sie ab.

Thalitas Mutter war eine gestandene Südstaaten-Konservative, ihr Vater ein republikanischer Geschäftsmann. Als Thalita sich in einer Gemeinschaft für Yoga und Meditation zu engagieren begann, waren ihre Eltern beunruhigt, obwohl Yoga auch in ihrem Countryclub angeboten wurde. Immer wenn Thalita ihre Eltern besuchte, kam es zu Diskussionen über Einwanderung, Abtreibung, Religionen – all die sensiblen Themen, bei denen so leicht Streit entsteht. Das machte die Besuche für alle unangenehm, die Familienliebe konnte sich kaum noch Gehör verschaffen.

Dann verliebte sich Thalita in Jeff, einen ebenso starken wie klugen Mann in Washington, der sie ganz wunderbar behandelte, dabei jedoch ein echter Konservativer war. In langen Gesprächen versuchten beide, dem anderen ihre Standpunkte nahezubringen, und da sie verliebt und füreinander aufgeschlossen waren, hörten sie einander wirklich zu. Schon beim nächsten Besuch daheim stellte Thalita fest,

dass sie mit den Ansichten ihrer Eltern viel leichter zurechtkam. Ihre Eltern änderten ihre Meinung zwar nicht, aber irgendwie waren die Gespräche jetzt nicht mehr von starren Positionen bestimmt. Sie argumentierten nicht mehr gegeneinander, sondern waren auf das bedacht, was sie trotz allem verband. So kam auch die Liebe wieder in Fluss, und Thalita erkannte, dass offene Gespräche ohne starre Gegensätze möglich waren.

Wenn man einmal gemerkt hat, wie sehr man sich an feste Positionen klammert, ist der Bann der Einseitigkeit gebrochen und man fühlt sich wieder verbunden.

Dass man bestimmte Anschauungen hegt, ist ganz natürlich, aber muss das bedeuten, dass man sich anderen gegenüber verschließt? Sie haben vermutlich Ihre Ansichten über Banker, Atheisten, Spekulanten, missionierende Christen, Feministen, Anwälte. Die politische Ausrichtung anderer, ihre Religion und Lebensform, ihr Kleidungsstil – zu eigentlich allem haben wir eine mehr oder weniger ausgeprägte Meinung. Wir bilden uns ein, wir wüssten, wer sie sind. Wenn Sie aber wirklich frei sein möchten, fragen Sie sich: »Wieso habe ich eigentlich eine feste Meinung dazu? Und was gibt es noch, was den anderen ausmacht?«

Betrachten Sie den nächsten Menschen, mit dem Sie zu tun haben, einmal näher. Wer ist er eigentlich, welche Träume hat er, was geht wirklich in ihm vor, wo steuert er hin, welche Begabungen bringt er mit? Mit solchen Fragen können Sie Ihr Denken über andere lockern, und da unsere Ansichten ohnehin größtenteils Projektionen sind, werden Sie auch sich selbst anders betrachten.

Bin ich ganz sicher?

Ich mag diese verblüffenden Augenblicke, in denen mir aufgeht, dass ich irgendetwas völlig falsch eingeschätzt habe. Wie gesagt lebte ich viele Monate in Bali, jenem Land der tausend Hindutempel, der heiligen Tänze und gemeinschaftlichen täglichen Rituale. Kürzlich war ich wieder einmal da und besuchte das Dorf eines berühmten Malers. Ich schlug einen von Bäumen gesäumten Weg zu einem der großen Tempel am Ortsrand ein und ging an einer Steinmauer entlang, hinter der ich die auf und ab tanzenden Köpfe einer Menge weiß gekleideter Gestalten sah. Das konnte nur eine große Tempelzeremonie sein. Ich ging näher, um dieses eindrucksvolle Ritual genau zu verfolgen – bis ich dann nah genug war, um die Musik zu hören, die so gar nicht zu feierlichen Ritualen passen wollte. Es handelte sich in Wirklichkeit um einen Aerobic-Kurs.

»Wir sehen die Welt nicht, wie sie ist«, sagt der Talmud, »sondern wie *wir* sind.« Samuel Burke erblindete im Alter von zehn Monaten. Seine Sehfähigkeit ließ sich wiederherstellen, als er fünfzig war. Die Mondsichel am Himmel verblüffte ihn ganz besonders. Was das sei, wollte er wissen. Er war immer davon ausgegangen, dass ein Viertelmond wohl wie ein Tortenquadrant aussehen müsse. Solche Vorstellungen, die einfach nicht zutreffen, haben wir alle. Es kommt sogar vor, dass wir wider besseres Wissen bei ihnen bleiben. Der englische Essayist Charles Lamb schrieb über einen Mann, den er nicht ausstehen konnte: »Macht mich bloß nicht mit ihm bekannt. Ich will ihn weiterhin hassen, aber ich kann niemanden hassen, den ich kenne.«

Wenn Sie voreingenommen sind, können Sie sich anderen nicht wirklich verbunden fühlen, sondern gehen in Abwehrstellung mit allem, was das an starren Positionen, Ängsten und Konflikten mit sich bringt. Schlimmstenfalls

gehen Sie sich selbst auf den Leim und verfallen einer Lebenslüge. Was das bedeuten kann, erläutert der Schriftsteller Michael Ventura:

Die Leute, die du anlügen musst, werden deine Besitzer. Dinge, über die du nicht die Wahrheit sagen kannst, besetzen dich. Deine Kinder sind dann nicht mehr deine Kinder, sondern die Kinder dessen, was dich besetzt. Wenn du von Geld »besessen« bist, sind sie Kinder des Geldes. Wenn Vortäuschung und Einbildung dich besitzen, sind sie die Kinder von Vortäuschung und Einbildung. Wenn dich die Angst vor Einsamkeit besetzt hat, sind sie Kinder der Einsamkeit. Bist du von der Angst vor der Wahrheit besetzt, sind sie Kinder dieser Angst vor der Wahrheit.

Augenblick für Augenblick

Manches Mal habe ich Worte des Bedauerns gehört, wenn ich am Bett Sterbender saß. Es bedrückte sie, dass sie ihre Träume nicht gelebt, ihre Wahrheit nicht ausgesprochen und nicht trotz allem geliebt haben. Mich beeindruckt immer wieder, wie weich, wie aufrichtig die Menschen dann sind – bereit zu einer »gründlichen und furchtlosen Inventur« in ihrem Inneren, wie es in den Zwölf-Schritte-Programmen heißt.

Es muss aber nicht so sein, dass wir erst am Ende unseres Lebens klarsehen. Sie können auch heute mutig hinschauen, ohne mögliche Fehler zu scheuen. Anschließend können Sie ändern und verbessern, was verbesserungswürdig ist, und dann die Welt mit neuen Augen sehen.

Ein zu Unrecht zu einer Haftstrafe verurteilter Indonesier drängte seine Frau, ihm eine Metallsäge oder sonst irgend-

ein Fluchtwerkzeug zukommen zu lassen. Besuche waren ihr jedoch verboten worden, sie konnte ihm lediglich einen Gebetsteppich schicken. Er war verzweifelt und grübelte wochenlang, warum sie nicht Mittel und Wege fand, ihm etwas wirklich Nützliches zu schicken. So saß er eines Tages wieder da und starrte diesen Gebetsteppich an, als ihm plötzlich aufging, dass seine Frau einen Fluchtweg hineingewebt hatte.

Eingleisiges Denken ist ein Gefängnis. Die Liebe und Freiheit, die wir suchen, sind von Natur aus unser Eigentum. Wir müssen nur die Augen wirklich aufmachen, dann sehen wir, sie sind schon da und warten nur darauf, dass wir aus unseren starren Anschauungen heraustreten.

Bei einer Konferenz über Achtsamkeit im Rechtswesen in Berkeley war die folgende Anleitung zu hören, die ein Richter einer Jury gab:

Ich möchte, dass Sie sich dem, was im Gerichtssaal passiert, mit totaler Aufmerksamkeit widmen. Dabei könnte sich eine Sitzhaltung als hilfreich erweisen, die Würde und Präsenz zum Ausdruck bringt. Bleiben Sie außerdem mit dem Gefühl Ihres ein- und ausströmenden Atems in Verbindung, während Sie die Beweisaufnahme verfolgen. Achten Sie auf die Neigung, schon Schlüsse zu ziehen, wenn noch gar nicht alle Beweismittel vorliegen und noch keine Plädoyers gehalten sind. Schieben Sie Ihr Urteil nach bestem Vermögen immer wieder auf, um stattdessen alles, was im Gerichtssaal passiert, Augenblick für Augenblick mit voller Aufmerksamkeit zu verfolgen. Sollten Sie merken, dass Sie abschweifen, können Sie sich wieder zu Ihrem Atem zurückholen und zu dem, was gerade verhandelt wird, immer und immer wieder, wenn es sein muss. Nach Abschluss der Beweisaufnahme ist es dann Ihre Auf-

gabe als Jury, sich zu beraten und eine Entscheidung zu finden. Aber wirklich erst dann.

Bei jeder Begegnung sollten Sie den Menschen wirklich sehen, wie er eben jetzt ist. Und im Gespräch mit jemandem, der andere Ansichten hat als Sie, hören Sie besser aufgeschlossen zu – Sie werden staunen, was für überraschende Verbindungswege es dann doch gibt.

Begegnen Sie jedem Augenblick staunend und dankbar, dann wird sich zeigen, dass es nie zu spät ist, Geist und Herz zu öffnen.

Die heilende Kraft der Worte

Worte haben eine große Macht. Reisen, Ehen, Filme, Prozesse und Kriege fangen mit Worten an. Und Worte beenden sie auch. Wir sprechen zu ungeborenen Kindern im Mutterleib, und der Strom der Worte reißt mit dem letzten Atemzug nicht ab. Worte können verletzen und trennen oder verbinden und heilen.

Ein angesehener Heiler wurde gerufen, um für ein krankes Mädchen zu beten, dessen Medikamente nicht recht anschlagen wollten. Er betete und sagte anschließend: »Jetzt wird sie gesund werden.« Einer der Umstehenden mochte so etwas nicht glauben und wandte erbost ein, bloße Gebete könnten nichts bewegen und seien reiner Unsinn. Der Heiler wandte sich zu ihm hin und sagte: »Sie sehen aus wie ein ahnungsloser Bauer und reden wie ein richtiger Dummkopf.« Der so Angesprochene war drauf und dran, sich fürchterlich aufzuregen, als der Heiler sagte: »Halt, Augenblick. Wenn Sie von ein paar Worten so wütend werden, warum sollten andere Worte dann nicht heilen können?«

In der Zeit, in der ich mich für Friedensinitiativen in Palästina und Israel eingesetzt habe, lernte ich auch ein Programm kennen, das junge Leute beider Seiten zusammenbrachte. Nachdem sich die Teenager in drei aufeinanderfolgenden Sommern zu Camps, Projekten, Streitgesprächen, Austausch und Tänzen getroffen hatten, kamen sie auf die Idee, auch ihre Eltern einzuladen. Das war in einer politisch sehr angespannten Zeit, aber es gab schließlich Sondergenehmigungen für die palästinensischen Eltern, sodass sie zu den anderen Familien in Israel stoßen konnten. Ich stand am Lagerplatz mit einer der Gruppen junger Leute im Kreis. Sie waren echte Freunde geworden und hielten sich an den Händen. Die Eltern standen in einem weiteren Kreis hinter ihnen und sahen, wie ihre Kinder miteinander umgingen. Eine palästinensische Mutter sagte schließlich leise: »Zwanzig Jahre habe ich nur Israelis gesehen, die Soldaten waren. Ich habe ganz vergessen, dass sie auch Mütter haben.«

Wenn Sie mit Erwartungen, Forderungen und Klischees auf andere zugehen, kann keine Verbindung entstehen. Dann kommt es höchstens zu oberflächlichen Wortwechseln, und allzu leicht entstehen Konflikte, weil man schnell in die Defensive geht. Glück braucht einen offenen Geist.

In dieser Offenheit gehen wir in alle Situationen und Begegnungen hinein mit der Bereitschaft, zuzuhören und zu lernen, und wollen nicht einfach nur unseren Standpunkt vertreten und verteidigen. Aufgeschlossenheit motiviert uns zu einfühlsamem Zuhören, und dann sind wir auch bei großen Differenzen bereit zu verstehen. Natürlich müssen Sie der Gegenseite nicht unbedingt beipflichten oder Ihre eigenen Grenzen verschweigen, aber das offene Wort und das offene Ohr sind auf Verbindung und beiderseitigen Nutzen aus, sie suchen Übereinstimmung und sind bereit, Rücksicht zu nehmen. Wir beteiligen uns mit echtem Interesse

am Gespräch, wir wollen wirklich wissen, was der andere denkt und aus welchen Gründen das so ist. Diese Offenheit lässt niemanden unberührt, sei es in persönlichen Beziehungen oder in der Politik.

Wahre Kommunikation

Eine Gruppe britischer Atomwaffengegner hatte bereits monatelang und zum Teil erbittert gegen die Stationierung weiterer Raketen demonstriert. Ihre Sprecher waren der Ansicht, ihre Aktionen dienten dem Schutz vieler Millionen Menschen und anderer Lebewesen. Nach langen Verhandlungen wurden sie schließlich zu einem Gespräch mit dem für die Atomwaffen zuständigen NATO-General eingeladen. Die Delegationsführerin der Atomwaffengegner überlegte sich am Vorabend der geplanten Begegnung, es sei vielleicht nicht ratsam, dem General gleich zum Einstig Vorhaltungen wegen dieser gefährlichen und potenziell destruktiven Stationierungspolitik zu machen. Das werde sicher nur polarisierend und eskalierend wirken und zu nichts führen. Ihr kam eine Idee: Man musste dem General das Gefühl geben, dass er ebenfalls darauf bedacht war, Menschenleben zu schützen. Am nächsten Tag sagte sie zur Eröffnung des Meetings: »Ich stelle es mir schwierig vor, sich für die Leben so vieler Menschen verantwortlich zu fühlen.« – »Das ist es auch«, erwiderte er, und so begann ein sehr fruchtbares Gespräch, in dessen Verlauf der General seine eigenen Gedanken über eine mögliche Reduzierung der Anzahl von Flugkörpern mitteilte.

Von Herzen kommende und freie Kommunikation geht von liebevoller Aufmerksamkeit sich selbst und anderen gegenüber aus. »Gewaltfreie Kommunikation«, wie Marshall Rosenberg diesen Ansatz genannt hat, fördert das sensible

Zuhören und den behutsamen Ausdruck von Gefühlen, Wünschen und Bedürfnissen. Solche Kommunikation baut zwischen bisherigen Konfliktparteien Resonanz und Vertrauen auf. In diesem Zuhören sucht man Kontakt zur Seele des anderen und spricht die vielleicht längst verlorene Unschuld im anderen an, auch wenn sein bisheriges Verhalten unbewusst und destruktiv war. Gewaltfreie Kommunikation ist schon vielfach erfolgreich eingesetzt worden, in Ruanda und im Kosovo, im Kongo und in Kolumbien.

Es ist noch nicht sehr lange her, dass ich in Burma mit einer Gruppe von Aktivisten und an Konfliktlösung Interessierten zusammengearbeitet habe. Diese wackeren Mönche und Nonnen, Studenten und Führungskräfte waren alle vom gleichen Geist beseelt. Wir überlegten gemeinsam, wie Aufgeschlossenheit und Wahrheitsbereitschaft wiederherzustellen seien und wie das uralte buddhistische Ideal des harmonischen Gemeinwesens und der erleuchteten Gesellschaft dazu dienen konnte. Auf den Straßen geschah ja etwas ganz anderes. Die Militärregierung schürte nach Kräften Ängste und Vorurteile gegenüber Muslimen. Es wurden Kampagnen gegen Muslime und Einwanderer geführt, dazu gehörten Massenkundgebungen, Flugblätter und Trolle in den sozialen Medien. Von Taxifahrern und Straßenhändlern hörte man immer wieder bitterböse rassistische Bemerkungen über »die« und wie gefährlich »die« doch seien. Ähnliches habe ich in den Straßen von St. Petersburg über Zigeuner gehört, über Araber in Jerusalem. In jedem asiatischen, lateinamerikanischen, afrikanischen und natürlich nordamerikanischen Land, das ich besucht habe, gab es solche Vorurteile. Es tut weh zu sehen, wie viel Leid Ignoranz und Engstirnigkeit verursachen.

Die Aktivisten in Burma jedenfalls verbreiten dagegen jetzt die Lehre der Herzensgüte und versuchen die Menschen für gegenseitigen Respekt zu begeistern, wo bisher

Hass geherrscht hat. Angst und Intoleranz begegnen sie mit Liebe. Mit der Wahl von Aung San Suu Kyi kam in diesem Land etwas in Bewegung und weckte die Hoffnung, dass die Hetze gegen Muslime geringer würde.

Im unvoreingenommenen Zuhören lernen wir die Betrachtungsweise anderer kennen. Wie Ihre Meinung auch sein mag, es gibt immer jemanden, der Ihnen darin nicht zustimmt. Ihre Bereitschaft, wirklich zuzuhören, muss nicht bedeuten, dass Ihre eigenen Erfahrungen, Gefühle, Bedürfnisse und Vorlieben nicht zählen. Vielmehr ermöglicht sie ein Mitgefühl, das Probleme sichtbar und die unterschiedlichen Perspektiven verständlich macht. Von den wirklich schwierigen politischen oder religiösen Konflikten bis hinunter zu den kleinen Dingen wie der Frage, wer dran ist, den Müll rauszubringen, können wir als Prinzipienreiter auftreten, die einfach wissen, was wie zu geschehen hat, oder wir lassen den Anfängergeist walten, den »Weiß-nicht-Geist«, der klar sieht, was die jeweilige Lage oder das aktuelle Streitthema für die einzelnen Beteiligten bedeutet.

Die Welt ist immer mehr als das, was wir überblicken können oder in Erinnerung haben. Gegen unsere Anschauungen und Meinungen ist nichts einzuwenden, aber wenn wir uns an sie klammern, bewegt sich nichts. »Der Philosoph ist untrennbar mit seinem Gegenspieler verbunden«, sagt Laotse. Und Ajahn Chah ergänzt: »Wer frei sein möchte, verlasse einfach das Schlachtfeld.« Verweilen wir also in dem liebenden Bewusstsein, das unser wahres Zuhause ist. Konzilianz wird uns im stetigen Wandel dieser geheimnisvollen Welt immer Nutzen bringen.

Wenn Sie das nächste Mal ein wenig Spielraum spüren, lassen Sie einmal alle Ihre Meinungen hinter sich, um die Welt mit dem Anfängergeist zu erleben. Wie fühlt sich Ihr Körper an, wenn Sie gelassen und präsent sind und sich dieser offenen Weite überlassen? Achten Sie darauf, wie dann

auch andere aus ihrer defensiven Haltung heraustreten. Seien Sie neugierig, liebevoll, kümmern Sie sich. So bekommen Sie einen neuen Blick für die Dinge.

ÜBUNG
Ist das so?

Gehen Sie einmal ganz wohlwollend und im guten Sinne neugierig diesen Fragen nach:
Gegen wen, Einzelne oder Gruppen, bin ich voreingenommen?
Worüber habe ich sehr feste Ansichten?
Was macht meine Voreingenommenheit mit der Welt?
Wählen Sie jetzt eine Person, Situation oder Weltanschauung, gegen die Sie voreingenommen sind.
Stellen Sie Ihre Sicht der Dinge infrage:
Ist das, was ich glaube, mit Sicherheit wahr?
Was, wenn meine selbstverständliche Annahme nicht zutrifft?
Kann man diese Sache auch anders sehen?
Was, wenn das Gegenteil wahr ist?
Wie kann ich sicher sein, dass es nicht so ist?
Welche Leiden verursacht diese starre Anschauung?

Und wie fühlt es sich an, wenn Sie Ihre Sicht der Dinge fallenlassen und noch einmal ganz neu hinschauen?

10
Authentisch sein

Es gibt eine Vitalität, eine Lebenskraft, eine Energie, die durch dich in Handlung umgesetzt wird. Und da es dich über alle Zeiten hinweg nur einmal gibt, ist dieser Ausdruck einzigartig. Wenn du ihn blockierst, wird er niemals durch ein anderes Medium existieren und verloren sein.

Martha Graham

Mit Menschen ohne Allüren, die sich nicht hinter einer Fassade verstecken, ist man liebend gern zusammen. Sie sind einfach sie selbst, ehrlich, geradlinig und offen. Diese Offenheit ist unser wahrer Reichtum. Da imitiert man niemanden, versucht niemandem ähnlich zu sein, man ist ganz und gar man selbst. Froh oder deprimiert, bang oder einsam, dankbar oder in Sorgen – wir geben alldem Raum, unseren Gaben, unseren Problemen, unseren Schönheitsfehlern. Diese unverfälschte Geradheit hat etwas Erfrischendes.

Der Geist der Kindheit

In einem Brief an das *Sun Magazine* schildert die Schriftstellerin Erika Trafton die folgende Szene mit ihrem kleinen Kind:

»Bin ich nicht groß-artig?«, fragt es und dehnt das letzte Wort wie einen Kaubonbon. »Ja«, sage ich, »das bist du.« Sein Kleid, pink und blaugrün, ist vermutlich hoch

entflammbar, ein typisches Chemieprodukt, das sich wie Tüll und Satin gibt. Mit seinen pink lackierten Wurstfingerchen streicht es über die Pailletten des Mieders. »Ich finde das einfach wahnsinnig gut!« Zwei große Flügel, bonbonrosa, wedeln ganz langsam. Kleine Füße trippeln in roten Lackschuhen. »Ich sehe doch aus wie eine echte Prinzessin.« – »Ja, das tust du«, sage ich. Kraushaar, fröhliches Gesicht, makellose Haut – dieses Kind, bildhübsch, ist mein viereinhalbjähriger Sohn. Er trägt am liebsten Kleider. Vielleicht ist das eine Phase, vielleicht auch nicht. Während ich darüber staune, wie ich solch einen Engel in die Welt setzen konnte, denke ich zugleich, dass er ruhig mal wieder Hosen tragen und mit seinem Spielzeugtraktor spielen könnte. Nicht, dass es für mich wichtig wäre, aber manchmal denke ich, dass er sich im Kindergarten einiges wird anhören müssen. Die Erwachsenen blicken ja schon etwas verstört auf seine Aufmachung. Fremde Leute, denen wir zufällig begegnen, ergehen sich in leicht peinlich berührten Entschuldigungen, wenn sie merken, dass er kein Mädchen ist. Diese Gesellschaft hat wenig Geduld mit kleinen Jungen, die einfach hinreißend aussehen möchten.

Er greift sich den kleinen Sonnenschirm, den eine Nachbarin ihm geschenkt hat, und öffnet ihn kess über der Schulter. »Bin ich nicht schön?« – »Immer«, sage ich, nehme ihn in den Arm und drücke ihm einen Schmatzer auf die Backe.

Das ist auch unsere Geschichte, wir alle sind sowohl Erika als auch ihr Sohn. Blicken Sie irgendeinem dreijährigen Kind in die Augen, und Sie werden da einen natürlichen Geist der Freiheit sehen, der tanzen, spielen, schreien und kreativ sein möchte. Wenn dieser Geist mit der Zeit in seine

Kultur hineinwächst und von ihr geprägt wird, können wir ihm immer weniger freien Lauf lassen, und dann sieht es manchmal so aus, als hätten wir ihn verloren oder aufgegeben. Aber so ist es nicht, er ist nur in eine Art Schlafzustand gefallen. Das Kind in Ihnen, das Kind dieses Geistes, wartet auch jetzt noch darauf, sich wieder frei äußern zu können.

Ein Cartoon zeigt den stillen weiten Meeresgrund mit zwei kleinen Fischen. Der eine sagt zum anderen: »Ich will alles haben, alles, das Fischglas, die Plastikburg, die blauen Kiesel, einfach alles.« Segelboote werden mit ganz unterschiedlichen Motiven gekauft. Manche Leute fühlen ihren Geist lebendig werden, wenn sie hart am Wind segeln, andere haben das Boot nur, weil das in ihrem Club so üblich ist. Unser ureigenes Leben – das ist etwas völlig anderes als ein an irgendwelchen Maßstäben orientiertes Dasein. Im Zen heißt es ganz einfach: »Spanne nicht eines anderen Bogen, reite nicht eines anderen Pferd.« Es gibt nur einen Menschen, dem Sie treu sein können, und der sind Sie.

Zu sich halten

Selbsterkenntnis wird uns in der modernen Welt nicht gerade leicht gemacht. Schon in jungen Jahren beginnt der Kontakt zu uns selbst abzureißen, schließlich wollen wir nicht bloß überleben, sondern dazugehören und geliebt werden. Wir sehen uns um und orientieren uns an den anderen, und so lernen wir, uns einzufügen und anzupassen. Unsere Eigenart wird in der Familie, in der Schule oder in unserem Umfeld nicht unbedingt so geschätzt, wie es wünschenswert wäre. Wir sollen uns vielmehr so verhalten, »wie es sich gehört«, und nicht unseren Neigungen gemäß leben.

Zwei benachbarte Familien gingen zusammen zum Abendessen aus. Als die Kellnerin kam, bestellte der sieben-

jährige Josh »einen Hotdog und ein Root Beer«. Seine Mutter blickte zur Kellnerin und sagte: »Er nimmt den Hackbraten mit Kartoffelpüree und grünen Bohnen und dazu eine Milch.« Die Kellnerin nahm alle weiteren Bestellungen auf und wandte sich am Schluss noch einmal an den Kleinen: »Magst du deinen Hotdog mit Ketchup oder mit Senf?« Nachdem sie gegangen war, krähte er fröhlich: »Die nimmt mich ernst.«

In dieser Gesellschaft wird unser unverwechselbarer Geist als eher störend empfunden. Im *Wall Street Journal* war zu lesen, dass 45 Millionen Zwei- bis Zwölfjährige in den Vereinigten Staaten Medikamente gegen Depression und ADHS, Ängste und sonstige psychische Störungen nehmen. Vor wilder Lebendigkeit sprühende Kinder, die große Mühe haben, stundenlang still dazusitzen, bekommen Medikamente, wenn sie eigentlich nur herumrennen müssten. Und es geht bei den Erwachsenen weiter. Medikamentensucht greift um sich, und dazu muss man ständig SMS und E-Mails schreiben, von hier nach da hetzen, konsumieren, damit nur ja kein Leerlauf entsteht, in dem man auf sich selbst zurückfallen würde.

Doch kaum erkennen wir uns in dieser ganzen Befangenheit, öffnet sich die Gartentür schon ein wenig. Freiheit beginnt damit, dass wir uns in aller Klarheit sehen, so, wie wir sind.

Ihre eigene Geschichte

Wann haben Sie am ehesten das Gefühl, Sie selbst sein zu können? Hundert Menschen werden da fast ebenso viele Antworten geben: wenn ich mit mir allein bin, auf Partys, auf Reisen, nach ein paar Gläschen, im Wald, in Gegenwart meiner Kinder, bei der Arbeit, wenn ich koche, beim Rad-

fahren, Segeln, wenn Fußball im Fernsehen kommt, mit meiner Freundin, im Urlaub. Und wo sind Sie am wenigsten Sie selbst? Im Büro, bei Veranstaltungen, bei den Schwiegereltern, vor Publikum. Wie fühlen sich diese Situationen an? Können Sie bei der Arbeit Sie selbst sein – kreativ oder stur, langsam oder schnell, kooperativ oder ganz auf Ihre eigene Regie bedacht? Wie sehr sind Sie bei allem, was aus Notwendigkeit oder zum Vergnügen geschieht, Sie selbst? Leben Sie Ihr eigenes Leben? Erzählen Sie beim Schreiben oder Sprechen Ihre eigene Geschichte, oder ist es ein Abklatsch von etwas anderem?

Je weiter Ihre Achtsamkeit zunimmt, desto besser lernen Sie sich kennen und desto mehr Klarheit werden Sie gewinnen. Sie erkennen Ihre Gewohnheiten, Ihre Ängste, Ihre Konditionierung. Gleichzeitig werden Ihnen Ihre tieferen Gefühle und Werte bewusst, Ihre Begabungen, Ihre Vision, der Sinn und Zweck Ihres Lebens. Sie sind in der Lage, sich selbst gelassener zu betrachten, eine tiefe Lebendigkeit erwacht.

Ein guter Freund, der sehr engagiert meditiert, CEO einer großen amerikanischen Firma, kam zu einem Retreat nach Spirit Rock. Die ersten Tage ging es ihm wie den meisten Meditierenden, die Aufmerksamkeit wanderte immer wieder ab und er wurde von allerlei Schmerzen geplagt. Er setzte unabgeschlossene Gespräche fort, ging zurückliegende Erlebnisse durch, befasste sich mit Plänen. Dann kam er allmählich äußerlich und innerlich zur Ruhe, seine Aufmerksamkeit wurde beständiger, und immer häufiger erlebte er beim Sitzen Frieden und Herzensgüte. Er war jeden Tag zum Gespräch bei mir und berichtete von seinen wechselnden Erlebnissen und Einsichten. Viel deutlicher standen ihm jetzt die »geerbten« Muster vor Augen, die zu lösenden Probleme, die Wünsche. Die Substanzlosigkeit dieses ganzen Hin und Her ging ihm auf – und die Weisheit des Loslassens.

Bei unserem letzten Gespräch war sein Blick klar und voller Dankbarkeit. Er sagte etwas sehr Ungewöhnliches und lächelte dazu: »Ich hätte auf bessere Kleidung bei diesem Retreat achten sollen.« Da wollte ich natürlich wissen, weshalb. Er erklärte: »Wenn man sich selbst das erste Mal begegnet, sollte man doch entsprechend aussehen!« Wir lachten beide laut auf.

Wenn Sie beschlossen haben, Sie selbst zu sein, werden Sie sehen, dass dieses Ich nicht ein für alle Mal feststeht. Mal sind Sie introvertiert, dann wieder extrovertiert, mal Anarchist, dann erzkonservativ. Sie können krank sein und wieder gesund, Sie können Soldat, Heiler, Vater, Mutter oder auch ein Dummkopf sein. Alles ändert sich immer wieder, Ihre Interessen und Vorlieben, Ihr Weltbild, Ihre Werte und Lebensumstände, sogar die Gesundheit. Was Sie früher einmal waren, sind Sie nicht mehr, Sie ändern sich kontinuierlich. Aber unter dieser veränderlichen Oberfläche ist ein Grund von Freiheit, von Vorhandensein, von Lebendigkeit im Jetzt. In dieser Freiheit können Sie Ihren tiefsten Sehnsüchten nachgehen und dem treu sein, was Sie im Innersten sind.

Scheuen Sie sich nicht, über das Gewohnte hinaus zu forschen, Neues auszuprobieren, Untaugliches abzulegen, loszulassen, zu experimentieren. Unser Menschsein ist kreativ, widersprüchlich und glanzvoll. Generationen haben Walt Whitmans Worte vernommen: »Widerspreche ich mir selbst? Nun gut, dann widerspreche ich mir selbst. Ich bin vielfältig und weiträumig.« Halten Sie einfach zu Ihrem unermesslichen Sein, zu dem, was Sie wirklich sind, und Sie werden erleben, dass der Mut folgt. Die Umstände ändern sich, und Ihr Auftreten ändert sich, nichts spricht dagegen, dass Sie sich selbst ebenfalls ändern. Bejahen Sie einfach alles, was Sie sind.

Beginnen Sie da, wo Sie sind

Sie sind mit einem bestimmten Temperament, mit einer unverwechselbaren Persönlichkeit und individuellen Anlagen auf die Welt gekommen. Sie lernen, wachsen und entwickeln sich, Sie kämpfen, leiden und triumphieren, Sie verzeihen, halten fest und lassen los. Manchmal ist das Leben leicht, Sie sind gesund und haben alles, was Sie brauchen. Es kann auch hart sein, falls Sie für ein behindertes Kind oder kranke Eltern zu sorgen haben oder arbeitslos sind und nicht wissen, wie Sie die Familie über die Runden bringen sollen. Doch auch wenn äußerlich alles läuft, kann man sich unbefriedigt fühlen oder deprimiert sein, weil man nicht weiß, wie man seine Gaben einsetzen und die tiefsten Intentionen verwirklichen soll.

Erinnern wir uns an Nelson Mandelas unbeugsamen Geist. Freiheit beginnt genau da, wo Sie sind. Leicht oder schwierig, akzeptieren Sie es, wie es ist. Manchmal lässt sich etwas ändern, manchmal nicht.

Andrea kam nach einem Schlaganfall ins Krankenhaus und schildert ihre Zeit dort so:

In diesen dunklen Nächten, in denen ich nur dalag und neu lernen musste, meine Körperteile zu bewegen, hatte ich in der Praxis der Achtsamkeit und Liebe eine große Hilfe, die mir erlaubte, auch Freude zu empfinden, eine Art Gnade überall. Manchmal wünschen wir uns ja wirklich andere Umstände, aber es ist dieser Augenblick, da ist unser Leben. Darin können wir frei sein.

Auch wenn Sie bewegungsunfähig sind, in einer Gefängniszelle sitzen oder »eine tödliche Diagnose in Ihr auf endlose Zufriedenheit getrimmtes Leben einbricht«, wie es der Autor und berühmte Fürsprecher einer Kultur des Sterbens

Stephen Jenkinson ausdrückte – selbst dann sind Sie innerlich frei. Letztlich sind Sie allein der Autor Ihrer Biografie.

»Die wahren Menschen der alten Zeit«, sagte der daoistische Weise Zhuangzi, »fürchteten sich nicht, mit ihren Ansichten ganz allein dazustehen. Sie nahmen das Leben, wie es kam, sie gingen ihrer Wege und hielten sich nicht an andere.« Sie sind frei, Ihr Leben zu leben, wie Sie es für richtig halten. Am Ende bleibt Ihnen nichts anderes.

Innen bewusst, außen in Ruhe

Gefühle zeigen uns den Weg. Im heutigen Amerika und anderswo sind wir allerdings eher gehalten, unsere Gefühle nicht zu zeigen. Das fällt mir besonders auf, wenn ich von Reisen in Länder nach Hause komme, in denen man eher extrovertiert ist – Italien, Mexiko oder Indien beispielsweise, wo man Zuneigung, Trauer, Ärger und Begeisterung einfach viel offener zeigt. Das ist manchmal wie eine Rückkehr in den Kühlschrank.

Diese Reserviertheit einer ganzen Gesellschaft erlebte ich im Kleinen in meinem eigenen Elternhaus. Beim Eintritt ins Studium wusste ich schon nicht mehr viel von meinem Ärger, meinem Kummer, meiner Angst und meinen Bedürfnissen. Und da ich so weitgehend abgeschaltet war, konnte ich Liebe und Freude auch nicht mehr richtig spüren. Verschließt sich das Herz gegenüber Angst und Schmerz, bleiben schöne Gefühle künftig leider ebenfalls außen vor. Ich begann aber damals auch zu meditieren und bekam dadurch wieder mehr von meinen Gefühlen mit.

Nach der buddhistischen Psychologie bewegt sich in uns ein ganzer Fluss der Gefühle. Achtsamkeit gibt uns die Möglichkeit, unsere Gefühle zu erkennen und anzuerkennen. In meiner Zeit als Mönch habe ich systematisch ge-

lernt, bei durchgehendem liebendem Bewusstsein meine Gefühle zu bemerken, wie sie sich zeigten, und sie gleichzeitig zu benennen. In meiner jetzigen Lehrtätigkeit verwende ich eine Liste von fünfhundert Gefühlsbezeichnungen, um die Leute mit diesem Fluss und seiner Vielfalt vertraut zu machen. Damit Sie eine Vorstellung davon bekommen, hier eine kleine Auswahl: aggressiv, ambivalent, amüsiert, apathisch, ärgerlich, bang, bejahend, beklommen, benebelt, beschwingt, besorgt, bewundernd, böse, ehrgeizig, gelangweilt, gequält, launisch, meschugge, misstrauisch, quietschfidel, rechtfertigend, schwungvoll, staunend, streitsüchtig, tapfer, trübsinnig, übereifrig, ulkig, untröstlich, verliebt, verzaubert, weggetreten, wehmütig, widerborstig, widerwillig, wild, zappelig, zugetan.

Der nächste Schritt nach dem Erkennen unserer Gefühle besteht darin, dass wir sie wirklich fühlen und schließlich angemessen zum Ausdruck bringen.

Vielen Menschen fällt es schwer, ihren Kummer oder Ärger, ihre Angst oder Scham zu fühlen. Für andere sind Fröhlichkeit und Freude die große Hürde. Um unsere wahren Gefühle wirklich zu empfinden, müssen wir uns erst einmal angewöhnen, alle auftauchenden Regungen bewusst zur Kenntnis zu nehmen. Manchen Schülern trage ich auf, einmal für einen Tag oder eine ganze Woche alle Gefühle zu notieren, die ihnen bewusst werden. Wenn Sie bisher mehr oder weniger weitgehend von Ihren Gefühlen abgeschnitten waren, kann das schwierig sein. Es ist ratsam, sich dabei helfen zu lassen, und so setze ich mich mit manchen Schülern gemeinsam hin und lasse sie aussprechen, was sich jeweils gerade zeigt. Wenn er oder sie dann sagt: »Ich fühle nichts«, notiere ich: »nichts«, frage aber nach, wie sich dieses Nichts genau anfühlt. Oft kommt dann nach und nach doch etwas wie »still«, »leer«, »taub«, »kribbelnd«, »langweilig«, »dumpf« oder »offen«. Das können sehr subtile Empfindungen sein,

und jetzt hat mein Gegenüber angefangen, sie zu erkennen. Anschließend lasse ich den Betreffenden an einen geliebten Menschen denken und wieder die Gefühle aussprechen, die dann hochkommen. Danach das Gleiche mit einer schwierigen oder als Feind empfundenen Person. Da höre ich dann vielleicht »besorgt«, »wütend«, »verletzt«, »traurig« oder »enttäuscht«. So fängt es an, wenn wir schließlich unsere Gefühle wahrzunehmen, zu unterscheiden und auszuhalten lernen.

Wieder der nächste Schritt besteht darin, die Gefühle mit liebender Bewusstheit zu umgeben und im Körper zu erleben. Ist da etwas Instabiles oder Steifes? Ist es pulsierend oder still, warm oder eher kühl? Wie wirkt es sich auf das Herz aus und wie geistig oder auf den Atem? Ziehen Sie sich zusammen, oder öffnen Sie sich, bringt es Unruhe oder Ruhe? Ist es eine angenehme oder unangenehme Erfahrung? In welcher Weise? Laufen noch andere Gefühle mit? So machen Sie sich Ihr Gefühlsleben nach und nach bewusst.

Gefühlen stattgeben

Jennica hatte schon etliche Jahre meditiert, als sie dahinterkam, dass ihr Mann bereits seit Langem fremdging und einen Großteil ihres gemeinsamen Geldes beiseitegeschafft hatte. Als er die Ehe dann abrupt beendete, geschah dies mit vielen verletzenden Äußerungen seinerseits. Ich fragte Jennica: »Haben Sie denn je an Rache gedacht?« Die Antwort war ein nervöses Lachen. Natürlich hatte sie, aber ein spiritueller Mensch kann ja schlecht solche Gefühle hegen. Ich schlug ihr ein paar Vergeltungsmaßnahmen vor, und wir bekamen eine Menge zu lachen. Sie war erleichtert. Es ging ja nicht darum, tatsächlich Vergeltung zu üben – sie wollte

lediglich die ganze Wucht ihrer Gefühle zur Kenntnis nehmen.

Nachdem ich als Mönch in Asien gelernt hatte, meine Gefühle wirklich wahrzunehmen, nahm ich das Psychologiestudium auf, und das erwies sich als der nächste Schritt meiner Ausbildung auf dem Gebiet des Fühlens. Ich lernte im College eine Frau kennen und ließ mich auf eine wild bewegte Beziehung ein, die binnen kürzester Zeit alle meine alten Familienmuster erneut auslöste – Verunsicherung, Wut, Verlangen und Abhängigkeit. Durch meine Achtsamkeitspraxis wusste ich, was da in mir vorging, aber ich blieb unfähig, starke Gefühle zu zeigen. Infolge der Wutausbrüche und Leiden in meinem Elternhaus hatte ich gelernt, diese Emotionen unter Verschluss zu halten, um nur ja nicht die Kontrolle zu verlieren. Jetzt, bei meinem Studium der Psychologie in Ost und West, stand eine Psychotherapie bei Myron Sharif an, einem Vertreter der körperorientierten Psychotherapie, der selbst noch bei Wilhelm Reich studiert und mit ihm zusammengearbeitet hatte.

Myron legte es darauf an, mich zum Ausdruck meiner Gefühle zu bewegen. Wahrnehmen, was in mir vorging, dabei aber äußerlich ruhig bleiben, darin war ich inzwischen richtig gut. Myron nannte es die »Mönchsverteidigung«. Nach einer eher frustrierenden Zeit, in der nicht viel passierte, fragte er mich, welche Tageszeit meine schlechteste sei. Der frühe Morgen, sagte ich, da sei ich als Langschläfer zu nichts zu gebrauchen. Myron lachte und bestellte mich zur nächsten Sitzung um sechs Uhr früh ein; da seien meine Abwehrmechanismen noch nicht angesprungen. Ich erschien also um sechs und musste mich gleich hinlegen und sehr intensive Atemübungen machen, die mein Energieniveau anheben sollten. Dann ließ er mich aus meiner Vergangenheit erzählen. Manchmal legte er dazu Opernarien auf, und während ich da in meinem energetisch

aufgeladenen Zustand lag und zuhörte, hantierte er schubsend an meinem Körper, um die Freisetzung von Energien und Emotionen zu unterstützen. Das geschah so nachdrücklich, dass ich einmal zwei angeknackste Rippen davontrug.

Jedenfalls tat es seine Wirkung. Nach und nach war ich immer besser in der Lage, zu wüten und zu weinen, vor Angst oder Begeisterung zu zittern. Meine Gefühle wurden mir noch präsenter, ich hatte auch weniger Angst, sie zu zeigen, und fühlte mich freier, meine Reaktion zu *wählen*. Ärger, Aversion und Verlangen waren jetzt keine bedrohlichen Kräfte mehr, die ich unter Verschluss halten musste. Sie wurden vielmehr die Energie meiner Lebendigkeit, die gespürt sein wollte, der ich nachzugeben hatte und die ich nutzbringend einsetzen konnte.

In den vierzig Jahren seit dieser Zeit bin ich starken Gefühlsregungen gegenüber immer gleichmütiger geworden, ich lasse sie zu, und wenn es die Umstände verlangen, bringe ich sie zum Ausdruck. Trauer und Tränen, Ärger, Stärke, Freude und Kummer nehmen heute leichter und natürlicher ihren Weg durch mich hindurch, und jetzt helfe ich auch anderen, ihre Gefühle zuzulassen, sie zu leben und ruhig auch über sie zu lachen.

Vielleicht haben auch Sie gelernt, Ihre Gefühle aus dem Verkehr zu ziehen und zu verschweigen, um nicht von ihnen mitgerissen zu werden. Die Achtsamkeitspraxis wird Ihnen erlauben, nach und nach immer mehr von diesen Gefühlen zuzulassen. Sie nehmen jedes Gefühl bewusst wahr, benennen es, fühlen es – die Hitzigkeit des Ärgers ebenso wie die Tränen der Scham, den Kummer des gebrochenen Herzens, die Köstlichkeit der Lust und den Jubel der Freude –, und dann stellt sich heraus, dass jedes Gefühl eine Geschichte erzählt und unter jeder Geschichte weitere Gefühle warten. Sie werden den Mut finden, zu Ihren Gefühlen zu stehen,

sie anzuerkennen, ihnen stattzugeben, denn so bereichern sie Ihr Leben und geben Ihnen mehr Freiheit.

Schließlich müssen Gefühle auch nach außen hin bekundet werden, aber nicht in dem Sinne, dass Sie Ihre Wut, Ihre Kränkung oder Ihre Angst bei anderen abladen. Sie machen vielmehr deutlich: »So fühle ich. Dies wünsche ich mir ganz besonders. Und das ist mir wichtig.« Für ein echtes Miteinander müssen Sie Ihre Gefühle und Ihre Intentionen in jede Beziehung einbringen. Das kann viel Mut verlangen. Wenn es Ihnen in der Kindheit wie mir ging und Sie Ihre Gefühle unterdrücken mussten, kann es sehr beängstigend sein, seine Tränen, seinen Zorn, seine Enttäuschung und seine Bedürfnisse zu zeigen. Sofort schreitet der innere Kritiker oder Richter ein, und die Angst, beschimpft, beschämt, ausgeschlossen oder geschlagen zu werden, kann überwältigend sein. Das kann Ihnen auch dann passieren, wenn Ihr Umfeld in der Kindheit dadurch geprägt war, dass man ständig alles raushängen ließ: Wut, Frust, Trauer, Wünsche, Forderungen, Aggression. In dem Fall könnte die Sorge eher darin bestehen, dass etwas Destruktives mit Ihnen durchgeht und andere damit überfordert sind. Mit Achtsamkeit können Sie lernen, Ihre Gefühle zunehmend einfach zu äußern. Das kann sich erst einmal ein bisschen peinlich oder unheimlich anfühlen, wird aber schließlich seine befreiende Wirkung entfalten.

Wünsche

Eine der Regungen, mit denen wir uns besonders schwertun, ist unser Verlangen. Manche glauben sogar, ein spirituelles Leben müsse frei davon sein. Aber die Menschenwelt ist eine Welt des Verlangens und Begehrens. Von Wünschen frei sein zu wollen, das ist nach den Worten der Lyrikerin

Alison Luterman so, als würde man die Schokokekse verstecken, weil man gerade auf Diät ist. Der Sinn dieser Maßnahme ist nicht recht einzusehen, schließlich sind Sie auf der ganzen Welt der Einzige, der weiß, wo sie versteckt sind – und dass es überhaupt ein solches Versteck gibt. Wünsche gehören einfach zu uns. Freiheit und Liebe setzen voraus, dass Sie Ihr Verlangen verstehen und außerdem erkennen, dass es Ihnen freisteht, einem Wunsch nachzugeben oder nicht. Es gibt gesunde Wünsche, die ganz aus Ihrer Tiefe aufsteigen und der Liebe zum Leben entspringen. Ungesunde Wünsche dagegen haben Süchte, Habgier, Angst oder Minderwertigkeitsgefühle als Hintergrund oder sind einfach Nachahmung. Fragen Sie sich nach Ihren Wünschen und gehen Sie ihnen nach, sofern dadurch kein Schaden entstehen kann.

Nehmen Sie irgendetwas, was Sie sich gerade wünschen. Es kann etwas ganz Vordergründiges sein wie ein neues Smartphone oder neue Schuhe. Oder vielleicht wünschen Sie sich die Zustimmung einer Freundin, eine Gehaltserhöhung, ein paar Pfunde weniger auf der Waage. Wo und wie empfinden Sie diesen Wunsch im Körper, wenn Sie sich darauf einlassen? Ist er warm oder kühl, verklemmt oder wohlig, dicht oder »wattig«? Fühlen Sie ihn im Bauch, im Kopf, im Herzen? Ist er immer gleich? Was erzählt er von Erfüllung und Befriedigung oder über Sie, über die Zukunft? Welche weiteren Gefühle sind mit ihm verbunden, vielleicht Bedürftigkeit, Sehnsucht, Verurteilung, Beunruhigung, Angst, Frustration? Wie geht es Ihnen, wenn Sie eher unbewusst und reflexartig mit einem Wunsch umgehen, und wie, wenn Sie ihn gelassen betrachten und mit liebender Bewusstheit umfangen? Ändert er sich, wird er stärker, schwächer, verschwindet er, oder wird er unkenntlich? Fragen Sie sich, ob es ein gesunder oder eher schädlicher Wunsch ist. Im liebenden Bewusstsein können Sie aus

Ihren Wünschen gleichsam heraustreten und gewinnen so die Freiheit der Wahl, weil Sie sich nicht mehr mit ihnen identifizieren.

Sehen Sie sich um. Wünsche und Begierden halten die Welt in Gang, in der Wirtschaft und Landwirtschaft, in der Politik, in der Liebe. Dann diese moderne Konsumkultur, die mit ihrer Werbung das Feld der Wünsche beackert. Da werden unsere Wünsche wahrlich gekonnt aufgegriffen, dieses ganze unklare Verlangen, das Gefühl, dass etwas fehlt und wir irgendwie unvollständig sind. Wenn wir genau hinschauen, wird klar, dass Wünsche flüchtig und ohne eigentlichen Kern sind, aber wenn das Verlangen uns beim Wickel hat, ist das wie eine Art Rausch, in dem wir nicht mehr klar sehen.

Verwechseln wir Begehrlichkeit nicht mit Lust. Lust ist ein natürlicher und schöner Teil menschlichen Lebens. Das Problem mit der Begehrlichkeit liegt im Klammern, als entstünde ein glückliches Leben dadurch, dass wir uns eine Sache nach der anderen greifen. Die Wünsche gehen uns nie aus, weshalb das Begehren allein nicht weit genug reicht. Auf die kluge Wahl kommt es an, ansonsten gilt das, was George Bernard Shaw schrieb: »Zwei Tragödien gibt es im Leben: Die eine ist, nicht zu bekommen, was das Herz wünscht, die andre, es zu bekommen.«

Mein indischer Guru Nisargadatta sagte: »Euer Problem liegt nicht darin, dass ihr begehrt, sondern darin, dass ihr nicht genug begehrt. Ihr beschränkt euch auf bestimmte Wünsche, Bedürfnisse, Hoffnungen, Ideen. Warum nicht auf alles aus sein? Findet heraus, dass ihr alles und nichts seid, dann sind eure Wünsche erfüllt.«

Die Freiheit, ein Mensch zu sein

Viel ist allenthalben von äußerer Freiheit die Rede – Redefreiheit, Religionsfreiheit, Freiheit von Unterdrückung, wirtschaftliche Freiheit, die Freiheit von Mädchen und Frauen, sich zu bilden, kreativ zu sein und selbstbestimmt zu leben. Das sind hart erkämpfte, kostbare und entscheidend wichtige Freiheiten, die immer wieder mutig verteidigt und erweitert sein wollen. Äußere Freiheit ist ein hohes Gut, und wer für sie eintritt, handelt im höchsten Sinne menschlich.

Weitaus weniger Beachtung findet die Freiheit, im tiefsten Sinne lebendig und uns selbst so nah und vertraut zu sein, dass wir unseren Geist, unser Herz und unser ureigenes Lied wirklich kennen. Aber Menschen, die so leben oder gelebt haben, begeistern uns, denken wir beispielsweise an Georgia O'Keeffe, die New York verließ, um in der Wildnis New Mexicos zu malen, an Paul Gauguin, der Paris verließ und in der Südsee Kunstwerke schuf, an Albert Einstein mit seinen visionären Gleichungen, an Steve Jobs, Albert Schweitzer, Amelia Earhart und Eva Perón.

Rumi rät uns zu großen und töricht erscheinenden Vorhaben wie dem eines Noah. Wenn Sie Ihr Leben jetzt völlig neu aufbauen könnten, was würden Sie tun? Wie würden Sie ganz sich selbst entsprechend leben, selbstsicher im besten Sinne des Wortes? Würden Sie nicht in unerschütterlicher Treue zu sich selbst aus der Tiefe Ihrer selbst leben, von innen nach außen? Würden Sie sich nicht total auf das Leben einlassen und so kauzig, glanzvoll, exzentrisch, aufrichtig, zärtlich, mutig und kreativ sein, wie Sie von Natur aus sind?

Was spricht dagegen? Warum nicht einfach losziehen, tanzen und pflanzen, ein Gedicht schreiben, den Job wechseln, still dasitzen, reden, Geld verdienen, Kinder in die

Welt setzen, einen Garten anlegen, eine Bewegung ins Leben rufen, ins Paradies umziehen, nach Hause zurückziehen? Sie sind freier, als Sie denken!

ÜBUNG
Sich treu sein

Nehmen Sie sich etwas Zeit, um nur dazusitzen, ruhig zu werden und in sich hineinzuhorchen. Stellen Sie sich diese Fragen: Wie fühlt es sich an, wenn ich mir ganz treu bin? Welche Zeiten oder Umstände sind dafür förderlich? Wie kann ich das ausweiten?
Lassen Sie jede Antwort zu. Vielleicht liegt es in Ihrer Natur, auf andere einzugehen und mit ihnen zusammenzuarbeiten. Oder Sie sind eher ein Einzelgänger.
Danach fragen Sie weiter: Wann bin ich mir am wenigsten treu? Zu welchen Zeiten und unter welchen Umständen am ehesten? Wie fühlt sich das an? Falls ich mir treu bliebe, was könnten dann die Folgen sein?
Wenn Sie nicht für andere, sondern einfach aus Selbstachtung so handeln, was könnte dann passieren? Halten Sie sich für alle Antworten offen.
Können Sie sich als jemanden sehen, der zu sich steht und das liebevoll zum Ausdruck bringt? Wie würde sich Ihr Leben dann ändern?

11
Die Freiheit, zu träumen

Alle Menschen sind auch Traumwesen.
Das Träumen vereint uns zur Menschheit.
Jack Kerouac

Das Schöpferische ist zutiefst befriedigend für uns. Alles, was Sie ringsum sehen, jede Brücke und jedes Gebäude, jeder Garten, jedes Hemd, der Tisch vor Ihnen und die Gabel in Ihrer Hand, Ihre Pasta und das Salatdressing sowie sein Rezept – all das ging von einem kreativen Gedanken aus, den jemand irgendwann hatte. Wir leben in einem Meer von sichtbar gewordener Kreativität. Lassen Sie einmal diese gewaltige Kraft auf sich wirken. Auch die Natur ist unermessliche Kreativität, all die Wolken und Wellen, die unglaubliche Vielfalt der Pflanzen, Abermillionen Insektenarten, neu entstehende oder wachsende Berge rings um den Globus und jeden Tag einmalige Sonnenuntergänge. Wir sind in dieses Walten der Natur eingebunden und erschaffen Tag für Tag, Jahrhundert für Jahrhundert Neues. Stellen Sie sich die Menschen vor, die erstmals aus Fasern Fäden spannen und die Fäden zu Tuch webten; oder andere, die auf die Idee kamen, Fensterglas zu gießen, das erste Fuhrwerk zu bauen, aus Kakaobohnen ein Getränk zuzubereiten. Und dann die vielen, die seit Jahrtausenden mit Schönheitsmitteln und Tätowierungen experimentieren. Das ist unsere Abstammungslinie.

Schöpferische Freiheit

Wer das Leben als eine Chance sieht, seine Kreativität zu leben, ist frei, sich ganz und mit Freude einzubringen. Was Sie an Leid und Kämpfen erfahren, kann alles auf der »Palette« Ihrer Kreativität sein. Aus dem »Abrieb« Ihres Lebens kann Kunst werden – als Gedicht oder Gemälde, vielleicht als ein von Ihnen gepflegter heimlicher Garten oder durch Ihre ganz eigene Art, sich durchzuschlagen. Wie die Umstände auch sein mögen, lassen Sie Ihre Kreativität von ihnen wachrufen. Geben Sie der Welt in jeder Lebenslage eine beherzte Antwort.

Der Autor Jim Cathcart berichtet, nach der Tragödie vom 11. September habe ein Professor einer Kunstakademie in Manhattan von der tiefen Entmutigung seiner Kollegen erzählt. Viele meinten, angesichts einer solchen Verwüstung sei Kunst doch irgendwie gegenstandslos, wenn nicht unsinnig. Sein Kommentar:

Ich wusste darauf so wenig zu antworten, als hätten sie Schönheit oder das Atmen für gegenstandslos erklärt. Was hätte ich sagen können? Vielleicht, dass man im Jahr 1945, als Arbeiter die Konzentrationslager des Nationalsozialismus aufzuräumen begannen, zu kompakten Päckchen gefaltete und hinter die elektrische Installation geklemmte Blätter mit Gedichten fand; dass jemand, dem Verhör und Tod bevorstanden, Gedichte auf Toilettenpapier versteckte, damit ihm sein Geist nicht genommen werden konnte.

Die Umstände mögen sein, wie sie wollen, es steht Ihnen immer frei, Ihr Gedicht niederzuschreiben, Ihren Tanz zu tanzen, Ihrem Herzen den Ausdruck zu geben, den es möchte.

Gegen alle Vernunft

Ich habe schöpferische Freiheit bei Männern erlebt, die am Prison Dharma Program in San Quentin teilnahmen. Jarvis Masters lebte in der Todeszelle und hat sich die buddhistische Praxis des Nichtschadens zu eigen gemacht. Er erzählte, wie er einmal im Winter beim Ausgang auf dem Hof war, als eine Möwe in einer großen Wasserlache landete. Einer der Insassen, ein großgewachsener junger Kerl, hob einen Stein auf und wollte ihn nach der Möwe werfen. Jarvis riss instinktiv den Arm hoch, um das zu verhindern. »He, was fällt dir ein?«, rief der junge Mann aufgebracht. Es wurde sehr still. Alle, auch die Wärter, warteten gespannt ab, was passieren würde. Man mischt sich nicht in die Angelegenheiten anderer ein, das kann böse ausgehen.

»Sie hat *meine* Flügel!«, brach es aus Jarvis heraus. Der junge Mann sah ihn zuerst ratlos an und ließ dann langsam den Stein sinken, sein Gesicht entspannte sich. Alle atmeten auf. Niemand verstand, aber sie waren alle erleichtert. Jarvis erzählte, die nächsten Tage seien immer wieder Leute aus verschiedenen Zellentrakten bei ihm aufgetaucht und hätten wissen wollen, was er mit diesem seltsamen Satz gemeint habe. Die Wirkung war anscheinend ungefähr die eines Zen-Koans. Jarvis antwortete jedenfalls immer nur mit einem Lächeln. Irgendwo wussten die Leute wohl doch alle, was gemeint war. Darin liegt die Freiheit, auch hinter Klingendraht und zwischen Wachttürmen. Der Geist fliegt frei wie eine Möwe über der San Francisco Bay.

Vielleicht ist das ein guter Ansatz für haarige Situationen: irgendetwas leicht schräg Wirkendes sagen. Auch wenn Sie einen ganz durchschnittlichen Alltag haben, Ihr Geist ist frei. Äußerlich gibt es sicher gesellschaftliche Grenzen und Zeitvorgaben, die Menschen in Ihrer Umgebung, Ihr alternder Körper oder die Notwendigkeiten des finanziellen

Überlebens müssen berücksichtigt werden. Und der Tod erwartet uns sowieso. Aber wie Nelson Mandela und Jarvis besitzen Sie unter allen Umständen die Freiheit, kreativ zu reagieren.

Es sind Ihre Träume

Der Kunstprofessor Howard Ikemoto erinnert sich: »Mit sieben hat mich meine Tochter einmal gefragt, was ich eigentlich arbeite. Ich sagte ihr, dass ich den Leuten beibringe zu zeichnen. Sie sah mich erstaunt an und fragte schließlich: ›Du meinst, sie vergessen das?‹«

Vielleicht haben Sie auf der Grundschule erlebt, dass die Kunstlehrerin Ihre eben meisterhaft vollendete Giraffe nicht als solche erkannte oder dass sie monierte, der Himmel sei doch nun wirklich nicht gelb oder rosa. Oder der Chorleiter legte Ihnen nahe, die Worte nur mit dem Mund zu formen, weil Sie einfach keinen Ton richtig trafen. Es kann sein, dass Sie schon vor Jahrzehnten aufgehört haben zu singen, zu malen, zu tanzen oder Ihren Flug zum Mars zu planen. Sie haben resigniert, weil es hieß, Ihre Kreativität sei nicht so, wie Kreativität zu sein habe.

Lassen Sie sich nicht von anderen oder von Ihrer eigenen Entmutigung irreführen. Legen Sie die alten Denkgewohnheiten ab, um sich an das zu halten, was Ihr eigenes Leben hergibt. Die erste Voraussetzung der Kreativität ist Ihre Vorstellungskraft. Ein Besucher einer französischen Dombauhütte fragte etliche der dort beschäftigten Steinmetze nach ihrer Arbeit. Der erste sagte, er behaue und planiere einen Steinblock. Der zweite, schon etwas ausführlicher, sagte, er verdiene mit dem Steinmetzhandwerk seinen Lebensunterhalt. Der dritte tat strahlend kund, er sei am Bau einer Kathedrale beteiligt.

Den kreativen Geist schränken feste Arbeitszeiten und Aufgabenbereiche nicht ein. Man muss ihm nur die innere Tür öffnen. Seit unvordenklichen Zeiten singen wir Lieder, wir erschaffen Bildwerke, tanzen, trommeln, bauen, entwerfen, kochen, schmücken, beten und spielen. Dass Kojoten heulen, der Wind weht, Ahornblätter sich im Herbst gelb, orange und rot färben, Kinder springen, tanzen und lachen, ist ihre Natur. Kreativität liegt in unseren Genen.

Jeder ist ein Künstler. Manchmal bricht es sich Bahn, zu anderen Zeiten schlummert es in der Tiefe. Zusammen mit dem Mythenkenner Michael Meade und dem Dichter Luis Rodriguez habe ich jungen Kriegsheimkehrern aus Afghanistan und dem Irak im Rahmen von Retreats zu vermitteln versucht, wie sie ihre Leiden und ihr Überleben künstlerisch verarbeiten können. Rituale, das Aussprechen der Wahrheit und revolutionäre Poesie mobilisierten die Stimme der Kreativität in diesen Männern. Viele hatten noch nie ein Gedicht oder eine Geschichte geschrieben, einige hatten nicht einmal etwas gelesen, was länger als ein paar Sätze war. Aber durch Luis Rodriguez' tief bewegende Gedichte und den von der Gruppe ausgehenden Anstoß, sich zu äußern, kamen sie alle darauf, dass sie mitreißende Geschichten zu erzählen hatten. Jeder hatte diese Stimme in sich, die gehört werden wollte, einen lauten oder halb erstickten Aufschrei, aus dem eine fesselnde Geschichte oder ein Gedicht wurde.

Kreativität ist kein Beiwerk, etwas eigentlich Belangloses oder ein Luxus. Kreativität ist Ihr Innerstes, wenn es in Bewegung kommt, sie ist Ihre Stimme, wenn sie diesem seltsamen und so hautnahen Abenteuer Raum gibt, sie ist das, was Sie auf unserem rätselhaften Weg der Evolution für alle sichtbar hinterlassen. Sie ist das, womit wir unsere Seele wieder in Besitz nehmen.

Das Leben als Leinwand

Sie sehen sich vielleicht nicht als Künstler oder überhaupt als kreativ. Das sind Sie aber, und Ihre Leinwand ist das Leben. Es mag wild sein oder sich eher auf kleinem Raum abspielen, es ist auf jeden Fall Ihre Schöpfung, im Krankenhaus ebenso wie bei einer Wüstentour, in familiärer Geborgenheit genauso wie in der sechsten Generation zerrütteter Familienverhältnisse.

Wenn Sie einmal erfasst haben, dass Ihr Leben die Leinwand ist, auf der Sie malen, entfallen die Ihren Träumen gezogenen Grenzen, sie können größer oder intimer werden, verspielter, zärtliche, zugewandter, intensiver, auf jeden Fall echt. Fragen Sie sich also, was für ein Leben Ihnen vorschwebt, was Ihre Fantasie beschneidet, was eigentlich Ihr Stil ist und welche Kunst Sie hervorbringen möchten.

Am Verlauf Ihres Lebens können Sie einiges über die Geschichte Ihrer Familie und über gesellschaftliche Erwartungen ablesen. So wichtig es ist, diese Dinge klar zu sehen, sie sind nichts Endgültiges, sondern gleichsam der Spannrahmen für die Leinwand. Sehen Sie sich die Rahmenbedingungen Ihres Lebens genau an, aber dann treten Sie zurück und lassen den Horizont weit werden. Sehen Sie Ihre Existenz nicht als etwas Aufgezwungenes, sondern mit den Augen eines Drehbuchautors und Regisseurs. Träumen Sie die weitere Entwicklung des Plots. Die äußeren Umstände – das, was wir »Schicksal« nennen – können dem Traum Impulse geben, denken wir an Gandhi und die Ideen, die er aus der Erfahrung des Rassismus entwickelte, an all das, wozu die Gräuel des Krimkriegs Florence Nightingale bewegten, an Monet, wie er in seinem traumhaft schönen Garten malte, oder an die Vision, die ein Steve Jobs aus der Kalligrafie und aus seinen Indienreisen schöpfte. Lassen Sie sich von den Umständen zu Träumen verführen.

Jedes Leben ist eine visionäre Reise und liefert das Material für unsere Kreativität. Vielleicht ist Ihre Ausgangsposition die eines Ladeninhabers, eines Bauunternehmers, einer Yogalehrerin, eines Steuerberaters, einer alleinerziehenden Mutter, eines Lehrers für Computerwissenschaft, einer Hochzeitsplanerin. Fragen Sie sich nach dem schönsten Verlauf, den Ihr Leben von hier aus nehmen könnte. Weiter so, nur tiefer und schöner? Oder hätten Sie lieber ein anderes Zuhause und einen anderen Beruf? Eine weitere Ausbildung? Reisen? Ein stilleres, mehr nach innen orientiertes Leben oder im Gegenteil eins, das Ihnen mehr Umgang mit anderen ermöglicht? Künstlerische Arbeit oder neue Liebe? Oder würden Sie eher ins Unbekannte aufbrechen, wo es keine ausgetretenen Pfade gibt?

Beim inneren Abtasten dieser Möglichkeiten werden sich Zweifel und Vorbehalte melden. Habe ich die Zeit, die Kraft, die Freiheit, das Geld dafür? Schließlich haben Sie Verpflichtungen – Familie, Arbeit, Gemeinwesen, Freunde. Wie soll das gehen? Das würde nur Unruhe bringen, allzu viele Menschen enttäuschen und das ganze Gefüge Ihres Lebens gefährden.

Solche Stimmen können Sie zurückhalten, fühlen Sie ihre Macht. Nehmen Sie solche Stimmen bewusst zur Kenntnis, nicken Sie ihnen zu, doch dann machen Sie sich klar, dass es sich lediglich um Gedanken handelt, und fragen Sie sich: »Was würde ich tun, wenn ich tun könnte, was ich möchte? Wie würde das mein Leben verändern? Was wäre der erste Schritt der Erschaffung meines neuen Lebens?«

Fänden Sie es nicht schade, wenn Sie nicht wenigstens den Versuch gemacht hätten?

Kreativität und Interesse

Kunst verlangt Disziplin und die Fähigkeit, loszulassen. Der Jazzsaxofonist Charlie Parker wusste, was das bedeutet: »Du musst dein Instrument beherrschen. Dann übst und übst und übst du. Und wenn du dann schließlich aufs Podium kletterst, vergisst du das alles und lässt es einfach laufen.«

Wer eine tolle App entwickeln, einen Song oder ein neues Programm schreiben, sich für soziale Gerechtigkeit einsetzen, einen Garten anlegen oder ein Unternehmen aufbauen möchte, braucht Disziplin. Man erträgt Wiederholungen und bleibt einfach dran. Um die Kanäle der Kreativität breiter zu machen, muss man die Schleusen öffnen und vertrauen – und bereit sein, zu scheitern, hinzufallen, wieder aufzustehen, zu arbeiten, zu spielen, zu üben, zu wiederholen und zu lernen. Der stoische Philosoph Epiktet sagte: »Willst du ein Schreiber werden, so schreibe.« Der Bühnenautor Paddy Chayefsky führte das noch weiter aus: »Künstler reden nicht über Kunst. Künstler sprechen von Arbeit. Jungen Autoren kann ich nur sagen: Hört auf, die Schriftstellerei als Kunst zu sehen. Seht sie als Arbeit. Kunst ist etwas für Akademiker, für Kunstkritiker, für das Publikum, aber nichts für Künstler.«

Seien Sie stilvoll in allem, was Sie tun. Ich habe Einwanderer erlebt, die mit dem strahlenden Lächeln von Heiligen Toiletten putzten oder Kranke pflegten. Ich kenne Basketball-Coaches, die Kinder mit ebenso liebevoller wie strenger Disziplin trainieren und dabei ein so großes Herz haben, dass sie das Beste in allen zutage fördern.

Möge also die Leinwand Ihres Lebens Stil haben. Ob Sie tätowiert oder distinguiert sind, für eine gemeinnützige Einrichtung oder einen Weltkonzern arbeiten, mit anderen oder allein, in sich gekehrt oder ganz nach außen orien-

tiert – auf jeden Fall sollten Sie mit Ihrem Stil spielen und experimentieren, träumen Sie und freuen Sie sich daran. Träumen Sie große Träume von Internet-Start-ups oder kleine, die von exquisiter Schönheit sind wie eine persische Miniatur. Ihre Träume können zart sein wie Narzissenblüten oder standhaft wie ein gewaltiger Baum. Die Leinwand sind Sie.

Besonders gewinnende Menschen zeichnen sich durch ein waches Interesse am Leben aus. Kreativität erwächst aus Interesse, und Interesse richtet sich immer auf etwas Bestimmtes. Für den Astronomen ist es die Gestalt dieser Galaxie, für den Koch der alte Cheddar, der eben gepresste Knoblauch und die frischen Minzeblätter, und das Interesse des Dichters gilt einer einseitig hochgezogenen Braue oder dem vielstimmigen Krähenpalaver über einem verwahrlosten Fußballplatz. Aufmerksame, achtsame Präsenz und Interesse lassen Ihre Freiheit und Kreativität zunehmen.

Die Ströme des Lebens

Wählen Sie ein Gebiet, auf dem Sie kreativ sein möchten, beobachten Sie die Meister auf diesem Terrain. Arbeiten Sie an Ihrem Handwerk, Ihrer Kunst, Ihrem Tanz, Ihrem Können, bis Sie sich bereit fühlen für einen größeren, geheimnisvollen Strom des Schöpferischen. Kreativität braucht das bewusste Loslassen, damit etwas Neues geboren werden kann. Halten Sie sich an Ihre Instinkte, Ihre Gefühle, Ihre Sinne, Ihren Körper. Lassen Sie aus einer kleinen Irritation ein Rinnsal und dann ein Gedicht werden, vielleicht einen Schwall von Gefühlen über die womöglich bevorstehende Ausrottung des Nashorns. Lassen Sie einen wippenden Fuß oder eine angespannte Schulter Bewegungen machen, die Tanz und dann ekstatische Befreiung werden. Lassen Sie die

Geräuschkulisse eines Restaurants zu einem spontanen Rhythmus werden, zur Musik der Welt wie in John Cages berühmtem Experiment. Setzen Sie alles Mögliche in Gang, reißen Sie ein, bauen Sie auf, drehen Sie sich im Kreis, fangen Sie etwas an, schließen Sie ab mit Ihren Ideen, mit sich selbst, aber vor allem: vertrauen Sie. Kreativität heißt, durchlässig zu sein für die immer wieder neuen Energien des Lebens.

Ich war in der himmlischen Ruhe der Bibliothek des theologischen Seminars im kalifornischen San Anselmo mit der Arbeit an einem Buch beschäftigt, als ein Gärtner direkt vor meinem Fenster seinen Laubbläser in Betrieb nahm. Das störte mich ganz entschieden, ich wollte meine Ruhe haben. Dann wurde ich aber auf meine Gefühle aufmerksam und konnte sie loslassen. Nachdem sich die innere Spannung gelöst hatte, wollte ich weiterarbeiten, aber es ging nicht. Ich hörte nichts. Da wurde mir klar, wie meine Kreativität funktioniert: Ich höre die Worte und schreibe sie nieder.

In der nächsten Woche traf ich bei einer Benefizveranstaltung etliche andere bekannte Autoren und erzählte diese Geschichte, um von ihnen zu hören, ob das Schreiben bei ihnen auch so laufe. Zwei sagten Ja, aber bei einer Schriftstellerin war es so, dass sie Bilder sah, die sie anschließend beschrieb. Wieder ein anderer sagte, das Schreiben komme bei ihm aus der Erde und steige durch den Körper bis zu seinen Fingern auf. Auch Ihre kreative Energie hat sicher ihre ganz eigenen Kanäle, durch die sie sich Bahn bricht.

Wenn Sie sich für die Kreativität bereit gemacht haben, wächst auch der Glaube an den Quell des Lebens. In diesem Vertrauen können Sie zuhören, Hand anlegen, scheitern, entdecken, forschen und wieder neu hinschauen. Im offenen Lauschen wird etwas Neues geboren. Wie es Rainer Maria Rilke in seinen *Briefen an einen jungen Dichter* umschreibt:

Künstler sein heißt: nicht rechnen und zählen; reifen wie der Baum, der seine Säfte nicht drängt und getrost in den Stürmen des Frühlings steht ohne die Angst, dass dahinter kein Sommer kommen könnte. Er kommt doch.

Hemmungslos träumen und tanzen

Junge Hunde und Katzen tollen herum und kugeln übereinander, Otter und Schimpansen stacheln sich gegenseitig auf und jagen hintereinander her, kleine Kinder, die noch nicht wissen, ob sie arm oder wohlhabend sind, spielen aus purer Lebendigkeit. Jeanne Moreau sagte einmal im Interview: »Ich werde jung sterben.« – »Wie jung?«, lautete die Gegenfrage. »Ich weiß nicht, vielleicht bin ich dann siebzig oder achtzig oder neunzig, aber jedenfalls sehr jung.«

Was Sie lebendig macht, befreit Sie auch. Freuen Sie sich am Kreativsein um seiner selbst willen. Lassen Sie Ihre Hingabe, Ihren Ausdruckswillen, Ihr Engagement wachsen. Ob im Beruf oder im Urlaub, befreien Sie Ihren kreativen Geist, um mit ihm zu tanzen.

Ein frischgebackener Vater erzählte:

Ich bin Künstler. Als meine Tochter geboren wurde, war ich in der Klinik, ich erinnere mich noch, dass ich mit dem Arzt über meine Arbeit gesprochen habe. Er vertraute mir an: »Ich wäre zu gern Musiker gewesen, das Spielen auf dem Konzertflügel geht mir über alles.«
Nach der Entbindung kam er zu mir heraus und sagte, Mutter und Kind, ein gesundes Mädchen, seien wohlauf. Während wir noch plauderten, kam ein weiterer Arzt dazu und sagte zu ihm, der gerade mein Kind mit einem Kaiserschnitt zur Welt gebracht hatte: »Entschuldigen Sie, aber ich muss Ihnen einfach sagen, dass Sie

da glänzende Arbeit geleistet haben, ich fühle mich geehrt, dass ich dabei assistieren durfte.«
Ich fragte den entbindenden Arzt: »Jetzt mal ehrlich. Sie haben gerade ein neues Leben in die Welt gebracht und ein anderes gerettet, und dann sagt Ihnen auch noch ein Kollege, es sei eine Ehre, mit Ihnen zu arbeiten – meinen Sie das wirklich ernst, dass Sie gern Musiker geworden wären?«
Er grinste nickend und sagte: »Ja, das lief ganz gut.«
Wir lachten, und er fuhr fort: »Ich weiß auch, warum. Ich bin heute Morgen früher aufgestanden und habe eine Stunde Chopin gespielt.«

Was in Ihnen möchte als Tanz, als Kunst zum Ausdruck kommen? Probieren Sie etwas Neues aus. Zeichnen Sie mit der linken Hand. Schreiben Sie ein Gedicht. Lernen Sie Tango. Malen Sie Ihren Truck. Starten Sie ein kreatives Projekt, für das Sie den Kontakt zu anderen suchen. Verschenken Sie vor der Tür Ihre Tomaten und Zucchini. Sie sind nicht nur zum Rackern hier. Träumen Sie hemmungslos, tanzen Sie.

ÜBUNG
Sie sind ein Künstler

Unterbrechen Sie Ihre Arbeit für zwanzig bis dreißig Minuten, überlassen Sie Schreibtisch, Computer, Staubsauger, Staffelei oder den Garten für diese Zeit sich selbst.
Machen Sie einen kleinen Spaziergang. Blicken Sie zum Himmel mit seinen feinen Farbschattierungen auf, betrachten Sie die unerschöpfliche Vielfalt der Blattformen ringsum. Nehmen Sie die Geräusche wahr und bereichern Sie Ihren Spa-

ziergang dann mit Ihrer Lieblingsmusik vom Smartphone. Sehen Sie sich selbst in Ihrem Lebensfilm, Sie sind Autor, Regisseur und Schauspieler. Welche Rollen haben Sie in diesem Teil der Geschichte zu spielen? Lächeln Sie. Ein Teil Ihrer Szene ist bereits ausgearbeitet und besetzt, aber wie Sie spielen, steht Ihnen frei, Sie können auch manches wieder umschreiben, wenn Sie möchten.

Setzen Sie sich irgendwo hin, wo es ruhig ist. Betrachten Sie Ihr Leben als ein Kunstwerk mit Lieben und Siegen, mit tragischen und komischen Phasen, mit Verlust und Rettung. Malen Sie sich aus, wie Sie mehr Kunst in Ihr Leben bringen können, auch ganz buchstäblich. Vielleicht schwebt Ihnen vor, eine App zu kreieren, Videos zu drehen, zu malen, zu tanzen, zu surfen, Gedichte zu schreiben, Aikido zu üben oder preisverdächtige Rosen zu züchten.

Betrachten Sie einmal Ihr ganzes Leben als ein Kunstwerk. Wie kann es noch »kunstfertiger« werden, was könnten Sie Neues an Stil oder Spiel einführen? Was würde Ihr Leben noch poetischer oder heroischer, noch inniger und schöner machen?

Niemand außer Ihnen hat je so gelebt, niemand außer Ihnen kann dieses Stück auf die Bühne bringen.

Vierter Teil
Freiheit leben

Richte dich nach der Maserung
in deinem eigenen Holz.
Howard Thurman

12
Geben, was Sie zu geben haben

Hör auf die leise innere Stimme, die sagt:
»Wäre es nicht interessant, einmal …« Und dann tu es!
Duane Michals

Die hawaiianische Pädagogin Puanani Burgess – sie selbst nennt sich »Geschichtenerzählerin, Kulturübersetzerin, Helferin beim Aufbau des liebevollen Gemeinwesens, Dichterin und Tantchen« – hat einmal gesagt:

Was, wenn wir die Gaben jedes einzelnen Kindes erkennen und unser Lehren und Unterrichten daran orientieren würden? Wie sähe unser Gemeinwesen überhaupt aus, wenn es auf die Begabungen aller gebaut wäre? Wenn wir verstünden, was jede Gemeinschaft an Gaben mitbringt, um darauf dann aufzubauen, wie wäre das?

Sie können dem Leben als Mitschöpfer der Welt begegnen. Es steht Ihnen frei, aufzustehen und hinauszugehen oder sich einzuschließen, alles zu verkaufen, ein großes Tamtam, Musik oder Liebe zu machen, auf etwas zuzugehen oder wegzulaufen, zu investieren, zu bauen, zu schreiben, zu forschen, zu schlafen oder nach Las Vegas zu fliegen.

Freiheit ist eine schöne, große und dringende Aufgabe, die sich direkt aus unserem Menschsein ergibt. Jeder bringt seine ganz eigenen Gaben mit, und wir sind hier, um sie einzubringen.

Die Freiheit, zu handeln

Das Wissen um unsere Handlungsfreiheit kann uns von Hemmungen befreien, nicht aber von den Folgen unseres Handelns. Wer Gesetze bricht, hat mit rechtlichen Konsequenzen zu rechnen. Wenn Sie einen anderen hintergehen, ist die Beziehung womöglich ruiniert und nicht mehr zu kitten. Das ändert jedoch nichts an Ihrer Freiheit, zu handeln, zu experimentieren, zu lernen, Fehler zu machen, sich Ausdruck zu geben oder zu verstecken und wieder von vorn anzufangen.

Manchmal glauben wir nicht so recht an unsere Handlungsfreiheit. Wir fühlen uns gestresst oder entmutigt, wir trauen uns nicht, die Nerven spielen nicht mit, oder wir fühlen uns wie gelähmt. Vielleicht erscheinen uns auch die äußeren Verhältnisse überwältigend, diese Welt mit ihren nie enden wollenden Konflikten, ihrer Armut, ihrem Unrecht. Die Politiker und Medien füttern unsere Ängste – Ängste bestimmen Wahlausgänge, und die Sensationspresse verdient gut damit. Fallen Sie nicht darauf herein! Die Probleme – Klimawandel, Krieg, Rassismus, Ausbeutung – gibt es wirklich, keine Frage, aber wenn Sie sich nur noch Sorgen machen, wächst Ihnen das alles erst recht über den Kopf. Fest steht jedoch, dass Sie jetzt hier sind und Ihren Beitrag leisten können. Der Historiker und Geistliche Edward Everett Hale sah das so: »Ich bin nur *einer*, aber der bin ich. Ich kann nicht für alles sorgen, aber für etwas eben doch. Was ich nicht kann, hält mich nicht davon ab, zu tun, was ich kann.« Das ist auch Ihre Freiheit: etwas für diese Welt zu tun, jeden Tag, jeden Augenblick.

Ein neuer Anlauf

Jetzt denken Sie vielleicht: »Aber was, wenn ich Fehler mache oder versage?« Als Krishnamurti seinen noch zögernden Schüler Vimala Thakar aufforderte, selbst als Lehrer zu wirken, sagte er: »Fürchte dich nicht vor Fehlschlägen.« Fehler können nicht ausbleiben, das ist die natürliche »wissenschaftliche« Vorgehensweise – Kleinkinder machen immer wieder ihre Erfahrungen mit der Schwerkraft. Auch Sie lernen auf diese Weise, zu surfen, zu schreiben, zu sprechen, Rad zu fahren, Musik zu machen und zu lieben. Buckminster Fuller sagte: »In diesem Universum gelten ein paar unumkehrbare große Wahrheiten, und eine dieser Wahrheiten lautet, dass man bei jedem Experiment etwas lernt und dann mehr weiß. Ganz wörtlich mehr, man kann dadurch nicht weniger wissen.«

Manchmal zögern wir, aktiv zu werden, weil wir besorgt sind, wie wir dann dastehen. Achten Sie einmal darauf, worum es Ihnen geht, wenn Sie aktiv werden, und welche Gefühle damit verbunden sind. Geht es um Sie und Ihren Wert, Ihr Selbstbewusstsein, Ihre Selbstachtung, Ihr Bild von sich? Manchmal geben wir uns zur Kompensation großspurig, um den Eindruck zu erwecken, wir seien besser, als wir uns selbst sehen. Eine nüchterne Betrachtung bekäme uns da besser: »Vielleicht geht es bei dieser Aktion, die mich so nervös macht, gar nicht um mich. Vielleicht ist es einfach ein Experiment wie unzählige andere: Du probierst etwas aus und siehst zu, was passiert.« Natürlich beschäftigt uns nebenbei immer auch die Frage, wie wir dastehen, aber wenn Sie spielerisch, aufrichtig und auf entspannte Art engagiert bleiben, nicht zu sehr auf guten Eindruck bedacht und gleichzeitig sich selbst treu, teilt sich das den Menschen ringsum von selbst mit.

Die Freiheit des Handelns hat etwas Unmittelbares, Fan-

tasievolles, Spontanes und Erfrischendes. Verbindet sie sich mit der Stille, entsteht Schönheit. Suchen Sie Gelegenheiten für Ruhe, damit Sie das wirklich Wichtige zuinnerst spüren. Von da aus können Sie dann auf die Welt eingehen, authentisch und in bester Form. Bei ruhigem Gemüt, offen für die Wirklichkeit des Augenblicks, wissen Sie einfach, was zu tun ist. Wenn Sie dann aktiv werden, entsteht vielleicht eine Schule oder Firma, ein Garten, ein Roman. Oder Ihr Handeln richtet sich gegen Unterdrückung, Leid und Unrecht. Das optimale Verhalten kann auch Untätigkeit sein, etwa wenn Sie einfach aufmerksam und mitfühlend präsent sind.

All das sollte mit Liebe geschehen. Gandhi legte seine Führungsrolle jede Woche für einen Tag ab, um sich ganz in der Stille seiner tiefsten, liebevollen Intentionen zu vergewissern. Da er von seiner Wahrheit ausgehend aktiv wurde, konnte er Millionen begeistern. Wirklich große Revolutionen wirken transformierend und tragen eine Vision in die Welt, die es bis dahin nicht gab. Diesen revolutionären Geist haben wir zum Leben zu erwecken.

Sogar den Krieg kann man dann ganz neu sehen: Gandhis enger Freund Khan Abdul Ghaffar Khan stellte die größte Friedensarmee der modernen Welt auf. In den Dreißigerjahren bildete er in Afghanistan und Pakistan, die damals noch als nordöstliche Grenzprovinzen Indiens galten, über hunderttausend fromme Muslime aus und schwor sie auf gewaltfreien Widerstand gegen die britischen Herrscher ein – ohne Hass, ohne Waffen. Sie hielten ihr Gelöbnis und gelangten schließlich zum Erfolg, obwohl sie massiv provoziert und angegriffen wurden.

Solches Handeln entspringt der inneren Stille, dem Lauschen, doch selbst das garantiert nicht, dass Sie genau wissen, wie vorzugehen ist. Hier mischen sich gern Unklarheit, Gewohnheit und oberflächliche Wünsche ein, man darf mit

Rückschlägen rechnen. Das ist kein Grund zur Sorge. Manchmal muss man einfach etwas ausprobieren, einen Schritt tun und dann sehen, wohin er führt.

Vision und Aktion

Jacques Verduin hat in San Quentin das Insight Prison Project ins Leben gerufen, das inzwischen auf andere Gefängnisse ausgeweitet wurde. Hier werden den unglaublich vielen männlichen und weiblichen Häftlingen des furchtbaren amerikanischen Strafvollzugssystems unterstützende Einführungen in die Lehren der Achtsamkeit und des Mitgefühls angeboten. Verduin hatte mit dem Direktor von San Quentin Gespräche geführt, bei denen es um die Einführung eines laufenden Programms für Häftlinge ging, die ihr Leben grundsätzlich ändern wollten. Dazu sollten Achtsamkeitspraxis, die Übung des Verzeihens und Methoden des besseren Umgangs mit Ärger und Wut dienen. Verduin blieb beharrlich am Ball und nahm auch den ganzen Papierkrieg auf sich, bis ihm schließlich ein Raum in der Gefängniskapelle zur Verfügung gestellt wurde, in dem er regelmäßig unterrichten konnte. Zum ersten angesetzten Treffen ging er in gespannter Erwartung, musste aber mit großer Enttäuschung feststellen, dass nur ein einziger Mann erschien. Ali war praktizierender Muslim und zugleich einer der älteren Insassen, die sich allgemeiner Achtung erfreuten. Er war gekommen, um herauszufinden, was da eigentlich unterrichtet werden sollte. Verduin fing also an, vom Wert der durch Achtsamkeit und geistige Schulung ausgebildeten spirituellen Stärke zu erzählen. Er kam sich ein bisschen seltsam vor, einen »Kurs« für einen einzigen Teilnehmer zu geben.

Er fragte Ali nach seiner muslimischen Praxis und erfuhr so etwas über Ernährungsregeln, Ethik und die vorgeschrie-

benen fünf Gebetsabschnitte jedes Tages. Dann bat er seinerseits ganz einfach um eine Einführung in diese Gebetspraxis. Ali zog ein Gebetstuch aus der Tasche, zeigte ihm die Richtung, in der Mekka liegt, und salbte ihm die Innenseiten seiner Handgelenke und den Nacken mit Duftöl. Sie beteten eine Zeit lang still miteinander und standen schließlich auf, um noch eine Minute schweigend dazusitzen. Dann lachte der Ältere und sagte: »Sie sind in Ordnung. Ich sag den Jungs, dass sie in Ihren Unterricht kommen können.« Am nächsten Tag war die Kapelle voller interessierter Männer.

Aus der inneren Stille heraus weiß man eher, wie zu reagieren ist. Nehmen Sie sich Zeit, um für sich allein zu sein, Spaziergänge in der Natur zu machen, etwas zu bedenken, Musik zu hören, den Vögeln zu lauschen oder einfach still zu sein. Für diese innere Verbundenheit lässt sich jeden Tag etwas tun. Manchmal genügen Augenblicke, um sich ihrer erneut zu versichern. Beim Warten an der Ampel können Sie die Schultern loslassen, den Atem spüren und lauschen, damit Ihre nächste Handlung ganz aus Ihnen selbst kommt. Wer sich selbst treu ist, weckt in anderen den Wunsch, es ebenso zu halten. William Butler Yeats fand dafür diese Worte: »Wir können innerlich eine so ruhende Wasserfläche werden, dass andere sich zu uns gesellen, um sich selbst einmal gespiegelt zu sehen und dann, durch unsere Stille angeregt, klarer und vielleicht entschlossener zu leben.«

Unsere Vision erfüllt sich im Handeln, und unser Handeln muss von einer Vision geleitet sein. Aus ihrem Zusammenwirken erwächst Weisheit.

Deine Gaben mitbringen

Puanani Burgess, von der schon einmal die Rede war, erzählte diese Geschichte:

Ich habe ein paar Mittel, mit denen ich den Leuten helfen kann, miteinander ins Gespräch zu kommen. Bei einer dieser Übungen müssen sie drei Geschichten erzählen: die Geschichte ihrer Namen, die Geschichte ihrer Lebensgemeinschaft und die Geschichte ihrer Begabungen.

Einmal habe ich das in einer Highschool gemacht. Reihum erzählten wir diese Geschichten, bis ein junger Mann drankam, der wunderbar von seinen Namen und von seiner Gemeinschaft erzählen konnte, aber als er von seinen Begabungen sprechen sollte, fragte er nur: »Was denn für Begabungen? Was glauben Sie, was ich für Begabungen habe? Jetzt bin ich hier in dieser Förderklasse und mühe mich ab, zu lesen, und mit dem Rechnen klappt es gar nicht. Wollen Sie, dass ich mich blamiere? Was für Begabungen ich habe? Wenn ich Begabungen hätte, wäre ich dann wohl hier?«

Dann war kein Wort mehr aus ihm herauszubekommen, und ich fühlte mich wirklich miserabel. Das war mir noch nie passiert, dass jemand sich von mir bloßgestellt fühlte.

Zwei Wochen später bin ich im Supermarkt und sehe ihn am anderen Ende des Gangs. Ich mache instinktiv kehrt, um ihm nur ja nicht zu begegnen, aber dann dreht er sich um und sieht mich und wirft die Arme hoch und ruft: »Ah, Tantchen! Wissen Sie, was? Ich hab immer an Sie gedacht, die ganzen letzten zwei Wochen. Was ist meine Begabung? Was ist meine Begabung?«

Ich sage: »Ja, und was ist sie jetzt?«

Er sagt: »Genau das musste ich immer denken, die ganze Zeit immer wieder. Mathe kann ich nicht. Und lesen, na ja. Aber wissen Sie, was, Tantchen? Wenn ich im Meer bin, kann ich die Fische rufen, und sie kommen jedes Mal. Jedes Mal kann ich meiner Familie was zu essen mitbringen. Wirklich immer. Und manchmal, wenn ich im Meer bin, kommt der Hai, und dann sieht er mich an, und ich sehe ihn an und sage: ›Hör mal, Onkel, ich nehme nicht viele Fische, vielleicht einen oder zwei, nur für meine Familie, die anderen bleiben alle für dich.‹ Dann sagt er: ›Du bist echt cool, Bruder‹, und ich sage: ›Du bist auch cool, Onkel.‹ Dann zieht er ab und ich auch.«

Ich sehe diesen Jungen an und weiß jetzt, was für ein Genie er ist, ein echtes Genie. Aber in dieser Gesellschaft mit ihrem Schulsystem ist er mehr oder weniger Abschaum. Niemand hat Sinn für einen wie ihn, und das macht ihn kaputt.

Ich sprach dann mit den Lehrern und dem Direktor dieser Schule und fragte sie, was dieser Junge wohl für ein Leben hätte, wenn die Lehrpläne von den mitgebrachten Begabungen ausgingen, wenn wir die Begabungen unserer Kinder sähen und da ansetzten.

Das ist für mich der wirklich natürliche und bodenständige Ansatz: in allen Bereichen des Lebens zu sehen, wo die Begabungen der Einzelnen und der Gruppen liegen.

Malidoma Somé, ein afrikanischer Schamane und Freund, meint, der ganze Sinne und Zweck des Menschseins liege darin, dass man seine Begabungen in die Welt trage. Im Volk der Dragara, aus dem er stammt, sagt man, jeder Mensch komme mit einer bestimmten Fracht zur Welt, die er auszuliefern habe. Nichts bringt so viel Erfüllung und

Lebenssinn mit sich, wie unsere Fähigkeiten anzuwenden und unsere Gaben darzubieten. Vielleicht hat Ihre Familie, die Gesellschaft oder die Schule nichts mit Ihren Gaben anzufangen gewusst, wie es bei diesem Jungen war. Dann ist es an Ihnen, Ihren Wert zu erkennen und anzuerkennen und Ihre Fracht auszuliefern. Behalten Sie die Dinge im Auge, die Sie lieben, die Ihnen etwas bedeuten, die es hell in Ihnen werden lassen. Würden Sie gern fliegen, surfen, gärtnern? Sind Sie an Wissenschaft, Politik, Sport, Musik interessiert, liegt Ihnen das Organisieren gemeinschaftlicher Unternehmungen? Versuchen Sie sich daran, riskieren Sie, belächelt zu werden. Seien Sie ruhig auch mal sperrig, frech und nassforsch oder tun Sie das Naheliegende. Lassen Sie sich von der Offenbarung dieses jungen Mannes inspirieren, der Fische einfach anzuziehen vermag und mit dieser einzigartigen Gabe seine Familie ernährt.

Im Jahr 1978 beschlossen Angie Thieriot und Patricia Phelan, dass sie gemeinsam etwas gegen die menschliche Kälte in amerikanischen Krankenhäusern unternehmen würden. Sie gründeten eine Gesundheitsorganisation, die sie »Planetree Alliance« nannten und die inzwischen in den USA und einigen anderen Ländern zu einer führenden Einrichtung des Gesundheitswesens geworden ist. Wer ein Krankenhaus von innen erlebt, sei es als Patient, Angehöriger oder ein dort Beschäftigter, sieht sofort, dass die Segnungen der Technik, die Versorgung rund um die Uhr, das Tempo und die Unpersönlichkeit für kranke Menschen eine Belastung sein können, die sie kaum schlafen lässt und es ihnen manchmal erschwert, sich zu erholen. Das wollten die beiden Frauen ändern. Ein nach Planetree-Kriterien ausgerichtetes Krankenhaus sieht nicht aus wie eine Klinik, klingt nicht wie eine Klinik und fühlt sich nicht an wie eine Klinik. Man hört im Hintergrund leise klassische Musik, die Patienten tragen ihre eigene Schlafwäsche oder Morgen-

bekleidung, liegen in ihrer geblümten Bettwäsche und dürfen schlafen, solange sie wollen. Es gibt hier auch nicht das klassische Stationszimmer, sondern einen Arbeitsbereich, in dem die Patienten Einblick in ihre Akte nehmen und auch selbst ihre Bemerkungen eintragen können. Offizielle Besuchszeiten existieren nicht, vielmehr sind Verwandte und Freunde immer dann willkommen, wenn sich der Kranke Besuch wünscht. Es gibt sogar eine Patientenküche, in der Angehörige den Kranken etwas kochen können. In Planetree-Kliniken oder -Stationen ist alles auf das Wohl und die Wünsche der Patienten ausgerichtet. Der Leiter der Organisation sagt: »Wenn man einmal auf den Geschmack des Planetree-Modells gekommen ist, lässt man sich nirgendwo anders mehr einliefern.«

Selbstloses Dienen

Die *Bhagavadgita* bezeichnet das selbstlose Dienen als den direkten Weg zu Gott. Anfangs kann es sein, dass es sich nicht allzu selbstlos anfühlt, aber machen Sie sich darüber keine Gedanken. Es schadet den guten Werken nicht, wenn die Motive zunächst noch etwas zweifelhaft sind. Vielleicht denken Sie, dass Ihre Hilfsbereitschaft gut aussieht, oder Sie helfen, weil man das so macht, weil Sie ein schlechtes Gewissen haben oder sich Gegenleistungen versprechen. Das darf so sein. Mit der Zeit werden Sie merken, dass dieses Dienen wie die Versorgung Ihrer Kinder oder Ihres eigenen Körpers ist. Wenn Sie sich den Fuß vertreten haben, denken Sie ja nicht: »Oje, da werde ich meinem Sprunggelenk wohl helfen müssen.« Sie reagieren vielmehr mit spontaner Zuwendung, schließlich gehört es ja zu Ihnen. »Leider, leider zieht ihr den Familienkreis zu eng«, hat Mutter Teresa einmal gesagt. Jeder ist mit Ihnen und

mir verwandt, und wenn einer Hilfe braucht, sind wir es, die Hilfe brauchen.

Der Mythologe und Geschichtenerzähler Michael Meade versteht sich auch auf das Trommeln. Für heimatlos umherirrende Jungen aus dem Sudan, die zum Schutz ihres Lebens nach Seattle gebracht worden waren, baute er eine Gemeinschaft für traditionelles Trommeln auf. Diese jungen Männer hatten bei Angriffen von Rebellengruppen auf ihre Dörfer die Flucht ergriffen, um nicht wie ihre Verwandten und die meisten anderen Dorfbewohner getötet zu werden. Danach hatten sie Monate barfuß in der Wildnis oder Wüste zugebracht, immer von Raubtieren und wahllos tötenden Marodeuren bedroht. In ihrer neuen Heimat Seattle konnten sie nur schwer Fuß fassen, weshalb Meade sie mit Trommeln versorgte und in der ganzen Stadt Willkommensrituale für diese entwurzelten jungen Leute organisierte.

Jeder kann als »Heiler« aktiv werden. Manchmal ist es die größte Hilfe für andere, wenn man einfach liebevoll für sie da ist. Laura ist Neugeborenenpflegerin und versorgt am liebsten die besonders kleinen und kranken Säuglinge, die mit Sonden am Leben gehalten werden. Die hält sie mit ihren Händen, den Fingern, ihrem Atem. Der große Religionswissenschaftler Huston Smith erzählt von seinem unendlichen Schmerz, als seine Enkelin getötet wurde. »Viele Menschen sind mir mit großer Freundlichkeit begegnet, aber die größte Hilfe war mir eine junge indianische Nachbarin, die jeden Tag zu mir herüberkam und einfach schweigend neben mir saß.«

Nehmen Sie das, was Sie besonders lieben, um es nach außen zu tragen, und Sie werden eine ganz neue Freiheit finden. Die Irokesen hatten ein Ritual, mit dem sie genau das ihren Kindern vermittelten. Im großen Stammeskreis bekam ein Kind alles zu essen, was es sich nur wünschen konnte, und danach rief von jenseits des Kreises eine Stimme

klagend: »Ich hab Hunger, ich hab Hunger!« Dann wurde das Kind, das so ausgiebig schwelgen konnte, ermuntert, seinem natürlichen Drang zu folgen und diesem hungrigen Wesen etwas zu essen zu bringen. Im zweiten Teil des Rituals wurde ein Kind in Rentierfelle und gewebte Decken gehüllt, bis ihm wunderbar warm war, und dann erklang wieder eine klagende Stimme mit den Worten: »Mir ist kalt, mir ist kalt!« Nun nahm das Kind ein paar Decken und ging los, um den Frierenden zu wärmen.

Der typisch amerikanische Mythos der Unabhängigkeit besingt die frühen Siedler und Cowboys, die für alles, was sie brauchten, selbst sorgten. Aber auch sie wurden als Kinder gehalten, gefüttert und versorgt, es gab Menschen, von denen sie lernen konnten oder unterrichtet wurden. Ihre Werkzeuge, ihr Gewerbe, ihre Medizin – all das hatten sie anderen zu verdanken. Unabhängigkeit ist nie in reiner Form gegeben, es bestehen immer wechselseitige Abhängigkeiten.

Je freier man wird, desto deutlicher spürt man diese Interdependenz. Dann geht uns auch auf, dass wir nicht jemandem helfen, sondern eigentlich uns: unserem Körper, unserer Familie, unserer Erde. Was also möchten Sie geben? Welche Gabe steht in Ihnen bereit und möchte ans Licht? Wie könnten Sie dem nachgeben?

Die Welt braucht Sie

Man kann leicht das Gefühl bekommen, dass uns die Probleme der Welt über den Kopf wachsen – Klimawandel, Menschen auf der Flucht vor Gewalt, die Kriegsschauplätze im Nahen Osten, Rassismus, Obdachlosigkeit, krasse wirtschaftliche Ungleichheit, politischer Stillstand.

Aber die Lösungen dieser Probleme sind bereits in uns. Ich erinnere mich an ein Gespräch, das ich mit meiner Mut-

ter über dieses Thema geführt habe. Sie rief mir in Erinnerung, dass sie geboren wurde, als ihr Vater aus dem Ersten Weltkrieg heimkehrte. Sie hatte schlimmere Zeiten erlebt als wir später Geborenen – die Weltwirtschaftskrise, den Zweiten Weltkrieg. Die Menschheit, sagte sie, habe all dieses Grauen überlebt. Irgendwann hätten wir entsprechend reagiert und Wege der Erneuerung gefunden.

Erneuern müssen wir uns auch jetzt wieder. Eine andere Lösung existiert ganz offensichtlich nicht. Neue Technik, Computer und Internet oder Raumfahrttechnik, Nanotechnologie und Biotechnologie werden Kriege, Rassismus und Umweltzerstörung nicht aufhalten. Wir stehen an einem Wendepunkt der Geschichte. Unsere innere Entwicklung muss jetzt mit den Kräften der Wissenschaft und Technik gleichziehen. Der Vorsitzende des militärischen Beratungsgremiums »Joint Chiefs of Staff« hat die USA als ein Land des nuklearen Gigantismus und ethischen Infantilismus bezeichnet. Das ist jedoch nicht das Ende der Geschichte. Wir werden zu lernen haben, dass sich Mitgefühl, Integrität und Weisheit entwickeln können. Der an der Harvard University wirkende Psychologe, Kognitionswissenschaftler und Linguist Stephen Pinker vertritt in seinem Buch *Gewalt* die Auffassung, Gewalt habe im Lauf der letzten Jahrhunderte weltweit alles in allem abgenommen. Darüber hinaus gehe die Sklavenarbeit zurück, um die Rechte von Frauen und Kindern sei es durchweg besser bestellt als vor hundert Jahren, und auch Homosexuelle, Flüchtlinge und Behinderte hätten heute mehr Rechte als früher. Nicht überall freilich, immer noch lebten viel zu viele Menschen in Sklaverei und Armut oder seien bedroht. Aber grundsätzlich sei anzuerkennen, dass wir die richtige Richtung eingeschlagen hätten.

Wir müssen allerdings noch wesentlich weiter gehen, und das ist auch möglich. Wir brauchen ein auf Mitgefühl,

gegenseitigem Verstehen und einem tiefen Verbundenheitsgefühl aufbauendes Bildungssystem. Unser Gemeinwesen, unsere Medizin und unsere Politik müssen von Empathie und gegenseitiger Fürsorge geleitet sein. Und wir brauchen neue Formen der Auseinandersetzung mit unseren Problemen.

Mein Kollege Wes Nisker hat einmal den Pulitzerpreisträger Gary Snyder interviewt. Mit seinen vierundachtzig Jahren gehört Snyder zu unseren größten Dichtern und Umweltschützern, er schreibt seit mehr als fünfzig Jahren über Umweltthemen. Wes befragte ihn über den Klimawandel, den Anstieg des Meeresspiegels und den Artenschwund. Snyder hielt keine Ratschläge parat, sondern sagte einfach: »Habt kein schlechtes Gewissen. Gewissensbisse, Verärgerung und Angst tragen nicht zur Lösung bei, sondern sind Bestandteile des Problems. Wenn ihr die Welt retten wollt, dann nur deshalb, weil ihr sie liebt.«

Die Probleme der Welt brauchen unsere Liebe. Nur Liebe ist stark genug, Habgier, Wut, Gewalttätigkeit und Angst zu überwinden. Es ist die besagte Liebe, in der eine Mutter ein Auto hochheben kann, unter dem ihr Kind liegt. Martin Luther King beschwor das Land, sich der Macht der Liebe zu öffnen. Mit zunehmender innerer Freiheit können wir uns der Welt ganz neu zur Verfügung stellen – nicht als frustrierter, panischer oder ausgebrannter Aktivist, sondern mit innerer Stärke. Was wir uns an Freiheit erobern – die Freiheit, zu lieben, etwas zu schaffen, zu erwachen, zu verzeihen, zu träumen oder neu anzufangen –, fließt wie von selbst in immer mehr Engagement für das Leben ein.

Im Zen heißt es, es gebe nur zwei Dinge, sitzen und den Garten rechen. Die Größe des Gartens spielt dafür keine Rolle. Wenn Sie innerlich still werden und auf Ihr Herz hören, stellen Sie fest, dass Ihr Geist erst zufrieden ist, wenn Sie Ihren Garten pflegen. Nehmen Sie sich etwas vor, was

Ihnen am Herzen liegt, sei es lokal oder global. Vielleicht möchten Sie etwas gegen Rassismus oder den Klimawandel unternehmen. Machen Sie sich schlau, schließen Sie Freundschaften mit Menschen, die ganz anders sind als Sie, treten Sie in die örtliche Schulkommission ein, bekleiden Sie ein Ehrenamt, setzen Sie sich für politische Ziele ein oder unterstützen Sie eine Schule bei der Anlage eines Gartens. Verkleinern Sie Ihren »ökologischen Fußabdruck«. Erheben Sie Ihre Stimme, nutzen Sie Ihre Energie. Bringen Sie die Saat einer im Zeichen des Mitgefühls stehenden Zukunft aus. Sie können nicht alles ändern, aber in Ihrer Freiheit können Sie etwas für die Welt leisten, und die Liebe sagt Ihnen, wie.

Die kleinen Dinge

Sie brauchen nicht ganz groß einzusteigen. Fangen Sie mit etwas ganz Kleinem an, einer Geste. Wie William James schrieb:

> *Ich bin fertig mit großartigen Dingen und Plänen, mit Institutionen und rauschenden Erfolgen. Ich bin für diese ganz kleinen, unscheinbaren menschlichen Liebeskräfte, die vom einen zum anderen wirken und sich wie lauter feine Wurzeln in alle Ritzen der Welt stehlen und mit der Zeit auch die klobigsten Monumente der Überheblichkeit sprengen.*

Die Presse berichtete von einer Spende an die Erdbebenhilfe für die Schäden und Opfer des Bebens in Haiti 2010. Aus einem Umschlag wurden 14,64 Dollar in zerknitterten Scheinen und Münzen geborgen. Das Geld stammte von Bewohnern einer Obdachlosenunterkunft in Baltimore.

Die kurze Notiz dazu: »Wir machen uns Sorgen um die obdachlosen Brüder und Schwestern in Haiti.«

Wangari Maathai begann irgendwann Bäume zu pflanzen. Als sie den Nobelpreis gewann, hatten sie und ihre Leute inzwischen fünfzig Millionen Bäume gepflanzt. Bei Mutter Teresa bestand der erste Schritt darin, dass sie einen kranken und mittellosen Mann von der Straße holte. Stück für Stück, Schritt für Schritt können wir uns öffnen, sei es auch erst einmal nur versuchsweise.

Suchen Sie sich neue Ausdrucksmöglichkeiten Ihres Lebens. Celie gab ihre Stellung als Leiterin einer Rechnungsstelle auf und zog aufs Land, um dort schließlich eine wichtige Rolle in einer Bio-Kooperative zu spielen. Sie könnten sich auch ein Segelboot kaufen, um dann wie mein Bruder Segelkurse für Körperbehinderte anzubieten. Oder Sie unterrichten Flüchtlinge, betätigen sich als Fußballtrainer, streben ein politisches Amt an, entschuldigen sich bei Ihren Kindern: führen ein Leben, das Sie nicht zu bedauern haben werden.

Wenn Sie aktiv werden und sich selbst treu bleiben, springt Ihre Freiheit auf andere über. Für Hindus ist dieses Leben *Lila,* ein kosmisches Spiel, ein Tanz. Tanzen Sie *Ihren* Tanz und fragen Sie nicht danach, ob Sie eine gute Figur machen. Halten Sie nichts zurück.

Authentisches Handeln für andere dient auch Ihnen. Als man Gandhi fragte, wie er so viel für sein Land opfern könne, lächelte er und erwiderte: »Ich tue das nicht für Indien, ich tue es für mich.« Wenn Sie in völliger Übereinstimmung mit sich selbst handeln und sich nicht von Aggressionen und Ängsten mitreißen lassen, dienen Sie sich selbst, aber Sie dienen auch anderen und inspirieren sie. Sie können sich wie eine Blüten bestäubende und Honig sammelnde, aber notfalls auch wehrhafte Biene in der Welt bewegen und Segen verbreiten. Von dieser Freiheit sprach auch Walt Whitman:

Das solltest du tun: die Erde, die Sonne und Tiere lieben, Reichtümer gering achten, jedem, der darum bittet, ein Almosen geben, dich der Dummen und Verrückten annehmen, deine Arbeit und dein Einkommen dem Allgemeinwohl widmen, Tyrannen hassen, nicht über Gott streiten, Geduld und Nachsicht mit den Menschen haben ... alles nachprüfen, was du in der Schule, Kirche oder aus irgendeinem Buch erfahren hast, loslassen, was dich verletzt, und aus dir wird ein großer Gesang.

Übung
Seine Gaben darbringen

Setzen Sie sich eine Weile still hin, lassen Sie Körper und Geist Ruhe finden. Wie alle Menschen bringen Sie Stärken, Gaben und Fähigkeiten mit in diese Welt. Nehmen Sie Ihre Einzigartigkeit und Eigenart bewusst an. Ihre Gaben sind unverwechselbar wie bei diesem Jungen, der die Fische im Meer rufen kann. Lassen Sie diese Fragen in sich anklingen:

Was weckt Ihre ganze Lebendigkeit?
Was teilen Sie sehr gern mit anderen?
Wobei fühlen Sie sich besonders kreativ?
*Was gibt Ihnen ein Gefühl der Verbundenheit mit sich
    selbst?*
Wobei fühlen Sie sich anderen am stärksten verbunden?
Was in dieser Welt würden Sie am liebsten ändern?
Womit arbeiten Sie gern?
Womit spielen Sie am liebsten?
Was macht Ihnen Spaß?
Wobei fühlen Sie sich besonders gelöst?

Was mögen Sie an sich?
Wo liegen Ihre Passionen?
Was waren die schönsten Zeiten Ihres Lebens?

Mögen Sie es, still zu sein, etwas zu versorgen, zu organisieren, in Bewegung zu sein, Kontakt aufzunehmen, zu säen, zu bauen, zu heilen, zuzuhören, zu führen, zu kochen, anderen aufzutischen, zu tanzen, Dinge zu bedenken, zu experimentieren, zu reisen? Ist Ihnen soziale Gerechtigkeit besonders wichtig, schätzen Sie Einsamkeit, haben Sie ein Faible für das Finanzwesen, Sport, Technik oder Kunst? Haben Sie ein Herz für Kinder?

Wenn Sie drei Ihrer Stärken nennen sollten, welche wären es?

Wie könnten Sie diese Gaben ausbauen und einbringen?

13
Freiheit in schwierigen Zeiten

Erst als die Menschen wussten, dass sie frei sein wollten, erst als sie aktiv wurden, änderte sich etwas.
Rosa Parks

Lob und Tadel, Gewinn und Verlust, Erfolg und Misserfolg, Lust und Schmerz, Licht und Dunkel kennen wir alle. Wir kennen sie nicht nur, sondern beide Seiten haben ihren Stellenwert, und wie der Dichter sagt: »Nach und nach stimmt das Dunkle deine Augen und dein Herz darauf ein, den lichtvollen Geist zu finden; die wahren Gaben, die ein Navigieren ermöglichen, verbergen sich in den Winkeln dieser Nacht.«

Standhalten in der Verunsicherung

Alle paar Jahre oder Jahrzehnte wird diese moderne Welt von Umbrüchen und gewaltigen Turbulenzen erschüttert – Attentate, Kriege, politische Wirren, Wirtschafts- und Umweltkrisen. Oft schüren die Politiker unsere Ängste noch, als wäre es vernünftig, uns zu fürchten. Sicher ist es ganz natürlich, sich zu ärgern oder Bedenken zu haben. In unsicheren Zeiten ängstigen wir uns um unsere Zukunft und die Zukunft unserer Mitmenschen. Es könnte ja sein, dass soziale Ungleichheit, Rassismus, Umweltzerstörung, Homophobie, Sexismus und andere Übel immer weiter zunehmen.

Aber solche Bedrohungen sind zugleich auch das, woran wir wachsen können. Ralph Waldo Emerson sagte, nur in der Verunsicherung liege die Hoffnung für die Menschheit.

Freiheit in schwierigen Zeiten kann allein von uns selbst ausgehen. Wie gehen wir mit uns selbst um? Wenn das limbische System unseres Gehirns auf Flucht, Abwehr und Erstarrung schaltet, sind wir mehr oder weniger ausschließlich von Überlebensängsten besetzt. Die stammesgeschichtlich ältesten Teile des Gehirns übernehmen das Kommando. Unser Denken wird von Wogen der Angst über Bevorstehendes überspült. In schwierigen Zeiten schwappen solche Angstwellen gern zwischen den verschiedenen gesellschaftlichen Gruppierungen hin und her. Wir fragen uns, ob alles immer schlimmer wird oder die Dinge nur endlich ans Licht kommen. Und was können wir tun?

Halten Sie inne, lauschen Sie auf Ihr Herz, denn hier haben Liebe, Weisheit und Mitgefühl ihren Sitz. Erspüren Sie liebevoll, was Ihnen am wichtigsten ist. Sicher gibt es bange Gedanken, Kummer und Traumata, aber lassen Sie sich davon nicht besetzen. Lassen Sie Ruhe einkehren, wenden Sie sich Ihrem Herzen zu. Heben Sie draußen den Blick zum Himmel. Atmen Sie ein, offen für die Weite des Raums. Spüren Sie dem Wechsel der Jahreszeiten nach, dem Aufstieg und Fall von Dynastien und Epochen. Überlassen Sie sich beim Ausatmen dem liebenden Bewusstsein. Üben Sie Gelassenheit und Standfestigkeit. Lernen Sie von den Bäumen. Werden Sie der ruhende Pol des Ganzen.

Unsere Beständigkeit kann, wie Thich Nhat Hanh sagte, ein Ort der Geborgenheit für andere sein. »Wenn in vietnamesischen Flüchtlingsbooten bei Sturm oder bei der Begegnung mit Piraten alle in Panik gerieten, war alles verloren. Aber wenn nur ein einziger Ruhe und Umsicht bewahrte, war das genug. Alle konnten sich daran orientieren und überleben.«

Vor zweitausend Jahren sagte Rabbi Tarfon: »Lasst euch nicht von der Unermesslichkeit des Kummers in der Welt entmutigen. Lebt ein gerechtes Leben, liebt die Barmherzigkeit und geht demütig eurer Wege. Es ist euch nicht aufgetragen, das Werk zu vollenden, aber ihr dürft es auch nicht preisgeben.« Clarissa Pinkola Estés führte das noch ein wenig weiter aus: »Es ist nicht unsere Aufgabe, die Welt ein für alle Mal in Ordnung zu bringen, aber wir haben uns für das einzusetzen, was in unserer Reichweite liegt.«

Schnüren wir also unsere Schuhe, um in Richtung Wahrheit zu gehen.

Mit dem Herzen lauschen

Was also tun wir inmitten von Angst und Zorn? Im liebenden Bewusstsein lauschen wir auf alles, was sich bietet, auch auf Angst und Schmerz. Wie das geht, deutet Thomas Merton an: »Was nützt uns die Reise zum Mond, wenn wir den Abgrund nicht überwinden können, der uns von uns selbst und von anderen trennt?«

Wenden Sie sich zuerst sich selbst zu. Leihen Sie den aufsteigenden Ängsten Ihr Ohr. Seien Sie für alles da, was in Ihnen vorgeht, hören Sie sehr gut zu. Nehmen Sie sich all der Dinge liebevoll und mitfühlend an, und wenn Sie das beherrschen, hören Sie genauso anderen zu.

Meine liebe Frau Trudy Goodman, Meditationslehrerin, Kollegin und Inspiration, hat in Flüchtlingslagern in Darfur in der Grenzregion des Tschad gearbeitet. Sie schloss sich dort einem von Freunden aus Los Angeles geleiteten Projekt namens iAct an. iAct ging von Anfang an sehr klug vor. Die Mitarbeiter besuchten die Camps und fragten die Frauen ganz einfach, was sie sich wünschten. Wie sich zeigte, waren das vor allem zwei Dinge. Die Frauen wünschten sich für

ihre Kinder die Möglichkeit, Fußball zu spielen, damit diese etwas wirklich Aufbauendes tun konnten, bei dem sie zugleich den Wert des Miteinanders kennenlernen würden. Zweitens wünschten sie sich Vorschule und Kindergarten, damit die vielfach traumatisierten Kinder etwas über sich und die Welt erfahren konnten. Da Trudy selbst schon förderungsbedürftige Kinder unterrichtet hatte, konnte sie den dortigen Lehrkräften etwas über Achtsamkeit, normale kindliche Entwicklung und emotionale Intelligenz vermitteln.

Es ist eine schöne Erfahrung, die Menschen zu fragen, was sie sich wünschen, und dann gut zuzuhören. Daraus kann achtsames, kluges Handeln erwachsen, aus dem etwas Gutes wird.

Vinoba Bhave war der vermutlich wichtigste Gefolgsmann Gandhis. Nach der gewaltsamen Abspaltung Pakistans von Indien und der Ermordung Gandhis zog Vinoba sich zurück. Einige Jahre später organisierten Gandhis Anhänger eine Konferenz, die seine Arbeit fortführen sollte. Vinoba wurde gebeten, hierbei eine führende Rolle zu übernehmen. Er lehnte ab, doch als er immer wieder aufgefordert wurde, sagte er schließlich: »Ich komme unter der Bedingung, dass ich die Strecke zu Fuß zurücklegen kann.«

Er brauchte ein halbes Jahr für diesen Weg, der ihn durch weite Teile des Subkontinents führte. Unterwegs ging er in jedes Dorf und setzte sich mit den Leuten unter dem großen Baum zusammen, der in indischen Ortschaften traditionell als Versammlungsort dient. Dort fragte er immer wieder: »Was für ein Leben habt ihr hier? Wie geht es euch menschlich?« Und er vernahm, dass das größte Übel die Situation der Ärmsten war, der Unberührbaren. Sie bebauten für andere das Land und erhielten selbst nur einen Hungerlohn, der nicht einmal ausreichte, um die Familie zu ernähren.

Was Vinoba zu hören bekam, bedrückte ihn zutiefst, sodass er in einer Ortschaft die Bewohner zusammenrief und sagte: »Wenn ich nach Delhi komme, werde ich mich mit Premierminister Nehru treffen und die Regierung zur Verteilung von Parzellen an die Armen bewegen, damit ihr eure Nahrung selbst anbauen könnt.«

Die Leute waren begeistert, aber Vinoba plagten Zweifel, als er sich am Abend zum Schlaf niederlegte. Er überlegte sich, dass nicht viel von dem Geld der Zentralregierung bei den Armen ankommen würde, nachdem es seinen gewundenen bürokratischen Weg durch viele Hände in den Staats-, Provinz- und Bezirksverwaltungen genommen hätte.

So berief er am nächsten Morgen eine weitere Versammlung ein, entschuldigte sich bei den Leuten und gab seiner Sorge Ausdruck, dass der Plan nicht aufgehen würde. Er wusste nicht, wie jetzt weiter zu verfahren war. Da erhob sich ein reicher Landbesitzer und sagte: »Sie sind im Geist unseres geliebten Mahatma Gandhi gekommen. Was glauben Sie, wie viel Land hier nötig wäre?« Es gab in diesem Ort sechzehn Familien, die keinen Grund besaßen, und um eine Familie zu ernähren, brauchte man zwei Hektar. Aufgrund dieser Berechnung sagte der Mann: »Gandhi zu Ehren überlasse ich diesen Familien zweiunddreißig Hektar.« Was für eine Geste!

Vinoba ging weiter über die Dörfer und hörte sich die Probleme der Leute an, und immer ging es um die Ärmsten der Armen und die Parias. Er erzählte überall von der Begebenheit mit dem Großgrundbesitzer, der so großzügig Land für Familienparzellen zur Verfügung gestellt hatte. Und tatsächlich, schon im nächsten Dorf erhob sich wieder ein reicher Landbesitzer und bot jeder armen Familie ohne eigenen Grund zwei Hektar Land an. Es wurde eine Bewegung daraus und dann sogar eine Landreform von nie erlebtem

Ausmaß. Als Vinoba schließlich den Konferenzort erreichte, hatte er bereits achthundert Hektar Land gesammelt. Andere schlossen sich ihm an, und zusammen waren sie über zehn Jahre in allen Teilen Indiens unterwegs und begeisterten immer mehr Großgrundbesitzer für ihre Idee. Vinoba brachte zweieinhalb Millionen Hektar zusammen. Das war die größte friedliche Umverteilung von Land, die es je in der Welt gegeben hatte, und alles, weil sich ein einziger einflussreicher Mann zu den Leuten unter den Dorfbaum gesetzt und ihnen zugehört hatte.

Nicht nur Menschen müssen gehört werden. Als meine Tochter in der dritten Klasse war, gab sie mir einmal ein Blatt Papier, auf das sie in ihrer Kinderhandschrift etwas geschrieben hatte. Sie sagte: »Daddy, das kannst du vielleicht für deinen Unterricht brauchen.« Es waren Worte von Häuptling Seattle: »Was ist der Mensch ohne die Tiere? Wären alle Tiere weg, würde der Mensch an Einsamkeit sterben. Was den Tieren geschieht, geschieht auch dem Menschen.«

Unser Zuhören muss der Gesamtheit des Lebens gelten, auch den Tieren und der Erde selbst. Nur dann können wir direkt, mutig und intelligent antworten.

Ein World Wide Web der fürsorglichen Zuwendung

Mein Zwillingsbruder hat einen seltenen Blutkrebs und unterzieht sich einer Behandlung, die ihm alles abverlangt. Seit Monaten begleite ich ihn in Kliniken und Krebszentren und habe dort hingebungsvoll engagierte Zuwendung der Ärzte, Pflegekräfte und des übrigen Personals erlebt. Manchmal haben sie Erfolg, ein andermal nicht, aber ihre Einsatzbereitschaft ist immer bewundernswert. Ich saß dort mit

Familien und Patienten jeder Altersstufe zusammen, mit Brüdern und Schwestern, Müttern und Kindern. Es hat etwas so Liebevolles.

Im Zusammensein mit diesen Menschen spüre ich alle anderen in der Welt, die ihre Kranken versorgen – ein globales Netz der Fürsorglichkeit. Es ist einfach nur großartig, was die Menschen auf diesem Gebiet überall füreinander tun.

Schauen Sie einem anderen Menschen in die Augen, auch wenn es nur ganz kurz ist. Es muss kein tiefer, vielsagender Blick sein. Dieser Mensch ist wie Sie und wir alle auf einem Lebensweg mit seinen Freuden und Kämpfen unterwegs. Und im Grunde wünschen wir uns alle das Gleiche: gesund und glücklich zu sein und geliebt zu werden.

Wenn Sie innerlich still sind und sich auf einen anderen einstimmen, regt sich eine natürliche Fürsorglichkeit. Wie wir darin verbunden sind, erklärt George Washington Carver: »Wenn du weit kommen möchtest im Leben, sei milde mit der Jugend und mitfühlend mit den Alten, begegne den Strebsamen wohlwollend und den Starken wie den Schwachen verständnisvoll. Irgendwann wirst du all das sein.«

Verstoßen Sie niemanden, weder die Entrechteten noch die Gekränkten oder die Wütenden, die Arroganten, die Hilflosen.

Ein bisschen Aufmerksamkeit genügt, und schon regt sich im Herzen wie von selbst der Wunsch, dass es einem anderen gut gehen möge. »Ich wünsche dir alles Gute, ich hoffe, du hast Freundschaft und Liebe und ein verständnisvolles Ohr für deine Probleme. Sei froh und in Frieden, und mögen dir Kämpfe erspart bleiben.« Diese fürsorgliche Zuwendung ist unsere Natur, sie braucht nur ein wenig Aufmerksamkeit. Wir verbinden uns mit der Essenz der Dinge, wenn wir innerlich still werden, lauschen und in unser Herz absteigen. Liebevolle Zuwendung ist die Zauberkraft, die alles ändert.

Wir sind der Wandel

Paul Hawken hat sich zehn Jahre lang mit Organisationen befasst, die sich das Wohl der Menschen und der Umwelt auf die Fahnen geschrieben haben. Von milliardenschweren gemeinnützigen Organisationen bis hinunter zur Ein-Mann-Initiative – er stieß auf Millionen von Einzelnen und Gruppen, die hier wichtige Arbeit leisten. Alle zusammen bilden sie eine breite Bewegung ohne Namen, Anführer oder Sitz, einen Organismus, der sich nach dem Vorbild der Natur von unten nach oben entwickelt und in ebenso umfassender wie kreativer Weise mit Notwendigkeiten und möglichen Lösungen auseinandersetzt. In seinem Buch *Wir sind der Wandel* zeigt Hawken die glänzenden Ansätze, neuen Strategien und verborgenen Durchbrüche dieser Bewegung auf. Von jenen Nachbarn und Freunden, Gruppierungen und Lehrern gehen unzählige gute Anstöße aus. Wir sind es, auf die wir gewartet haben, und wir sind genug, um den Verzweifelten Mut zu machen. Das kollektive Genie der Menschheit deckt uns. In finsteren Zeiten kann das Glas aussehen, als sei es leer, aber angesichts der Bravour und Freundlichkeit dieser Bewegung fällt uns wieder ein, dass es eine lebenswerte Zukunft geben kann.

Im Jahr 2015 haben Seine Heiligkeit der Dalai Lama und Erzbischof Desmond Tutu, alte Freunde und beide inzwischen über achtzig, eine Woche lang Gespräche über das Glück geführt. Sie wurden gefragt, wie sie angesichts der Probleme in der Welt lachen und voller Hoffnung sein können. Tutu hatte das Grauen der Apartheid und die Jahre der Unterdrückung erlebt, in denen so viele Menschen allein wegen ihrer Hautfarbe getötet worden waren. Der Dalai Lama bekommt nach wie vor Geschichten von Tibetern zu hören, die gefangen gehalten und gefoltert wurden und die teils barfuß den Himalaja überquerten, um ihn zu treffen.

Bei all diesen Leiden sieht man den beiden trotzdem ihre Freude an.

Glücklich sind sie, weil sie Dankbarkeit kennen, weil sie Vergebung und Großzügigkeit üben und weil sie Humor und Mitgefühl besitzen. Vor allem aber sind sie für andere da. Wer Menschen in Not dienen und helfen kann, erlebt tiefste Befriedigung und wahres Glück.

Hinzu kommt, dass der Dalai Lama und Bischof Tutu ihren Austausch immer ein wenig schelmisch halten. Im Gespräch über Sterben und Tod sagt der Dalai Lama zu Tutu: »Ich darf wohl annehmen, dass du in den Himmel kommst.«

Tutu: »Und du?«

Seine Heiligkeit überlegt: »Hm. Kann sein, die Hölle.«

Der Bischof erwidert: »Buddhisten glauben an Wiedergeburt, dachte ich.« Nach kurzer Pause fügt er hinzu: »Man hört ja, dass die Chinesen – als Atheisten! – deine nächste Inkarnation auswählen wollen. Da stellst du dich wohl besser gut mit ihnen.« Sie lachen zusammen, und das Gespräch nimmt unter weiterem Gefrotzel seinen Lauf.

Nach einem besonders ausgelassenen Wortwechsel lässt der christliche Bischof dem spirituellen Oberhaupt der Tibeter scherzhaft eine Ermahnung zukommen: »Also bitte jetzt – du sitzt hier vor der Kamera, da kannst du dich doch nicht wie ein Schuljunge aufführen. Verhalte dich angemessen heilig.« Und wieder Gelächter.

Bei jedem Thema strahlen sie eine tiefe Lebensfreude aus. Wenn man sie so sieht, glaubt man an die Schönheit und Herrlichkeit des Lebens, wie es ist.

Fragt man den Dalai Lama zu seiner Wiedergeburt, lautet die Antwort oft, dass man da nichts sicher wissen könne. Mein Lehrer Ajahn Chah äußerte sich genauso. Wenn man ihm die ganz großen Fragen stellte, lachte er nur und sagte: »Das ist ungewiss, nicht wahr?«

»Wie können wir sicher sein, welche Lehre die beste ist?« – »Das ist ungewiss, nicht wahr?« – »Was soll ich mit meinem Leben anfangen?« – »Das ist ungewiss, nicht wahr?« – »Es heißt, Sie seien erleuchtet.« – »Das ist ungewiss, nicht wahr?« Das ist die Weisheit des Nicht-Wissens. Wer weise sein möchte, muss damit leben können, dass er »nicht weiß«.

In unsicheren Zeiten müssen wir engagiert reagieren, wissen aber nie, wann wir mit den Früchten unseres Handelns rechnen können. Dazu Gandhi: »Tu einfach das, was richtig ist. Vielleicht erfährst du nie, zu was dein Handeln geführt hat, aber wenn du nichts tust, wird es bestimmt keine Ergebnisse geben.«

Treten Sie für Gerechtigkeit ein, vermitteln Sie, heilen Sie die Verwundeten, kümmern Sie sich um die Gefährdeten, begrüßen Sie das Menschenmögliche. Säen Sie für die unabsehbare Zukunft. Und vertrauen Sie darauf, dass Martin Luther King recht hatte: »Der Bogen des moralischen Universums mag weit gespannt sein, irgendwann neigt er sich doch zur Gerechtigkeit hin.«

Es gibt außerdem eine andere, ganz unproblematische Gewissheit. Als meine Tochter noch klein war, nahm ich sie einmal mit ins Yosemite Valley. Sie bückte sich und hob einen wunderbar gefärbten Stein auf, den sie staunend betrachtete. »Ist der nicht toll, Daddy?« Sie brauchte nicht zu den spektakulären Wasserfällen und einen Kilometer hohen Felswänden aufzublicken. Für sie war alles Yosemite.

Diese tiefe staunende Freude können wir unter allen Umständen haben, sie ist uns sicher.

Menschlichkeit zeigen

»Ihr Edlen«, sprach der Buddha seine Zuhörer an, »besinnt euch auf euer Buddha-Wesen, besinnt euch auf eure angeborene Würde.« Diese Würde klingt in einer Geschichte an, die Lenore Pimental im *Sun Magazine* erzählte:

Der Mann war in meinem Alter, sah aber viel älter aus. Er hatte in den amerikanischen Streitkräften gedient. Er war obdachlos, er fror, er hatte Hunger. Es war zu erkennen, dass er versucht hatte, sich zu waschen, bevor er ins Sozialamt kam, um dort um Hilfe zu bitten. Gesicht und Hände waren sauber, die Kleidung total verschmutzt. Er gab an, er habe an dem Tag noch keinen Alkohol getrunken, aber die Fahne war unverkennbar. Ich hätte ihn gern auf Entzug geschickt und fragte, ob er dazu bereit sei. Seine Antwort: »Nein, Ma'am, ich möchte nur ein paar Dollar und Busfahrscheine. Wenn ich nüchtern genug bin, lassen sie mich in die Unterkunft am anderen Ende der Stadt.« In dieser Unterkunft gab es fünfzig Betten, vielmehr Pritschen. Abends wurden die Obdachlosen eingelassen und in der Früh gleich wieder vor die Tür und zum Frühstück in eine nahe gelegene Wohlfahrtseinrichtung geschickt. Fünfzig Betten für an die tausend Obdachlose in diesem Teil der Stadt. Winter bedeutet hier in Nordkalifornien Kälte, Regen und Matsch. Dieser Mann schlief wie viele andere unter Brücken, wo sie einigermaßen geschützt waren, aber die Feuchtigkeit drang doch bis in die letzten Winkel. Seine Kleidung und das zusammengerollte Bettzeug rochen muffig. Das Buch, das er bei sich hatte, war aufgequollen. Ich fragte ihn, wie oft er schon auf Entzug gewesen sei. »Zwei- oder dreimal«, sagte er, »schon lange her.« – »Dann wäre jetzt vielleicht der

richtige Moment für einen weiteren Versuch«, schlug ich vor und erzählte ihm von jemandem, der siebenmal auf Entzug war, bevor die Maßnahme endlich anschlug. »Außerdem«, legte ich nach, »dauert es noch Monate, bis es wieder wärmer wird. Was könnten Sie Besseres tun?«
Ich beobachtete sein Gesicht, während er über das Angebot nachdachte, und glaubte einen Hoffnungsschimmer in seinen Augen zu erkennen. Danach gleich wieder Zweifel. Er hatte es bereits versucht, und es war hart gewesen, zu hart für ihn. Deshalb lebte er jetzt auf der Straße. Endlich hob er den Kopf und sah mich an. Ich griff zum Telefon und fragte: »Soll ich?« Er nickte kaum merklich. Eine Stunde später übergab ich ihn an einen ehemaligen Alkoholiker, ebenfalls Veteran, der ihn zu einer der besten Entzugseinrichtungen im ganzen Land fahren würde. »Besuchen Sie mich, wenn Sie Ihren Abschluss gemacht haben«, sagte ich noch.
Ich hatte Mühe, den hochaufgerichteten gutaussehenden, nach freier Natur duftenden Mann zu erkennen, der ein halbes Jahr später mit einem riesigen Blumenstrauß in meinem Büro erschien.

So etwas ist möglich. Wir haben es in uns. Es gibt in allen Menschen etwas Schönes, das nur angerührt werden muss.

Stellen Sie sich darauf ein, zu hören, ohne zu reagieren. Es ist ganz natürlich, dass wir reagieren, aber das reine Zuhören, in dem wir erlauschen, was gerade erforderlich ist, mobilisiert tiefere Kräfte. Wir bleiben bescheiden, wir räumen ein, dass wir manches noch nicht wissen. Wir wissen nicht, was politisch passieren wird, wir wissen nicht, wie es mit der Welt weitergeht. Wir halten Ausschau nach Möglichkeiten und lauschen mit voller Aufmerksamkeit.

Das *Tao Te King* fragt: »Hast du die Geduld, zu warten ... bis sich das rechte Handeln von selbst ergibt?« Können wir Geist und Herz still werden lassen wie aufgewühltes Wasser, bis sich Klarheit einstellt und wir wissen, wie in Übereinstimmung mit dem Tao zu handeln ist? Es setzt Vertrauen in das Geheimnisvolle und den Gang der Geschichte voraus. Und dann können wir in Liebe vorangehen.

Einmal wurden Desmond Tutu und der Dalai Lama gefragt, wie man angesichts der großen Probleme in der Welt Freude empfinden könne. Tutu antwortete: »Wir zeigen unsere Menschlichkeit.«

Den Ausschlag geben

Etwas Großes nimmt in dieser Zeit seinen Lauf, größer als das aktuelle gesellschaftliche und politische Geschehen. Es geht um einen bedeutenden Schritt unserer Evolution, und jeder Einzelne spielt dabei eine Rolle.

Eine sehr alte Vorstellung besagt, dass wir den Ausschlag für das Geschick der Welt geben. In früheren Zeiten wurden alle Güter mit Balkenwaagen gewogen. In die eine Waagschale kam das Wiegegut, in die andere legte man genormte Gewichte, bis das »Zünglein« genau senkrecht stand. Besonders schöne Gewichtsätze waren als Tiere wie zum Beispiel Schildkröten oder Kaninchen geformt. Die Welt ist wie solch eine Balkenwaage, in deren Schalen Geburt und Tod, Freude und Leid, Gut und Böse liegen. Wir Menschen sind gerade in der gegenwärtigen Zeit das, was den Ausschlag gibt, ein letztes kleines, aber alles entscheidendes Gewicht. Je nachdem, in welche Waagschale wir unser Handeln legen, wird sich die Waage zur einen oder anderen Seite neigen.

Bleiben Sie still, bis sich der Augenblick des Handelns »in

Übereinstimmung mit dem Tao« einstellt. Gehen Sie strategisch vor, machen Sie sich zu einer Zone des Friedens. Dann brauchen Sie zum Handeln nur noch den Mut, zu sich selbst zu stehen.

Der Anstoß zu Veränderungen geht meist von ganz wenigen aus. Im Jahr 1787 starteten Thomas Clarkson und elf andere Männer eine Kampagne, die nach zwanzig Jahren schließlich zum Verbot der Sklaverei durch das englische Parlament führte. Elizabeth Cady Stanton und vier andere Frauen trafen sich 1848 in Seneca Falls, New York, um etwas in Bewegung zu setzen, was später als Beginn der Frauenrechtsbewegung gesehen wurde und siebzig Jahre danach zur Durchsetzung des Frauenwahlrechts führte. Wer stark ist und weiß, was er will, kann beherzt, engagiert und ganz direkt aktiv werden. Wer dabei strategisch vorgeht, verbündet sich mit anderen und nimmt sich die wichtigsten Probleme zuerst vor – so kommt man auf die kreativsten Lösungen.

Worauf es eben jetzt ankommt, ist kein Geheimnis. Die mächtigsten Länder der Erde müssen sich für eine Vision des Friedens und des Miteinanders einsetzen, statt die Welt mit immer mehr Waffen zu belasten. Die reichsten Länder der Erde müssen die medizinische Versorgung ihrer Kinder, ihrer Familien, sicherstellen. Die produktivsten Länder der Erde müssen Handel und Gerechtigkeit, Nachhaltigkeit und Umweltschutz unter einen Hut bringen.

Aber auch Sie können etwas dazu beitragen. Sie haben Ihr Herz, Ihre Stimme, Ihren Geist. Seien Sie strategisch und stark. Erinnern Sie sich, wie Barbara Wiedner »Grandmothers for Peace« ins Leben rief. Manchmal genügt ein bisschen liebendes Bewusstsein im richtigen Moment. Sie können das. Sie kennen die Richtung.

Der Buddha sagte:

Andere werden grausam sein. Wir werden nicht grausam sein. Dazu machen wir unser Herz geneigt.
Andere werden Lebewesen töten oder ihnen schaden. Wir werden keinem Lebewesen schaden. Dazu machen wir unser Herz geneigt.
Andere werden habgierig sein. Wir werden gebefreudig sein. Dazu machen wir unser Herz geneigt.
Andere werden sich in unwahrer oder boshafter Rede ergehen. Unsere Rede wird wahrhaftig und freundlich sein. Dazu machen wir unser Herz geneigt.
Andere werden neidisch sein. Wir werden nicht neidisch sein. Dazu machen wir unser Herz geneigt.
Andere werden überheblich sein. Wir werden demütig sein. Dazu machen wir unser Herz geneigt.
Andere werden unachtsam sein. Wir werden uns zu achtsamer Geistesgegenwart erziehen. Dazu machen wir unser Herz geneigt.
Anderen wird es an Weisheit und Güte mangeln. Wir werden Weisheit und Güte ausbilden. Dazu machen wir unser Herz geneigt.

Ihr Auftreten sagt etwas über die Weisheit, die Sie aufbringen. Beständigkeit, Mitgefühl und tiefe Werte machen Sie zum Bodhisattwa, einem Menschen von bedingungslosem Mitgefühl. Da treten Sie für die Umwelt ein, für Asylsuchende, für alles unmittelbar Gegebene, das Aufmerksamkeit und Zuwendung braucht. Jemand hat Hunger, Sie geben ihm zu essen. Jemand ist verletzt, Sie setzen das ein, was Sie an Heilsamem zu bieten haben. Sie sind für die Armen und Schutzlosen da. Nicht, »weil es sich so gehört« oder weil Sie ein »besonderer Mensch« sind, sondern weil es so ist, wie der Dalai Lama sagt: »Dienen, das ist es, was Lebensfreude mit sich bringt.«

Schütteln Sie nicht einfach stirnrunzelnd den Kopf, wenn

Sie Nachrichten hören oder die Zeitung lesen. Lassen Sie sich nicht einreden, Sie könnten nichts ändern. Sie können. Thomas Jefferson sagte: »Ein Mensch mit Mut ist eine Mehrheit.« Und ein Mutiger braucht keine Waffen.

In den Darfur-Flüchtlingslagern begrüßt man sich, wie ich von Trudy weiß, mit: »Wie geht es deiner Familie?« Aber Ihre Familie – das sind alle Menschen, alle Tiere, alle Wesen überhaupt. Rechte, Linke, Grüne und alle dazwischen gehören zu Ihrer Familie. Lassen Sie alle in Ihr Herz ein.

Diese Zeit verlangt ein Umdenken, einen Bewusstseinswandel: vom ängstlichen Abstandhalten und einer Mentalität der Gegnerschaft hin zu einem Bewusstsein der Verbundenheit und der Abhängigkeit aller von allen. Sie haben bereits teil an diesem Bewusstseinswandel, und so ist jeder Einzelne aufgefordert, unter allen Umständen seine Freiheit des Geistes zu verwirklichen und Schönheit in diese bedrängte Welt zu tragen.

Wenn Leonard Cohen so berührend davon sang, wie alles misslang, hatte er doch zugleich nichts als »Halleluja« auf den Lippen. Sie erinnern sich an seine raue Stimme und an seine Liebe. Das Herz muss stark sein, wenn wir das Schöne in uns in die Welt tragen möchten.

Sie sind nicht unvorbereitet

Im letzten Jahr von Barack Obamas Präsidentschaft wurde ich eingeladen, beim allerersten Treffen buddhistischer Lehrer im Weißen Haus zu sprechen. Leiter buddhistischer Gemeinschaften aus allen Teilen der USA trafen sich hier, um zu erläutern, wie ihre innere Praxis mit der grundsätzlichen Ausrichtung auf das Wohl aller Lebewesen zusammenhing. Sie engagierten sich für Umweltbelange und Flüchtlinge, sie unterhielten Gefängnisprogramme und kümmerten sich

um Obdachlose, internationale Friedensinitiativen, die Ernährung der Hungernden, um den Brückenschlag zwischen den Religionen, um schutzbedürftige Frauen und Kinder, um den Kampf gegen Diskriminierung und für eine gerechtere Gesellschaft.

In meiner abschließenden Zusammenfassung stellte ich dar, dass schon der Buddha Könige und Minister beraten und ihnen Frieden und Respekt ans Herz gelegt hatte. Hier eine Aufzeichnung seiner letzten Unterweisungen, wie ich sie im Weißen Haus vorgelesen habe:

Ein Gemeinwesen, in dem häufig und regelmäßig und im Geist der Einmütigkeit und gegenseitigen Achtung Zusammenkünfte stattfinden, wird gedeihen und keinen Niedergang erleben.
Ein Gemeinwesen, in dem weise und achtungsvoll gehandelt wird, darf erwarten, dass es gedeiht und keinen Niedergang erlebt.
Solange ein Gemeinwesen die Schwachen schützt, wird es gedeihen und keinen Niedergang erleben.
Eine Gemeinschaft, in der man sich um die heiligen Stätten kümmert, darf erwarten, dass es gedeiht und keinen Niedergang erlebt.

Weise Worte wie diese findet man auch in anderen Traditionen, aber an den buddhistischen Lehren überzeugt vor allem, dass sie uns zugleich in eine Praxis einführen, die uns anleitet, aus solchen Worten Realität werden zu lassen. Wir können uns selbst in Mitgefühl, Achtsamkeit, Respekt, Einfühlungsvermögen und innerem Gleichgewicht trainieren. Auch in der Neurowissenschaft gilt heute, dass Mitgefühl, soziales und emotionales Lernen, kluge Aufmerksamkeit und Selbstkontrolle, wenn sie in der Kindererziehung, im Gesundheitswesen und im Wirtschaftsleben trainiert wer-

den, nicht nur den unmittelbar Betroffenen nützen, sondern auch ihrer Umgebung. Verbesserungen sind dann bei der schulischen Arbeit, im Gesundheitsbereich, in der Produktivität und beim Engagement für andere deutlich zu erkennen. Wenn wir eine weise Gesellschaft aufbauen möchten, sind Mitgefühl, Achtsamkeit und gegenseitiger Respekt die Grundlagen.

Spirituelle Praxis hat nichts Passives. Der Buddha bemühte sich um die Beendigung von Kriegen, er setzte sich für Frieden in Familien und Dorfgemeinschaften ein. Er fungierte sogar als Wirtschaftsberater eines Herrschers, in dessen Reich Gesetzlosigkeit und gesellschaftliche Missstände um sich griffen. Er riet davon ab, die Steuern zu erhöhen und Unbotmäßigkeit gewaltsam zu unterdrücken. Stattdessen solle der König Saatgut und Kapital bereitstellen und die Bauern und Gewerbetreibenden auf jede erdenkliche Art unterstützen. Der König ließ sich davon überzeugen, und als der Wohlstand zunahm, herrschte auch wieder Sicherheit im Land. Der Buddha ergänzte: »Menschen, die sich sicher fühlen, sitzen mit Kindern auf dem Schoß da und sperren ihre Türen nicht ab.«

Alle Leiden erwachsen nach den Worten des Buddha aus Gier, Hass und Unwissenheit. Und er zeigte den Menschen, wie man zu deren Gegenteil gelangen kann, zu Liebe, Klarheit, Weisheit, Wahrhaftigkeit, Großzügigkeit und Dankbarkeit.

In unserer Zeit haben es buddhistische Führungspersönlichkeiten ihm nachgetan. Der kambodschanische Mönch Maha Ghosananda schloss sich dem Friedensprozess der Vereinten Nationen an und führte über Jahre Friedensmärsche durch Kriegsgebiete und Schauplätze von Gräueltaten an. Thailändische Äbte haben zum Schutz der Wälder vor wahllosem Raubbau ihre Gewänder genommen und Bäume zu »Waldältesten« ordiniert. Burmesische Mönche und

Nonnen zogen durch die Straßen, um die Bürger vor den Übergriffen der Militärregierung zu schützen. In Sri Lanka gewann A. T. Ariyaratne Hunderttausende für den Plan eines fünfhundertjährigen Friedens. Vietnamesische, chinesische und tibetische Mönche und Nonnen sind für Frieden, Gerechtigkeit und Mitgefühl eingetreten, einige verbrannten sich sogar öffentlich, um dem Treiben ihrer Regierung Einhalt zu gebieten.

Gandhi sagte: »Wer meint, Spiritualität habe nichts mit Politik zu tun, hat nicht verstanden, was Spiritualität eigentlich ist.« Spiritualität ist nichts Abgehobenes, sondern bedeutet auch das Eintreten für die Menschlichkeit, für ethisches Handeln und die Abwendung von Schaden. Es geht um liebendes Bewusstsein in all den Nöten und Turbulenzen dieser Welt.

Wo wir auch stehen mögen, jetzt müssen wir uns für das engagieren, was wichtig ist: gegen Hass und für gegenseitigen Respekt, für den Schutz der Wehrlosen und für die Natur. Meditation und Kontemplation sind nicht bereits der ganze Weg zur Freiheit.

Liebendes Bewusstsein hat mit *Beziehung* zu tun und Gebefreudigkeit, einen sittlichen Lebenswandel sowie Herzensgüte zur Grundlage. Glück und Freiheit brauchen Motive anderer Art als Gier, Hass und Grausamkeit. Sie setzen voraus, dass wir uns wahrheitsgemäß und aufbauend äußern, weder schroff noch eitel, weder beleidigend noch verleumderisch. Und unser Handeln darf keinen Schaden anrichten – kein Töten, kein Stehlen, keine sexuelle Ausbeutung.

In Ihrem Eintreten für die Welt sind Sie nicht allein. Alle Vorfahren stehen hinter Ihnen. Die Verbundenheit aller mit allen und der Geist der Gemeinschaft sind auf Ihrer Seite. Alle Tiere sind Ihre Verbündeten. Der Wechsel der Jahreszeiten und die Erneuerung des Lebens sind die Musik zu

Ihrem Tanz des Lebens. Und über allem wölbt sich der weite Himmel der Leere.

Sie haben sich lange auf diesen Moment vorbereitet, vielleicht über etliche Leben. Sie haben gelernt, geistig ruhig zu werden und Ihr Herz zu öffnen. Sie haben viel über Liebe und die wechselseitige Abhängigkeit aller Dinge und Lebewesen erfahren. Jetzt müssen Sie vortreten und der Welt Ihre Gelassenheit und Weisheit, Ihren Mut und Ihr Mitgefühl zur Verfügung stellen. Seien Sie ein Bodhisattwa, ein Mensch des Friedens, der inmitten chaotischer Zustände Leiden lindern möchte und Schutz bietet.

Das kann viele Formen haben. Wir können gefährdeten Menschen sichere Räume geben. Oder wir stellen uns mit geeigneten Mitteln denen entgegen, deren Verhalten den Schutzlosen schaden würde. Vielleicht setzen wir uns für die Umwelt ein oder stellen uns aktiv denen zur Seite, die Hass und Vorurteilen ausgesetzt sind. Schutz bedeutet in allen diesen Fällen, dass wir das Licht des liebenden Bewusstseins tragen. Wir treten für die Wahrheit ein und lassen uns durch nichts davon abbringen.

Halten wir stets an der zeitlosen Wahrheit fest, dass Hass nicht durch Hass zu beenden ist und allein durch Liebe geheilt werden kann. Großzügigkeit, Liebe und Weisheit erzeugen Glück. Sie können nichts Besseres tun, als sie zu üben, bis sie Ihnen in Fleisch und Blut übergegangen sind. Die Zeit des Wandels ist jetzt da. Wir müssen genau hinhören, alle Menschen achten und dann ebenso klug wie mutig handeln. Wenn das richtige Handeln Ihnen noch nicht deutlich vor Augen steht, keine Sorge. Warten Sie achtsam und bereit in diesem Nicht-Wissen, und der richtige Moment wird kommen.

ÜBUNG
Stellung beziehen

Stellen Sie sich vor, Sie könnten am Ende Ihres Lebens auf das kommende Jahr zurückblicken.

Und stellen Sie sich vor, Sie hätten für irgendeine bestimmte Sache Stellung bezogen, sich für etwas eingesetzt, was Ihnen wirklich wichtig ist. Das kann lokaler oder globaler Natur sein – Klimawandel, Hunger, Flüchtlinge, Kinder, Gerechtigkeit oder was Ihnen sonst ein großes Anliegen ist.

Wie würden Sie sich am Ende Ihrer Tage fühlen, wenn Sie so gehandelt und für die Waage der Erde den Ausschlag gegeben hätten?

Stellen Sie sich weiterhin Ihre ersten Schritte vor: Was hatte Ihnen vorgeschwebt, welche Kontakte haben Sie geknüpft, wie wurden Sie aktiv.

Stellen Sie sich zuletzt vor, wie Sie in den kommenden Wochen einsteigen könnten.

Jetzt nehmen Sie alles, was Sie mitbringen, und handeln.

14
Geheimnisvolles Leben

Gott hat die Welt aus dem Nichts erschaffen,
aber das Nichts scheint immer wieder durch.
Paul Valéry

Das Geheimnisvolle ist nie weit entfernt. In einer einzigen Eichel, die ein Kind in der Hand hält, liegen künftige Eichenwälder. Jede Zelle dieser Eichel birgt eine gezwirbelte DNA-Kette und darin die Geschichte aller laubwerfenden Bäume und deren Evolution aus den ersten Lebensformen. Beim Blick in Ihre eigene Hand sehen Sie ein Abbild des Primatenlebens und die Zukunft der Menschheit.

Auf diesem blaugrünen Planeten verwandeln Pflanzen das Sonnenlicht auf wunderbare Weise in Zucker. In Ihrem Darm wohnen Billionen von nicht körpereigenen Mikroorganismen, die aber für Ihre Ernährung mit Ihren eigenen Zellen zusammenarbeiten, und das selbstständig, ohne Ihre Anleitung. Ihr Gehirn, das gerade diese schwarzen Zeichen auf weißem Grund in Bedeutungen übersetzt, arbeitet mit Trillionen von Entladungsmustern Ihrer Gehirnzellen – mehr als die Anzahl der Sterne im bekannten Universum.

Schauen Sie einem anderen in die Augen. Woher kommt diese menschliche Inkarnation? Was wird morgen sein? Was ist Bewusstsein? Was sind Schwerkraft, Liebe, Tod? Wir leben ständig inmitten eines Mysteriums.

Nicht weit weg

Auch unser Erkenntnisvermögen ist vor allem ein Mysterium. Wir brauchen dazu unsere Sinne, unser Denken, unsere Wahrnehmung. Darüber hinaus gibt es jedoch Wege der Erkenntnis von ganz anderer Art.

Lynne Twist erzählte von senegalesischen Frauen in einer von Dürren heimgesuchten Gegend, die in Träumen herausfanden, wo unter dem glühenden Saharaboden Wasser zu finden war. Ein ganzes staubiges Jahr lang musste zum Klang der Trommeln gegraben werden, bis endlich Wasser sprudelte. Wie konnten sie das wissen?

Elizabeth Mayer wurde von ihrer Mutter gedrängt, einen Rutengänger aus Arkansas einzuschalten, um eine gestohlene wertvolle Harfe wiederzufinden. Ihm gelang es, das Suchgebiet auf einen bestimmten Häuserblock in Oakland einzuschränken, und dort wurde das Instrument tatsächlich gefunden. Damit war es um Elizabeth Mayers wissenschaftliche Skepsis geschehen, und sie veröffentlichte das Buch *Extraordinary Knowing*.

Für unsere allseitige Verbundenheit sind Raum und Zeit keine Hindernisse. Irgendwo habe ich gelesen, dass Ihr nächster Atemzug mit neunundneunzigprozentiger Wahrscheinlichkeit mindestens ein Molekül von Julius Caesars letztem Atemzug enthält. Das klang mir erst ein wenig zweifelhaft, sodass ich nachrechnete. Ich ging von der sogenannten Avogadro-Konstante und der inzwischen berechneten Zahl von gut 602 Trilliarden Teilchen pro Mol eines Stoffes aus. Es scheint tatsächlich so zu sein, dass wir mit Julius Caesar atmen.

Mich führte das Geheimnisvolle von der Universität in ein abgelegenes Waldkloster im Grenzgebiet von Thailand und Laos. Als ich mir für die Mönchsordination den Kopf scheren ließ und meine Almosengänge mit der Bettelschale

machte, fühlte sich das alles so vertraut an, als hätte ich es schon oft gemacht. Später kamen mir in der tiefen Meditation Erinnerungen an ein Jahrhunderte zurückliegendes Leben als armer Mönch in China. Mir kam der Gedanke, dass es so etwas vielleicht wirklich gibt. Bis dahin war ich davon ausgegangen, dass die Wissenschaft alles erklärt. Aber zu Bewusstsein oder Geburt oder Tod hat sie nicht viel beizutragen.

Trotzdem sagte ich zu Ajahn Chah, dem ich 1967 begegnete, ich glaube nicht an frühere oder künftige Leben. Ich fügte hinzu, ich stamme aus einer Familie von Wissenschaftlern. Er lachte und sagte: »Das braucht man nicht zu glauben. Geburt und Tod ereignen sich jeden Augenblick. Achten Sie darauf, und Sie werden alles erfahren, was Sie über Leiden und die Freiheit von Leiden wissen müssen.« Ich habe mich in den fünfzig Jahren seitdem verändert. Damals glaubte ich gar nichts, heute könnte man fast sagen, dass ich alles glaube.

Das Mysterium der Inkarnation

Dazu fallen mir hundert Geschichten ein. Esta, die Frau meines jüngsten Bruders, hatte Krebs und war sehr schwach, als es mit ihr zu Ende ging. Ich stand früh auf, um sie zu besuchen. Ich hatte viele Tage bei ihr gesessen und wusste, dass nicht viel Zeit blieb. Ich fuhr, so schnell es ging, machte aber einmal kurz halt, um im Drogeriemarkt etwas zu besorgen. An der Kasse spürte ich plötzlich, wie sich mein Körper von innen her löste. Die ganze Eile war entschwunden. Da wusste ich, dass sie gestorben war. Im Wagen rief ich meinen Bruder Kenneth an, und er bestätigte: Ja, Esta war vor ein paar Minuten friedlich eingeschlafen.

Ein in Burma praktizierender Freund hatte eine Vision

vom Unfalltod seines Vaters. Er rief daheim an, und tatsächlich, sein Vater war genau so gestorben, wie er es gesehen hatte. Sicher kennen Sie auch solche Geschichten. Es sind wahre Begebenheiten. Unser Bewusstsein ist nicht auf den Körper und seine Umgebung beschränkt.

Meine erste außerkörperliche Erfahrung hatte ich während eines einjährigen strengen Schweige-Retreats in einem Schulungskloster. Für diese Zeit waren achtzehn Stunden Meditation im Sitzen und im Gehen pro Tag angesetzt. Damals ein junger Mann, stürzte ich mich mit Feuereifer hinein. Einmal fühlte ich mich körperlich erschöpft und legte mich auf den Holzboden meiner Hütte, um ein kurzes Nickerchen zu machen. Nach zwanzig Minuten erhob ich mich wieder und begann mit meiner langsamen Meditation im Gehen quer durch den Raum. Beim Blick aus dem Fenster sah ich andere Mönche im Garten. Als ich kehrtmachte, lag eine Gestalt an der Stelle, von der ich gekommen war. Es war ein Schock, als ich meinen eigenen erschöpften Körper erkannte. Mein Geist war entschlossen gewesen, trotz meiner Erschöpfung aufzustehen. Ich ging ganz nah heran, blickte auf meinen Körper hinunter und fiel dann in ihn hinein, um im nächsten Moment am Boden aufzuwachen. Später kam es häufiger zu solchen und anderen Erlebnissen – mein Körper löste sich in Licht auf, und ich trat in eine stille Leere ein, in der reine Seligkeit und grenzenlose Liebe waren. Dadurch wurde mir ganz klar, dass Ewigkeit, Freiheit und Vollkommenheit immer hier und jetzt gegeben sind.

Nachdem ich nun viele Jahre Sterbende begleitet habe, die in der Todesnähe häufig davon berichten, dass sie ins Licht eingehen und wieder zurückkommen, zweifle ich nicht mehr daran, dass es Bewusstsein jenseits des Körpers gibt. Wenn ich Zeuge dieses heiligen Augenblicks bin, in dem ihr Bewusstsein den Körper verlässt, steht außer Frage,

dass der zurückbleibende Körper einfach eine leere Hülle ist. Ich selbst habe mich beim Meditieren an andere frühere Leben erinnert und in einigen Ländern der Welt meditative Rückführungen in vergangene Inkarnationen geleitet. Und erstaunlicherweise spielt es keine Rolle, ob diese Menschen an die Wiedergeburt glauben oder nicht. Viele erleben sich dann in Familien, Dörfern oder Gehöften früherer Zeiten und lernen aus dem, was sie da sehen. Wenn es dazu kommt, dass sie ihren Tod in dieser Inkarnation erleben, empfinden sie es ebenfalls so, dass der Geist den Körper verlässt und sie in eine Sphäre des Lichts oder des leuchtenden Dunkels eintreten, bis der Impuls entsteht, wieder in einen Schoß einzugehen. Aber Sie müssen das alles nicht glauben, bleiben Sie einfach aufgeschlossen.

Wer sind Sie? Wie kamen Sie in diesen sonderbaren Körper mit seinen Augäpfeln, Gelenkpfannen und Brustwarzen, mit »Fell« an manchen Stellen und einer Öffnung am oberen Ende, in die Sie regelmäßig Pflanzen und tote Tiere stopfen, die Sie dann zermalmen und mit oder ohne zusätzliche Flüssigkeit durch eine Röhre abwärts schwemmen? Dieser Körper, mit dem Sie sich fortbewegen, indem Sie sich nach vorn fallen lassen und gleich wieder abfangen, und mit dem Sie Kopien Ihrer selbst herstellen, indem Sie einen Kolben einführen oder eingeführt bekommen, der dann einen Schwall von hundert Millionen winziger klebriger Kaulquappen von sich gibt? Und was ist mit diesem rudimentären Schwanzansatz, mit den Fingernägeln, die bei den fernen Vorfahren einmal richtige Klauen waren? Inkarnation ist eine ziemlich abgefahrene Sache.

Hier eine ganz einfache und sehr überzeugende Möglichkeit, das alles zu verstehen. Schauen Sie in den Spiegel. Da werden Sie sehen, dass Ihr Körper gealtert ist. Was aber gar nicht dazu passen will: Sie selbst fühlen sich nicht unbedingt älter. Ihr Körper existiert in der Zeit, erst ist er ganz

klein, dann wächst er und altert und stirbt schließlich. Aber das Bewusstsein, das Ihren Körper betrachtet, existiert außerhalb der Zeit. Der Geist lässt sich auf eine menschliche Geburt ein, erlebt Ihr Leben und schließlich Ihren Tod und wird am Ende vermutlich sagen: »Junge, Junge, war das eine Fahrt!« In Wirklichkeit sind Sie liebendes Bewusstsein, das dem Tanz von Leben und Tod zuschaut.

Alice Walker schrieb in *The Color Purple (Die Farbe Lila)*, einmal sei ihr das Gefühl gekommen, sie sei irgendwie alles, nichts Eigenes. Wenn sie jetzt an einem Baum säge, blute ihr Arm ...

Die Erde atmet uns

Sie sind Bewusstsein, das sich als Mensch inkarniert, dadurch aber nicht beschränkt ist. Bewusstsein ist der leere Raum des Erkennens, weit und offen wie der Himmel. Diese offene Weite des liebenden Bewusstseins kann Ihr Zuhause werden.

In Augenblicken der Gnade fällt uns das spontan wieder ein. Wir gehen zum Tanzen und werden die Musik, wir wandern in den Bergen oder blicken einem geliebten Menschen in die Augen, und auf einmal verschmelzen Raum und Zeit zu Ewigkeit. Wir liegen auf dem Vordeck eines Segelboots und werden eins mit der Gischt, wir öffnen uns in der Meditation dem Grenzenlosen. In tiefer Aufmerksamkeit dringt unser Blick durch den Schleier der scheinbaren Getrenntheit. Da erkennen wir den flüchtigen Charakter dessen, was wir »Person« nennen, all der Gewohnheiten des kleinen Ichs, und zugleich wissen wir, dass wir immer dann »beschränkt« sind und nicht alles sehen, wenn wir uns als etwas Gesondertes erleben. Das kleine Ich fühlt sich im unberechenbaren Strom des Lebens unwohl und als etwas

getrennt Existierendes, es ist verunsichert und verängstigt. Dem tieferen Blick offenbart sich jedoch, dass wir das Leben sind. Wir sind selbst der Fluss und können nicht darin verloren gehen.

Sie sind die Bewusstheit in allen Dingen, das Mysterium, aus dem alles hervorgeht. Atmen Sie einige Male tief durch, um dann wieder ganz normal zu atmen. Fühlen Sie, wie das Leben »Sie atmet« und immer wieder zu Freiheit und Ewigkeit im Hier und Jetzt einlädt. Natürlich können Wörter wie »Freiheit« und »Ewigkeit« so wenig Ihren wahren Hunger stillen wie eine Speisekarte. Dazu müssen Sie das Wunderbare dieses Atemzugs fühlen, diesen Pulsschlag des Lebens. Der Atem, sagt der Lyriker William Stanley Merwin, atmet uns. Er rudert uns über den Fluss unseres Lebens.

Dieser Schritt über sich selbst hinaus hat etwas zutiefst Erfrischendes. Drosseln Sie erst einmal das Tempo, entspannen Sie sich, lassen Sie dem Leben seinen Lauf.

Doris war fünfzig und hatte drei halbwüchsige Kinder, als sie begann, sich als Designerin zu etablieren. Sie war aber auch voller Befürchtungen, wie sie selbst erzählte:

Ich war eine richtige Schwarzseherin, unentschlossen und oft in Panik. Als ich dann von Achtsamkeit hörte, leuchtete mir das alles sofort ein. Ich nahm an einem Retreat teil. Die friedliche Stille war ein Segen für mich, ich hatte keine Entscheidungen zu treffen und musste nur präsent und gut zu mir sein.

Zuerst stellte ich eine subtile Veränderung meiner Selbstwahrnehmung fest. Ich übte die freundliche Bejahung all dessen an mir, was ich nicht gemocht hatte, aber jetzt dankbar zur Kenntnis nahm. Mir ging auf, dass sich mein Herz zusammengezogen hatte und an seine Ängste und Schmerzen klammerte, was mir die Liebe zu mir selbst und anderen erschwerte.

Etwas öffnete sich ein wenig, und ich war nicht mehr so in meinen Leiden befangen. Es kam ein bisschen Selbstvertrauen auf; ich sah mich als menschlich und fehlbar und doch so viel mehr.
Dann passierte »das Wunder«, wie ich es nenne. Beim langsamen, achtsamen Gehen wurde ich ganz still, und dann verschwand ich. Es gab kein Ich mehr, nur diese gewaltige Stille und den Wind. Es war eine Stunde der Freude und atemberaubenden Freiheit.
Jetzt weiß ich, wie viel größer ich bin als meine Ängste. An manchen Tagen spüre ich ihn noch, diesen Tanz, doch es gibt auch andere, an denen ich mich wieder als Zuschauerin sehe. Dann brauche ich aber nur die Arme zu öffnen und auf das Leben zuzugehen – schon bin ich wieder frei.

Sich öffnen, das ist nichts, was Sie fürchten müssten. Wenn Sie sich vom alltäglichen Ich-Gefühl lösen, sind Sie vollkommen in Sicherheit. Ihr Körper, Ihre Person, Ihre Intelligenz sind dann immer noch da; sie werden so etwas wie Haustiere, die Sie füttern und versorgen und an deren schnurrigen Eigenheiten Sie Ihren Spaß haben, aber sie sind nicht *Sie*. Sie sind Ihre Garderobe. Ihr freier Geist ist etwas ganz anderes.

Biografien und Rollen

Solange wir uns als unsere Biografie und unser Ich verstehen, als unser Bild von uns selbst, verirren wir uns allzu leicht. Dann glauben wir die Geschichten, die wir über uns, unseren Körper, unsere Familie, unseren Lebenslauf mit seinen Traumata und Dramen, Erfolgen und Misserfolgen erzählen. Es ist aber möglich, aus alldem auszusteigen. Die

Realität umfasst weitaus mehr als das. Sie sind mehr als die Storys, Gedanken und Ängste des kleinen Ichs. Familie, Nationalität, ethnische Zugehörigkeit, Bildung, Lebenseinstellung – nichts davon ist das, was Sie sind. Sie alle haben ihren Platz, aber Sie sind nicht darauf beschränkt.

Die Gesellschaft möchte uns gern einordnen, aber wir passen in keine Schablone. Menschen sind nicht einfach weiß oder gelb, braun oder rot, Menschen sind nicht einfach schwul oder hetero. Jeder ist einzigartig, komplex und hat seine ganz eigenen Träume und Vorlieben, unser Dasein umfasst so viel mehr, als andere wahrnehmen. Im Lauf eines Lebens haben Sie viele Rollen zu spielen, aber Sie müssen sich nicht mit ihnen identifizieren. Spielen Sie ruhig Ihren Part als Kämpfer oder Tunichtgut, spielen Sie die Göttin oder den ewigen Jüngling, die Große Mutter, den Prinzen, die Sklavin, den Gottesdiener. Ihre Lebensgeschichte kann von innerem Reichtum oder innerer Armut handeln, von Sünde und Kampf, von Freude und Erlösung. Sie können Opfer oder Gefährte, Arbeitstier oder Heiliger, Ernährer, verlorene Seele, Einzelgänger, Künstler, Abenteurer sein. Die Neuroplastizität sorgt sogar dafür, dass sich Ihr Gehirn entsprechend organisiert.

Vergegenwärtigen Sie sich einmal diese Rollen und Stile. Finden Sie Freude daran, auch an den eher harten und traurigen. Betrachten Sie die Dinge ein wenig distanziert und mit Humor. Sie sind nicht auf diese Rollen beschränkt, Sie sind viel mehr. Auch der Körper mit seiner Lust und seinen Schmerzen, mit Alter und Krankheit zieht Ihnen keine Grenze. Ich habe noch die Stimme eines querschnittsgelähmten Mannes während eines spirituellen Seminars im Ohr: »Ich bin nicht mein Körper. Halleluja!« Unser spirituelles Bewusstsein geht weit über Körper und Denken mit ihren ständig wechselnden Erscheinungsformen hinaus.

»Intersein«: Sie sind nicht allein

Immer wenn ich lehre, habe ich ein Bild von dem berühmten Cellisten Vedran Smailović bei mir, das ihn in der zerstörten Nationalbibliothek von Sarajevo zeigt. Die Stadt erlebte während des Balkankriegs in den Neunzigerjahren über drei Jahre die längste Belagerung des 20. Jahrhunderts. Trotz der beinah täglichen Artillerieangriffe und der ständigen Bedrohung durch Heckenschützen zog Smailović seinen Frack an und spielte sein Cello. Er tauchte immer da auf, wo Bomben und Granaten gefallen und Menschen gestorben waren; mit seiner Musik wollte er erreichen, dass die Menschen in Sarajevo die Hoffnung nicht aufgaben. Auch für Sie gilt: Indem Sie sich daran erinnern, wer Sie sind, finden Sie Würde auch noch in den Trümmern Ihres Lebens.

Wenn Sie Geld oder Ihr Vertrauen verloren haben, wenn Sie krank sind oder in der Familie jemand an einer Krankheit oder Sucht leidet, selbst wenn ein Kind in Gefahr ist, sind Sie nicht allein, sondern einer von sehr vielen, die mit den unvermeidlichen Problemen der menschlichen Inkarnation zu kämpfen haben. Eben jetzt haben Hunderttausende den Verlust von Geld zu beklagen, bekommen eine erschreckende Diagnose oder halten ihr krankes Kind in den Armen. Manche sind dabei allein, andere können Hilfe finden. Atmen Sie mit ihnen, umgeben Sie ihren Schmerz mit Ihrem eigenen, geben Sie von Ihrem Mut und Mitgefühl.

Zwei Frauen in Nachbarortschaften in Nordkanada waren während eines grimmigen Wintersturms gezwungen, außer Haus zu gehen. Die eine fuhr ihre schwangere Tochter ins Krankenhaus, die andere musste sich um ihren kranken Vater kümmern. Sie fuhren aus entgegengesetzten Richtungen dieselbe Straße durch orkanartige Böen und dichtes Schneetreiben. Dann mussten sie beide vor einem

umgestürzten mächtigen Baum anhalten. Es brauchte nur ein paar Worte, bis sie darauf kamen, einfach die Schlüssel zu tauschen, sodass beide mit dem Wagen der jeweils anderen weiterfahren konnten.

Wenn Sie sich über Ihr Ich hinaus öffnen, wird klar, dass andere zu Ihrer Großfamilie gehören. Meine Kollegin Sylvia Boorstein erzählte, dass es in Synagogen alljährlich einen Gottesdienst für Hinterbliebene Verstorbener gibt, deren Sterbedatum nicht bekannt ist – sei es, dass sie von den Nationalsozialisten ermordet wurden oder dass man ihre Grabstätte nicht kennt. Die Betroffenen stehen beim Gebet. An diesem Tag im Tempel, so Sylvia Boorstein, »sah ich mir die Leute an und überlegte, ob sie wohl ausnahmslos unmittelbare Hinterbliebene seien. Dann ging mir auf, dass wir alle das sind, und ich stand ebenfalls auf.«

Jenseits des Ichs geht es nicht um mich in Beziehung zu einer Außenwelt. Hier ist alles *wir*, alles ist »Intersein«, wie Thich Nhat Hanh sagt. Sogar Mitgefühl ist hier gegenstandslos.

Alle gewinnen

»Wenn einer gewinnt«, sagte Gandhi, »gewinnen alle. Wenn einer fällt, fällt die ganze Welt im gleichen Maße.« Sobald innere Stille einkehrt und das Herz aufgeht, ist es keine Frage mehr, wer Sie sind. Sie leben in Wechselbeziehungen mit allen und allem, Sie sind Leben, das sich durch Körper und Sinne selbst erfährt, immer und immer wieder. Nichts hält Sie auf. Weise, Schamanen und Heilige leben in diesem Wissen. Auch wenn sie sich selbst als unwürdig sehen, wenden sie sich diesem Mysterium zu.

Immer schon habe ich die Geschichte von Black Elk geliebt, diesem Medizinmann der Lakota-Sioux, dessen bewe-

gende Geschichte John Neihardt in seinem Buch *Ich rufe mein Volk* erzählt. Das Schlusskapitel berichtet von Black Elks letztem Aufstieg zum Harney Peak (heute Black Elk Peak) in South Dakota. Neihardt hatte er erklärt, beim Nahen des Todes könne man auf diesen heiligen Berg steigen, um zu sehen, ob der Große Geist mit dem Leben einverstanden sei, das man geführt habe. Auf jemanden, der den Segen des Großen Geistes hatte, würde es regnen.

Black Elk wurde als jungem Mann in einer Vision gezeigt, wie er seine Leute und seine Heimat vor Soldaten und Siedlern schützen konnte. Sein Leben lang bemühte er sich, dieser Vision gerecht zu werden und den heiligen Kreis des Lebens wiederherzustellen. Er hatte manche Tragödie erlebt und sah sich als gescheitert und den heiligen Kreis als zerbrochen. Bei diesem letzten Aufstieg war Black Elk schon sehr alt. Er trug lange rote Unterhosen und Mokassins, Kriegsbemalung und einen gefiederten Kriegskopfputz. Beim langen, mühsamen Aufstieg hatte er keinen Blick für die Touristen, die ihn anstarrten. Neihardt stichelte und meinte, der Häuptling hätte vielleicht besser einen Tag mit wenigstens einer Wolke am Himmel wählen sollen, aber Black Elk erwiderte, solcher Regen habe nichts mit dem Wetter zu tun.

Oben angekommen, legte sich der alte Mann unweit einer Gruppe von Touristen hin. Dann verfolgte Neihardt staunend, wie sich über Black Elk ein paar Wolken bildeten und es tatsächlich sanft zu tröpfeln begann. Black Elk war so erleichtert, dass er weinte. Er mochte seine große Vision nicht erfüllt haben, aber der Große Geist erkannte offenbar an, dass er sein Bestes gegeben hatte.

Ihr Leben ist nicht von der Erde, der Sonne, den Sternen getrennt, sondern gehört zum Ganzen und ist von allem getragen. Aus dieser Erkenntnis erwachsen Freiheit und Freude. Darauf können Sie bauen. Der christliche Mystiker

Thomas Merton hatte sein Kloster verlassen und wollte in die Stadt. Dort in Louisville, Kentucky, an einer Straßenecke, war die Vision plötzlich da:

Ecke Vierte und Walnut, mitten in der Einkaufsgegend, kam es plötzlich über mich, dass ich alle diese Menschen liebte, dass ich zu ihnen und sie zu mir gehörten, dass wir einander niemals fremd sein konnten, auch wenn wir uns überhaupt nicht kannten. Es war wie das Aufwachen aus einem Traum von Trennung, von vorgetäuschter Vereinzelung ... Ich fühlte die ungeheure Freude, zur Menschheit zu gehören, in der sich der göttliche Funke inkarniert. Wie ließe sich den Menschen mitteilen, dass sie alle leuchtend wie die Sonne umhergehen?

An jener Straßenecke in Louisville ist heute eine in Amerika einzigartige Bronzeplakette mit diesen Worten Mertons zu sehen; sie ruft uns in Erinnerung, dass alle Orte heilig sind.

Äußere und innere Freiheit

Wir sind eins mit dem Mysterium des Lebens und leben zugleich unsere einzigartige Inkarnation. Mit einem Fuß stehen wir in der Zeitlosigkeit, mit dem anderen in diesem Dasein als Individuum. Beide Sphären bieten die Möglichkeit der Freiheit.

Äußere Freiheit erlaubt dem Einzelnen, so zu leben, wie er möchte, und sein Glück so zu suchen, wie er es für angebracht hält. Wie gesagt: Diese äußeren Freiheiten sind kostbar – was für ein Segen, dass wir Rede-, Religions- und Versammlungsfreiheit haben und uns frei bewegen können. Wir können unsere Lebensform selbst wählen und dürfen

damit rechnen, dass unsere Menschenwürde grundsätzlich geachtet wird. Es ist ein menschliches Grundrecht, nicht Unterdrückung, Unrecht und Sklaverei ausgesetzt zu sein und nicht bittere Armut und Hunger fürchten zu müssen.

Möglicherweise genießen Sie alle diese Freiheiten, aber unzählige Menschen auf der ganzen Welt müssen ohne sie leben. Sie sehen sich politischer Unterdrückung oder ethnischer Verfolgung ausgesetzt und leiden endlos unter Krankheit und Hunger. Freiheit setzt für sie bei der Situation an, in der sie sich befinden. Gandhi sagte: »Freiheit beginnt für die Hungernden mit Brot.« Für manche wäre es der Gipfel der Freiheit, wenn sie zu essen bekämen, bescheidene Chancen hätten, wenn ihre Menschenrechte gewahrt wären, wenn sie ohne Krieg und Rassismus leben könnten.

Wie gut, dass Sie Ihre Freiheit so nutzen können, dass andere auch etwas davon haben! Verbinden Sie Ihre Freiheit mit der Freiheit anderer. Mit Ihrer eigenen zunehmenden Freiheit können Sie dem Wohlergehen aller dienen, ganz im Sinne Martin Luther Kings: »Wir sind erst frei, wenn alle frei sind.« Jeder Einzelne, dem sich Freiheit und die Verbundenheit aller mit allen erschließt, kann sehr viel bewirken.

Ich selbst genieße das Privileg so gut wie aller äußeren Freiheiten der Welt. Meine Kindheit war wegen meines zur Gewalttätigkeit neigenden Vaters nicht ungetrübt, aber ich war in meinem wohlhabenden Elternhaus mit allem versorgt und lebte in einem reichen Land, das mir Chancen, Bildung und ein funktionierendes Gesundheitssystem bot. Das gab mir die Möglichkeit, im Kloster Frieden zu suchen, aber es schärfte auch mein Bewusstsein für die Lage anderer. Der Kampf um äußere und das Streben nach innerer Freiheit gehören wohl von Natur aus zusammen. Ich habe mich für eine Reform des Gefängniswesens, für Frieden in Burma, für soziale Gerechtigkeit und die Umwelt, für Freiheit in Palästina, Tibet und anderswo einsetzen können.

Als ich unlängst in der Hauptstadt Washington war, besuchte ich das Lincoln Memorial und las die in Marmor gehauenen Worte: »… ohne Groll auf irgendjemanden und mit Nächstenliebe für alle … das zu tun, was dauerhaften Frieden unter uns und mit allen Nationen schaffen kann.« Mir traten die Tränen in die Augen angesichts all dessen, was dieser Präsident geschultert und geopfert hat, auch angesichts seiner unerschütterlichen moralischen Haltung, die wir in der heutigen Welt so dringend brauchen.

Mein Freund Maha Ghosananda, der Gandhi Kambodschas, wie er genannt wird, hat gezeigt, dass so etwas auch in unserer Zeit möglich ist. In ihrer blinden Zerstörungswut hatten die Roten Khmer Tempel niedergebrannt und Millionen Menschen ermordet, auch und gerade Gebildete. Darunter waren neunzehn Mitglieder von Maha Ghosanandas Familie. Als einer der wenigen überlebenden höheren Mönche leitete Ghosananda den Bau von Tempeln in den Flüchtlingslagern jenseits der Grenze. Als die kriegerischen Auseinandersetzungen abklangen und die Menschen allmählich in ihre Heimat zurückkehren konnten, sagte Ghosananda den Leuten, sie könnten jetzt nicht einfach mit Bussen oder Lastwagen nach Hause fahren, dazu sei zu viel Schreckliches passiert. Sie sollten zu Fuß gehen und er werde sie begleiten. Unterwegs wurden ununterbrochen Gebete der Herzensgüte rezitiert, damit die Menschen Schritt für Schritt ihre Heimaterde, ihr Herz und ihr Land für sich zurückgewinnen konnten.

Jahr für Jahr leitete er solche Trecks von Flüchtlingen zurück in ihre Heimat, stets von Glockenklang und Gesängen des Mitgefühls begleitet, und dabei kam es immer wieder vor, dass Frauen aus ihren Verstecken im Wald auftauchten und kriegsmüde Soldaten beider Seiten Ghosananda ihre Waffen weinend zu Füßen legten.

Dieser für den Friedensnobelpreis nominierte, in fünfzehn Sprachen bewanderte Gelehrte, der dreißig Tempel gegründet hat und im Friedenssicherungsprogramm der Vereinten Nationen hohes Ansehen genoss, lebte die meiste Zeit im Dschungel, wo er die Menschen anleitete und die bereits zitierte einfache Wahrheit lebte, lehrte und sang: »Hass wird nicht durch Hass beendet, nur die Liebe kann ihn heilen.« So zeigte er den Menschen, dass das menschliche Herz unter allen Umständen frei sein kann. Wir sind zweifellos verletzlich, aber welcher Art unsere Kämpfe auch sein mögen, unser Geist kann sich immer zu Mitgefühl und Fürsorglichkeit aufschwingen.

Die Leere ist unser Zuhause

Das zeigt sich auch in der Person Václav Havels, dem sein kompromissloses Eintreten für die Menschenrechte nach der gewaltsamen Niederschlagung des Prager Frühlings mehrere Zwangsaufenthalte in kommunistischen Gefängnissen einbrachte, bis er schließlich nach der Beendigung des kommunistischen Regimes der letzte Präsident der Tschechoslowakei und der erste Präsident Tschechiens wurde. Aung San Suu Kyis Langmut und Durchhaltewille während der siebzehn Jahre ihres Hausarrests hat Menschen auf der ganzen Welt bewegt und begeistert. Wir können unsere Haltung wählen, auch in Konflikt- und Krisenzeiten, selbst wenn eine Krankheit oder Scheidung zu bewältigen ist.

Falls Sie Angst haben, verwirrt sind oder sich verloren fühlen – es gibt immer etwas Tieferes in Ihnen, das die Grundfreiheit nicht aus den Augen verliert. Lassen Sie den Wind Ihre Haut erfrischen, Ihre Lunge lüften und Ihre Vorstellungen von Raum und Zeit weiten. Erfahrungen sind wie Wellen auf dem Meer, Augenblicke Ihres Lebens als

scheinbares Individuum, sie steigen auf und sinken dann wieder zurück. Die Wellen steigen und fallen, aber das Meer nimmt weder zu noch ab. Was Realität ist, kann nicht verloren gehen.

Alicia hatte etliche Jahre Kundalini-Yoga praktiziert, als sie mit zweiundzwanzig ihr erstes Kind bekam. Während der Schwangerschaft meditierte und rezitierte sie und machte in verschiedenen Haltungen Atemübungen. Als die Wehen einsetzten, wurde sie von einer Freundin ins Krankenhaus gefahren. Sie war ohne ihren Partner im Entbindungsraum, als die Wehen sehr stark und mitunter ungemein schmerzhaft wurden. Die ersten Stunden waren verstörend für sie, doch dann überließ sie sich den Kräften des Gebärens. Ihr Atem wurde schnell wie Kundalini-Atem, und sie erlebte ihren Körper als von Licht erfüllt. Ihr Ich-Gefühl löste sich auf, und sie wurde alle Mütter: menschliche Mütter, Tiermütter, die Erde selbst – der Strom des Lebens, der sich selbst hervorbrachte. Sie konnte nur staunen.

Sie hatte in ihren Yogabüchern von Einheit und Samadhi gelesen, aber die Erfahrung selbst ging über jedes Vorstellungsvermögen hinaus und hinterließ sie zitternd, weich, verwandelt und dankbar, dankbar für den entzückenden gesunden Jungen an ihrer Brust. Das innere Licht blieb nach der Geburt, und es blieben auch das Zittern und der schnelle Atem. Die Ärzte verordneten Alicia Valium, aber sie wusste, dass es sich nicht um eine medizinische Erscheinung handelte. Eine Tür zum Kosmos hatte sich für sie aufgetan, und es war ihr klar, dass sie weiter erkunden und sich zu eigen machen musste, was sich ihr da gezeigt hatte.

Sie sind nicht Ihr Körper, der sich ein Leben lang immer wieder verändert. Sie sind auch nicht Ihre Gedanken oder Ihre Persönlichkeit. Sie sind der weite Ozean des Bewusstseins, der oder die Erkennende. Sharon Salzberg sprach von einem Obdachlosen, der alle Passanten mit »Kennst du

mich nicht?« ansprach. Irgendwie kennen wir ihn, sein Ruf hallt in der Tiefe unseres gemeinsamen Seins nach.

Solange wir mit unserem Körper, unseren Gefühlen, unseren Gedanken und Absichten, unseren Rollen, unserem begrenzten zeitlichen Ich identifiziert sind, führen wir ein angstvoll eingezogenes Leben. Die weite Leere, aus der alles hervorgeht, ist unser Zuhause. Sie sind aus Leere geboren, Gedanken und Erfahrungen, Tage und Jahre treten aus der Leere hervor und dann in sie zurück. Lassen Sie los, seien Sie einfach offen. Lassen Sie Geist und Herz still und leicht werden. Geräusche und Menschen kommen und gehen dann immer noch, aber um das alles ist unermessliche Stille und Vollkommenheit. Im still gewordenen Geist hat alles seinen Platz, Tränen ebenso wie unfassbare Schönheit. Im Zen spricht man vom Zusammenspiel von Form und Leere. Sie sind die scheinbar vom Meer verschiedene Welle und das Meer selbst, tief und glitzernd, die grenzenlose Heimat von Abermilliarden Lebewesen.

Vision

Manchmal ergibt sich diese Sicht der Dinge aus einer Vision, und so war es bei dem Hindu-Weisen Ramakrishna, dessen Liebe und Hingabe im Indien des 19. Jahrhunderts Legende waren. Er saß tagelang in Gebete versunken am Ganges und hoffte, dass sich ihm die göttliche Mutter offenbaren würde, die Schöpferin des Lebens. Und eines Tages erschien sie ihm. Die Wasseroberfläche kräuselte sich, und dem Fluss entstieg eine wunderschöne Göttin mit dunklem, glänzendem Haar, aus dem das Wasser herabrauschte, auch die Augen waren wie Gewässer, die alle Dinge bargen. Während sie Ramakrishna in die Augen blickte, öffnete sie die Beine und entließ Ströme von Lebewesen

aller Art aus ihrem Schoß. Sie war der Quell allen Lebens. Dann jedoch musste er entsetzt mit ansehen, wie sie ein eben geborenes Kind nahm und zu essen begann, das Blut rann ihr über Kinn und Brüste. Die Schöpferin ist auch die Zerstörerin. Sie ist das Göttlich-Weibliche, Ursprung, Dauer und Ende allen Lebens. Den Blick immer noch unverwandt auf Ramakrishna gerichtet, sank die Göttin in die Wellen zurück und überließ ihn seiner tief verwunderten Betrachtung des Mysteriums von Leben und Tod.

Schamanen und Mystiker wissen um diesen ewigen Tanz. Unsere Körperlichkeit ist aus Geist geboren, ein Spiel des Bewusstseins. Bei einem von mir geleiteten Retreat in New Mexico hatte ein Mann heftige Schulterschmerzen und dazu Angstgefühle, die ihn in tiefere Gedächtnisschichten führten. Zuerst fiel ihm ein kleinerer Autounfall im vergangenen Jahr ein, gefolgt von der Erinnerung an eine ausgekugelte Schulter, die er sich in der Highschool-Zeit bei Bauarbeiten zugezogen hatte. Als Nächstes kam der Sturz in einen Bach mit fünf Jahren, bei dem man ihn mit einem heftigen Ruck an der Schulter aus dem Wasser gezogen hatte, und noch weiter zurück in der Zeit erlebte er seine Geburt, eine Steißgeburt, bei der sich die Schulter im Geburtskanal verklemmte. Zuletzt kamen lebhafte Bilder aus einem früheren Leben, in dem er als Infanterist an einem Krieg des Mittelalters teilgenommen hatte. Ein Speer traf ihn in die Schulter, und er starb dort im Schlamm. Jetzt ging ihm auf, dass sein zeitloses Bewusstsein Zeuge all dessen war.

Nisargadatta Maharaj war über achtzig, als er von seinen Schülern einmal gefragt wurde, ob der Tod ihn beunruhige. Er lachte und sagte: »Haltet ihr mich für diesen Fleischkörper, der aus allem je Gegessenen besteht? Seht ihr mich als seine verblassenden Erinnerungen? Was für ein Schimpf das wäre! Was ich bin, ist nicht geboren und stirbt nicht. Ihr

seht euch als euren Körper und dieses endliche Leben, deshalb leidet ihr. Setzt euch von dieser Illusion ab und ihr werdet sehen, dass ihr nichts und alles seid. Dann seid ihr frei.«

»Hab ich dir doch gesagt!«

Mein Vater war Biophysiker. Er arbeitete in der Raumfahrtmedizin, lehrte an Universitäten und konstruierte einige der ersten künstlichen Herzen und Lungen. Sein eigenes Herz im Leben zum Ausdruck zu bringen fiel ihm weitaus schwerer, als eine Maschine zwecks Ersatz des Herzens zu bauen. Ich habe früh gelernt, dass Intelligenz und Glück zweierlei sind.

In der letzten Woche seines Lebens saß ich auf der kardiologischen Station neben ihm. Atemnot machte ihm zu schaffen, sogar wenn die Sauerstoffzufuhr voll aufgedreht war. Mit seinen fünfundsiebzig Jahren litt er nach etlichen Krankenhausaufenthalten und einem schweren Herzinfarkt zehn Jahre zuvor jetzt an hochgradiger Herzinsuffizienz. Er war ein schwieriger Vater gewesen, ein paranoider, arbeitssüchtiger Wissenschaftler von aufbrausendem Wesen, der in der Familie handgreiflich wurde und dessen Urteil niemand standhielt. Ich hatte Jahre gebraucht, um das alles aufzuarbeiten, aber ich konnte schließlich meinen Frieden mit ihm schließen.

Dann und wann sprach er über sein Leben oder meins, aber es war vielfach einfach Selbstbespiegelung, sofern er nicht sogar die Fakten verdrehte. Seine Angst vermittelte sich schon bei den Telefonaten, und wenn ich neben ihm saß, war sie noch viel deutlicher zu spüren. Ja, er fürchtete sich vor dem Sterben. Er hatte tagelang kaum geschlafen und befand sich in einem fast schon wahnhaften Zustand.

Als Biophysiker und Professor der Medizin kannte er sich mit all den Herzmonitoren aus, an die er jetzt angeschlossen war. Immer wenn er einnickte, schreckte er ein paar Minuten später wieder hoch und drehte sich mühsam um, damit er die Monitore im Blick hatte. Schlug das Herz noch? Er fürchtete, ein Herzstillstand könne unbemerkt bleiben, bis alle Hilfe zu spät käme.

Es war schwer, ihn so hilflos und verängstigt zu sehen. Ich übte die Meditation der Herzensgüte, während ich dort saß, und umgab meinen Vater, mich und die Welt mitfühlend mit jedem Atemzug. Dann dachte ich, ich könnte ihn vielleicht in die Meditation einführen, um seine Ängste ein wenig abzumildern. Ich sagte ihm also, er solle sich entspannen und einfach seine Atemzüge verfolgen, aber er konnte es nicht, nicht einmal ansatzweise. Eher steigerte es seine Beklemmung noch. Deshalb versuchte ich es mit einer einfachen Herzensgüte-Übung. Ich schlug ihm vor, sich seine Enkel einen nach dem anderen vorzustellen und sie mit guten Wünschen zu bedenken. Auch das konnte er nicht, er war zu sehr in seinen Sorgen und Nöten befangen. Nach all den Jahren, die er im Wahn gelebt hatte, war es offenbar ein bisschen spät für Meditation. Wir sprachen dann einfach miteinander.

Ich fragte ihn, was seiner Meinung nach passiert, wenn man stirbt. »Nichts«, sagte er. »Wenn du stirbst, gehst du ins Nichts, und deine Asche kommt in die Erde.« Er war Wissenschaftler, Materialist und weitgehend wohl auch Atheist. Ich erzählte ihm von meinen außerkörperlichen Erfahrungen, von Erinnerungen an frühere Leben, von meiner Arbeit mit Sterbenden. Ich rief ihm in Erinnerung, dass die Menschen in den meisten Kulturen an ein Leben nach dem Tod glauben, Schamanen, Weise und Heilige sowieso. Schon immer haben Menschen die innere Welt erkundet und dabei herausgefunden, dass wir nicht nur Körper, son-

dern auch Geist sind und der Geist seine Freiheit zurückgewinnt, wenn der Körper stirbt. »Du bist Wissenschaftler«, sagte ich, »da könntest du das Sterben doch als Experiment sehen.« Dann legte ich nach: »Es könnte ja sein, dass du beim Sterben, wenn die Sinne zunehmend abschalten, das Gefühl hast, aus deinem Körper aufzusteigen und ins Licht zu schweben.« Er schüttelte zweifelnd den Kopf. »Und wenn es doch passiert«, sagte ich, »dann erinnere dich daran, dass ich es dir gesagt habe.« Er lachte.

Als nach Mitternacht alle anderen Besucher gegangen waren, sagte ich zu meinem Vater, ich müsse jetzt ein paar Stunden schlafen und werde am Morgen wiederkommen. Er antwortete nur: »Geh nicht.« Also blieb ich noch eine Weile bei ihm sitzen, bis er in seiner Erschöpfung in den Schlaf hinüberdämmerte. Keine zwei Minuten später fuhr er wieder hoch und starrte auf die Monitore. Dann sah er mich an. »Ich kann nicht schlafen, bitte bleib noch da.« Gern war ich dazu bereit, bei Sterbenden zu sitzen hatte ich wirklich gelernt. Stunde für Stunde ging es so, dass er wegdämmerte und bald wieder aufwachte und mich jedes Mal bat, noch zu bleiben. Zum ersten Mal seit meiner Kindheit ließ er mich seine Hand halten. Er war zutiefst verstört. Er wollte nichts von Meditation und von seinem unmittelbar bevorstehenden Tod wissen, er wollte nicht einmal sprechen. Dass ich dasaß, keine Angst hatte und seine Hand hielt, nur das zählte.

Vielleicht ist das alles, was wir für andere tun können – sie halten und ganz für sie da sein. Und vielleicht haben wir nichts als unser Zutrauen zum Leben zu geben. Freiheit des Geistes konnte ich meinem Vater bieten. Sie erwächst uns aus liebendem Bewusstsein, und so einfach und mysteriös sie sein mag, sie ist immer da, immer verfügbar.

ÜBUNG
Bereit sein für das Geheimnisvolle

Das Geheimnisvolle steht uns überall offen, wo wir uns mit zum Staunen bereiter Neugier aufhalten – schließlich sind wir hier auf dieser unglaublichen Erde in ihrer Galaxie, wir haben Sprache und Liebe und brauchen nur noch hinzuschauen.
Legen Sie sich in einer warmen sternenklaren Nacht draußen irgendwo ins Gras. Sie liegen hier auf dieser sich drehenden Erde und werden vom Magneten der Schwerkraft gehalten. Blicken Sie auf ins unendliche Sternenmeer.
Halten Sie eine Minute oder auch länger den Atem an. Fühlen Sie, wie Ihr Körper schließlich doch atmen muss. Er atmet ununterbrochen und lebt von der Luft, die über Gipfel und Meere streicht, durch die Lungen der Tiere geht, durch die Blätter von Eichen und Buchen, durch Automotoren, sogar den Südpol lässt sie nicht aus. Fühlen Sie, wie Sie in das Atmen der Erde eingebunden sind.
Fragen Sie sich, wie Sie hier in dieses menschliche Leben gekommen sind, was Geist ist und was Liebe, was nächsten Monat passiert, wann Sie sterben werden, woher die Sterne kommen und wie die Menschenwelt wohl in fünfundzwanzig Jahren aussehen wird.
Pausieren Sie nach jeder Frage, um sich dem Gefühl »Ich weiß es nicht« zu überlassen und für das Unbekannte zu öffnen. Entspannen Sie sich, um in diesem großen Mysterium zu ruhen, das Sie und alles Lebendige trägt. Sie sind das Mysterium, das sich selbst betrachtet.
Denken Sie an Ihren Körper, an die unzähligen synaptischen Verknüpfungen in Ihrem Gehirn und die Billionen Mikroorganismen in Ihrem Darm. Ihre Leber ist eben jetzt mit einer Million komplexer Reaktionen beschäftigt, im ganzen Körper kursieren in ihren jeweiligen Gefäßen die verschiedensten Flüssigkeiten, Blut und Lymphe, Galle, Harn und Zerebro-

spinalflüssigkeit – wie die Infrastruktur einer Großstadt. Und alles wirkt auf geheimnisvolle Weise so zusammen, dass Ihr Leben geschützt ist.

Schauen Sie einem kleinen Kind in die Augen. Sie sehen ein Kind des Geistes, das in eine neue Gestalt hineingeborene Mysterium. Wo kam es her? Was wird aus ihm werden?

Entnehmen Sie irgendwo einen Teelöffel Erde. Da haben Sie eine Milliarde Bakterien, Millionen von Pilzen, Hunderttausende Gliederfüßer, Tausende Protozoen und Nematoden – mehr Leben in einem Teelöffel als auf allen übrigen Planeten zusammen.

Besuchen Sie einen Friedhof und lassen Sie den Gedanken des Todes auf sich wirken.

Besuchen Sie eine Dating-Website. Denken Sie an Verlangen und Liebe.

ÜBUNG
Wie ich

Diese Übung macht man zu zweit. Es können auch mehrere Paare sein, denen jemand die folgenden Sätze vorliest.

Setzen Sie sich dem anderen gegenüber. Es kann jemand sein, den oder die Sie gut kennen, oder auch jemand aus dem Büro oder vom Studium.

Betrachten Sie Ihr Gegenüber wohlwollend, blicken Sie diesem Menschen in die Augen, sofern Sie können. Wenn dabei Befangenheit auftritt und Sie lachen müssen, vermerken Sie das einfach freundlich und geduldig, um dann wieder zum Blick Ihres Gegenübers zurückzukehren.

Lassen Sie Ihren Blick so tief werden, dass Sie das Bewusstsein hinter diesen Augen sehen.

Lassen Sie jeden Satz, den Sie hören, auf sich wirken:

Dieser Mensch lebt in einem Körper und geht durchs Leben wie ich.
Dieser Mensch war einmal ein Kind, ein kleines, verletzliches Kind wie ich auch.
Dieser Mensch hat glückliche Zeiten erlebt wie ich.
Dieser Mensch ist kreativ wie ich.
Dieser Mensch hat jemanden geliebt wie ich.
Diesem Menschen ist das Herz gebrochen wie mir.
Dieser Mensch hat Kummer und Traurigkeit erlebt wie ich.
Dieser Mensch ist gekränkt und enttäuscht worden wie ich.
Diesen Menschen hat das Leben durcheinandergebracht wie mich.
Dieser Mensch hat anderen geholfen wie ich.
Dieser Mensch war jung und wird alt sein und ist mal Freund, mal Feind wie ich.
Dieser Mensch kennt körperlichen Schmerz wie ich.
Dieser Mensch kennt Reue wie ich.
Dieser Mensch möchte geliebt werden wie ich.
Dieser Mensch möchte gut aufgehoben und gesund sein wie ich.

Lassen Sie den Blick in die Tiefe gehen. Hinter diesen Augen ist der ursprüngliche Geist, der in jedem von uns geboren wird.
Stellen Sie sich die glücklichsten Augenblicke der Kindheit dieses Menschen vor – lachendes, fröhliches Kinderspiel –:

Ich weiß, dass dieses Kind des Geistes noch in dir ist wie in mir.
Ich wünsche dir Glück und Freude, ich weiß, dass du glücklich sein möchtest wie ich.
Ich wünsche dir Stärke und Rückhalt im Leben, damit du

tun kannst, was gut für dich ist, und dir und der Welt deine Gaben darbringst wie ich.
Ich wünsche dir Segen und Mut, Liebe und Mitgefühl, denn du bist ein kostbarer Mensch wie ich.

15
Die Freude, lebendig zu sein

Ab und zu ist es gut, in unserem Streben nach Glück
innezuhalten und einfach glücklich zu sein.
Guillaume Apollinaire

Yolandas Sohn Pete war ermordet worden. Sie wachte jede Nacht auf, weinte und konnte sich nicht von Trauer und Selbstvorwürfen lösen. Als sich Petes Todestag zum ersten Mal jährte, zündete sie am Abend eine Kerze an, bevor sie sich schlafen legte. Während sie eben wegdämmerte, erschien ihr Pete in einer Vision. Er leuchtete wie ein Geistwesen und sagte: »Mama, ich möchte dich nicht so sehen. Ich will nicht, dass dir das Herz so schwer ist. Ich liebe dich sehr, aber es war einfach Zeit für mich. Daran ist nichts zu ändern. Bitte, Mama, leb jetzt wieder, ich bin bei dir.«

Yolanda weinte Tränen der Erleichterung und Erlösung, ihr ermattetes Herz gab nach. Sie blieb noch stundenlang auf und dachte an Pete, an ihr eigenes Leben und die schönen gemeinsamen Jahre. Sie ließ sich immer wieder von seinen lichtvollen Worten berühren.

Als sie am Morgen aufwachte, fühlte sie sich ganz neu. Das Leben bedeutete ihr wieder etwas. »Ich sagte mir, dass ich einen neuen Anfang machen würde. Jetzt habe ich Petes Geist in mir. Mein Herz ist fröhlich bei der Arbeit, der Gartenarbeit, wenn ich unterwegs bin oder die Familie versorge. Die Leute suchen meine Nähe; sie sehen, dass man wirklich neu anfangen kann.«

Grundlos glücklich

Die Japaner lieben ihren Zen-Poeten Ryōkan, der als bescheiden, schlicht und weise bekannt war. Wie der heilige Franziskus liebte er die einfachen Dinge, er mochte Kinder, die Natur. In seinen Gedichten verschwieg er nicht die Tränen der Einsamkeit in langen Winternächten, er schrieb von den Freudensprüngen des Herzens angesichts der ersten Frühlingsblüten, von Verlust und Bedauern und dem tiefen Vertrauen, das ihm aus alldem erwuchs. Er ließ seinen Gefühlen freien Lauf, und sie nahmen ihren Weg wie die Jahreszeiten. Befragte man ihn über Erleuchtung, trug er Tee auf. Wenn er im Dorf seinen Almosengang machte und dabei auf Nachfragen auch Unterweisungen gab, sah man ihn oft mit den Kindern spielen. Er hatte Frieden mit sich geschlossen, und das machte sein Glück aus:

Der heutige Almosengang ist beendet.
An der Wegkreuzung
Komme ich am Tempel vorbei
Und plaudere mit Kindern.
Letztes Jahr ein törichter Mönch,
Dieses Jahr unverändert.

Wir sind Menschen, nicht mehr und nicht weniger. Wenn wir unser Menschsein annehmen, ändert sich so manches. Milde und Weisheit stellen sich wie von selbst ein, und wo wir früher wehrhafte Stärke gegenüber anderen gesucht haben, geht es jetzt um unsere wahre, eigene Kraft. Damals wollten wir uns immer rechtfertigen und verteidigen, heute lachen wir. Wir geben unserer Verletzlichkeit und unseren Bedürfnissen Raum, und das lockt auch unseren Mut hervor. Seit wir keine Posen mehr brauchen und nicht mehr jemand zu sein vorgeben, der wir nicht sind, mangelt es uns

nicht an Liebe und Glück. Freude sprudelt wie Schmelzwasser im Frühling und tränkt uns ganz und gar.

Freudensprünge

Der Dalai Lama dürfte eine der bekanntesten Persönlichkeiten auf der ganzen Welt sein, Zehntausende lauschen seinen Vorträgen. Sicher, sie möchten die tiefgründigen Lehren des tibetischen Buddhismus aus seinem Mund hören und seine ebenso geduldigen wie mitfühlenden Bemühungen um die Freiheit und Kultur seines Landes unterstützen. Aber vor allem, glaube ich, möchten sie ihn lachen hören – dieses so mühelos aufscheinende Lächeln und sein kicherndes Lachen, das ihm selbst und anderen die Tränen in die Augen treibt.

Als er im Madison Square Garden die feierliche Kalachakra-Einweihung gab, stellte man ihm als »Thron« eine mit Brokat und einem herrlichen tibetischen Teppich bedeckte Matratze bereit, damit er es bequem hatte. Zum Klang von Gongs und diesen dröhnenden tibetischen Rezitationen bestieg er das Podium, nahm Platz und ... hopste. Seinem erstaunten Lächeln folgte ein weiterer Hopser und noch einer. Er war drauf und dran, vor Tausenden Zuhörern die höchsten tibetischen Lehren über die Entstehung des Kosmos und die Befreiung aus der Zeitgebundenheit darzulegen, und was machte er? Er sprang auf seinem Thron wie ein Kind. Wieder einmal fragte man sich: Wie kann einer, der so viel Leid erfahren hat, so fröhlich sein? »Sie haben die heiligen Texte aus unseren Tempeln entfernt, die Mönche eingesperrt und den Tibetern so vieles weggenommen«, sagte der Dalai Lama. »Warum sollte ich mir jetzt auch noch mein Lebensglück nehmen lassen?«

Die buddhistische Psychologie kennt viele Formen der Freude und des Glücks und lehrt uns, wie sie zu entwickeln

sind – lächelnde Freude, ergreifende Freude, schwebende Freude, lichtvolle Freude, lebhaft bebende Freude, Freude an der Schönheit der Welt, stilles, tiefes Glück, körperliches Glück, das Glück des geistigen Wohlbefindens, unerschütterliches Herzensglück und so weiter. Auch der Buddha ermunterte seine Schüler, in allem Freude zu finden:

*Lebt in Freude und Liebe
auch unter denen, die hassen.
Lebt in Freude und Gesundheit
auch unter den Heimgesuchten.
Lebt in Freude und Frieden
auch unter den Bekümmerten.
Lebt frei von Furcht und Anhaftung
die Süße des Weges.*

Lassen Sie es sich in dieser problembeladenen Welt nicht nehmen, zu lachen und zu lieben und es sich zusammen mit anderen gut gehen zu lassen. Lebenslust ist Ihnen mitgegeben, darauf können Sie sich verlassen.

Dankbarkeit

Mit acht Jahren wurde bei mir eine Polioinfektion diagnostiziert. Ich kam in die Klinik der St. Louis University Medical School, an der mein Vater lehrte. Ich hatte hohes Fieber und zeigte bereits Lähmungserscheinungen. Das alte Klinikgebäude knarrte nachts und war sehr dunkel, ein richtiges Spukhaus, wenn man fiebert und sich nicht bewegen kann. Ich erinnere mich noch gut an die ohne Betäubung durchgeführte Lumbalpunktion mit einer gewaltigen Kanüle. Vor dem Fenster blickte ich auf eine kleine Rasenfläche. Ich dachte nur noch an Flucht.

Überraschenderweise verschwanden die Symptome nach einigen Wochen. Ich war so dankbar. Ich wurde nach Hause gefahren. Sobald es möglich war, ging ich in den kleinen Park am Ende der Häuserzeile, in der wir wohnten, und wälzte mich im Gras wie ein Hund. Danach sprang und tanzte ich herum. Ich war so froh, dass ich wieder gehen und mich bewegen konnte. Ich fühlte nur Dankbarkeit und Lebensfreude, es war so gut, einfach da zu sein, wo ich war.

Schwere Zeiten kennen wir alle, aber wie bewältigen wir sie? Jeder weitere Lebensabschnitt stellt uns diese Frage erneut. Als meine langjährige Ehe zu Ende ging, war ich zutiefst betrübt und entmutigt. Ich verließ mein schönes Zuhause und wohnte in einer Ein-Zimmer-Schriftstellerhütte und hatte das Gefühl, mein Leben sei nach seinen bald fünfundsechzig Jahren eigentlich vorbei. Dass ich jetzt ein neues Testament verfassen musste, verstärkte dieses Gefühl noch. Ich schrieb und lehrte weiter, aber was sollte ich mit meinem Leben sonst noch anfangen?

Ich meditierte, ließ die Dinge in der Schwebe, wartete. Einige einsame Zeit später regte sich der Wunsch, mich nach einer Frau umzutun, aber schon der Gedanke kam mir irgendwie abwegig vor. Ich versuchte es trotzdem und hatte ein paar eher unbehagliche Begegnungen. Der Austausch in meinem Kollegenkreis ging natürlich weiter, und es gab da eine Frau, die mir besonders lag, Trudy Goodman. Die Zusammenarbeit mit ihr hatte etwas Leichtes und Spielerisches. Sie besaß spirituelle Tiefe und ein fröhliches Herz, und die waren für mich Balsam. Wir sprachen jetzt mehr miteinander, und die Beziehung wurde herzlicher und machte richtig Spaß.

Mir fiel ein: Es ist nie zu spät für den Neubeginn. Behutsam ließen wir uns aufeinander ein. In mir wuchs die Bereitschaft, loszulassen. Das war die Einleitung eines neuen Lebens.

Wir verreisten jetzt öfter zusammen, um zu lehren. Wir verliebten uns. Trudy gehört zu den fröhlichsten Gemütern, die ich kenne, und das sprang auf mich über. Sie lacht gern, liebt Abenteuer und ist ungemein begeisterungsfähig. Es ist so schön, zusammen zu sein, dass wir nur lachen können, inzwischen verheiratet und beide über siebzig – dankbar für diese Zeit, die wir miteinander haben. Ich habe die Freude wiedergefunden. Sie können es auch.

Meine Freundin und Kollegin Debra Chamberlin-Taylor erzählte von einer Frau, die an ihrem einjährigen Training für farbige Frauen teilgenommen hatte. Diese Frau hatte in ihrer Kindheit Armut, Trauma und Missbrauch erlebt. Sie verlor einen Elternteil, war sehr krank geworden, erlebte eine schreckliche Ehe, die bald in einer Scheidung endete, sie war alleinerziehende Mutter zweier Kinder und dabei rassistischen Übergriffen ausgesetzt. Sie berichtete der Gruppe von den schwierigen Jahren ihrer Ausbildung, in denen sie lernte, für das einzustehen, woran sie glaubte. In den Jahren nach ihrem Examen an der University of California in Berkeley war sie immer kompromissloser für misshandelte und von der Politik abgehängte Menschen eingetreten. Beim letzten Treffen der Gruppe sagte sie: »Nach all den Kämpfen und Schwierigkeiten habe ich mich jetzt zu etwas ganz Radikalem entschlossen: Ich werde glücklich sein!«

Das reine Herz

Jasper ist ein Kind mit dem Down-Syndrom. Seine Eltern meinen allerdings, es solle besser »Up-Syndrom« genannt werden. Jeden Morgen stürmt Jasper gleich nach dem Aufwachen ins Schlafzimmer seiner Eltern und springt mit einem überschwänglichen »Guten Morgen!« aufs Bett. Er bietet der Welt stets sein ganzes Herz und umarmt jeden,

der in seine Reichweite kommt. »Zurückgeblieben« nennt man das. Die Eltern anderer Down-Kinder redeten Jaspers Eltern zu, seine Umarmungsseligkeit zu bremsen, um ihn vor Sittenstrolchen zu schützen. Die sahen das allerdings anders; für sie war Jaspers liebevolles Wesen einfach nur ein Geschenk.

Einmal lief Jasper, inzwischen zwölf, aber immer noch sehr klein, auf der Straße ein Stück voraus. Seine Eltern sahen aus der Gegenrichtung einen finster dreinblickenden jungen Mann mit Tattoos und Piercings kommen und dachten schon, ob das wohl gut gehen würde. Da war es bereits zu spät, Jasper blickte zu dem Mann auf, lächelte und umschlang mit einem »Hallo!« dessen Beine. Da blieb der harte Mann stehen, wuschelte ihm durchs Haar, und über sein Gesicht breitete sich ein geradezu kindliches Lächeln aus. Jaspers Zauber war wirklich unwiderstehlich.

Wir können dieses Glück wieder lernen und unser reines Herz zurückgewinnen. Sogar in Notfällen – irgendetwas geht bei der Arbeit schief, ein Angehöriger muss ins Krankenhaus, dringende Verpflichtungen sind zu erfüllen – können Sie einen Moment innehalten, durchatmen und die Hand aufs Herz legen. Überlassen Sie den Befürchtungen und Spannungen nicht das ganze Feld, sehen Sie zu, dass immer Raum für eine natürliche, wohltuende Reaktion bleibt.

Weshalb das geübt werden muss, erklärt uns die Neurowissenschaft. In unserem Gehirn ist so etwas wie eine »negative Voreinstellung« am Werk: Die Evolution hat uns beigebracht, immer zuerst mögliche Bedrohungen wahrzunehmen und uns zu schützen. Zum Glück ist das Streben nach Wohlbefinden ebenfalls angeboren, doch damit es genügend Raum bekommt, müssen wir die Hinwendung zu Augenblicken der Freude bewusst einüben, wir müssen

solche Augenblicke gezielt suchen, damit sie zunehmen und schließlich unser Lebensraum werden. Rumi fragt: »Schaust du in einem Garten die Dornen oder die Blüten an?«

Es gibt eine wunderbare Übung, mit der wir unserer Freude auf die Sprünge helfen können. Wie die Praxis der Herzensgüte und des Mitgefühls bedient sie sich einfacher, von Herzen kommender Sätze des Wohlwollens. Sie denken zuerst wieder an jemanden, der Ihnen viel bedeutet und dem Sie mühelos Gutes wünschen können. Stellen Sie sich die schönsten Kindheitstage dieses Menschen vor, an denen er in der angeborenen Reinheit des Geistes lebte – wie froh Sie der Gedanke an Wohlergehen, Glück und Erfolg dieses Menschen macht. Sie begleiten Ihre Atemzüge dankbar mit diesen von Herzen kommenden Wünschen:

Mögest du voll Freude sein.
Möge deine Freude noch zunehmen.
Mögest du nie ohne großes Glück sein.
Mögen dein gutes Geschick, deine Freude und dein Glück zunehmen.

Spüren Sie, wie jeder Satz liebevoll *für* den anderen ist. Wenn Sie Ihre Freude für diesen geliebten Menschen zumindest ansatzweise spüren können, gehen Sie zum nächsten über, der Ihnen viel bedeutet, um ebenfalls diese von Herzen kommenden Sätze zu sprechen.

Erweitern Sie den Kreis der Menschen, die Ihnen wichtig sind oder denen Sie etwas zu verdanken haben. Wenn die Freude deutlich spürbar geworden ist, schließen Sie sich selbst ein, bis Sie diese Freude in sich spüren. Erneuern Sie die guten Wünsche immer wieder, auch wenn sich Widerstand regt, bis Sie sicher in der Freude geborgen sind. Schließen Sie immer mehr Angehörige und Freunde, dann auch Bekannte und Fremde und schließlich sogar schwierige

Menschen und Feinde ein, sodass Sie allen Wesen überall Freude wünschen können.

Üben Sie dieses In-der-Freude-Sein, bis es etwas Selbstverständliches geworden ist und mit der natürlichen Freude Ihres weisen Herzens verschmilzt.

Glück steht uns zu

Manch einer fürchtet das Glück, weil er aus irgendeinem Grund meint, es stünde ihm nicht zu, oder weil er glaubt, seinem Leid die Treue halten zu müssen. Ja, Respekt gegenüber den eigenen Leiden und denen der Welt ist angebracht. Wenn ein krankes Kind Sie die ganze Nacht wach hält oder Sie einen Unfall hatten, nehmen Sie sich Ihrer Leiden behutsam an, um dann mitfühlend zu reagieren und beispielsweise dem Schmerz Raum zu geben oder heilend einzugreifen, wo das möglich ist. Aber Leid ist natürlich nicht alles.

Ich habe Waisenkinder in desolaten Flüchtlingscamps gesehen, die mit Begeisterung und völlig ungebrochen ihre Autorennen mit Wagen aus Stöcken und Milchpulverdosen veranstalteten. Ich habe Maha Ghosananda, der die Massentötungen in Kambodscha miterlebt hatte, in reiner Liebe lächeln sehen – nicht bereit, seinen Geist von den Tragödien dieser Zeit brechen zu lassen. André Gide hat einmal geschrieben, Freude sei seltener zu finden und schwieriger, aber auch schöner als Traurigkeit. Nach dieser entscheidenden Entdeckung sei es geradezu eine Verpflichtung, sich Freude auf die Fahnen zu schreiben.

Und die Leiden der Welt? Wie können wir angesichts all dieser Leiden froh sein? In seinem Gedicht »Kurze Entgegnung« schreibt Jack Gilbert:

*Leid überall. Gemetzel überall. Kinder,
die nicht hier sterben, verhungern
anderswo. Mit Fliegen in der Nase.
Wir freuen uns doch unseres Lebens, so Gott es gewollt.
Sonst wäre das Sommermorgenrot vor dem Sonnenauf-
    gang
nicht so schön, der Tiger nicht so
wunderbar gestaltet. Die Frauen am Brunnen
in ihrer ganzen Armut lachen miteinander zwischen
ihren Leiden und den düsteren Zukunftsaussichten,
sie lächeln, sie lachen, und im Dorf
ist jemand sehr krank ...
Wenn wir uns Glück verwehren, keine Zufriedenheit zu-
    lassen,
spielen wir ihr Fehlen nur herunter.
Wagen wir also Freude. Ohne Lust können wir leben,
ohne Freude nicht. Ohne tiefes Vergnügen nicht. Da
heißt es trotzig sein, froh selbst in den gnadenlosen
Feuern dieser Welt. Nur das Unrecht im
Auge zu haben ist Teufelsanbetung.
Wenn uns die Lokomotive des Herrn erfasst,
können wir dankbar sein für ein Ende mit Größe.
Und sagen wir uns, dass es Musik trotz allem immer
    geben wird.*

Wenn wir loyal zu unseren Leiden stehen und immer überwiegend mit unseren Traumata und Schmerzen beschäftigt sind, kann das etwas von vertrauter Identität haben, von Sinn und Zweck. Vielleicht wissen Sie gar nicht mehr, wie Sie ohne Ihre Leiden sind. Gelingt es aber, uns von ihnen zu lösen, können sich dahinter Mitgefühl, Würde und tiefere Freiheit auftun – Sie sind viel mehr als Ihre Wunden.

Wunderbar!

Wir möchten alle glücklich sein, aber oft wissen wir nicht, wie das zu erreichen ist. Sogar Sucht, Gewalt und Selbstmord können Versuche sein, dem Schmerz irgendwie zu entkommen. Glück verlangt, dass wir den Blick über unser persönliches Unglück hinaus weiten. Spüren Sie den Wind, wenn Sie vor die Tür gehen.

Diese Anregung gab uns auch Alison Luterman: »Die Sonne breitet dir einen Schleier von Butter über dein Gesicht, die Rose öffnet sich deinem Blick, der Regen zeigt dir seine göttliche Melancholie. Die ganze Welt flüstert dir oder ruft dich und knabbert dir am Ohr wie eine vernachlässigte Geliebte.«

Wenn wir Hilfe benötigen, kommt es vor, dass wir den Geist des Glücks bei anderen aufschnappen. Martina war Ärztin und Leiterin einer Universitätsklinik. In der Cafeteria lernte sie Annabelle aus Haiti kennen, die in der Küche arbeitete. Die zierliche, aber starke Annabelle war hier schon fünfundzwanzig Jahre beschäftigt und unterstützte mit ihren inzwischen über sechzig Jahren sieben Enkel. Sie hatte schwere Jahre mit herben Verlusten erlebt, aber immer wenn Martina sie fragte, wie es ihr gehe, lächelte sie strahlend und sagte nicht »Gut« oder »Danke, bestens«, sondern: »Wunderbar!« Das kam sehr direkt, und man spürte, dass es zutraf. Es war schwere Arbeit in der tristen Küche der Cafeteria, kein leichtes Leben, aber wunderbar. Für Martina wurde Annabelles Stimme eine Achtsamkeitsglocke, die die Welt in ein anderes Licht tauchte. Wenn sie wieder einmal frustriert war und sich selbst leidtat, setzte sie Annabelles Lächeln auf und sagte innerlich: »Wunderbar!«

Glück steht uns zu. Sie werden als strahlendes Kind dieser Erde geboren, unschuldig, offen und voller Staunen. Wenn wir hier ankommen, ziehen wir »Wolkenschleier der

Herrlichkeit« hinter uns her, wie Emerson sagte. Dann sind wir in dieser verletzlichen Körperlichkeit, die uns zwangsläufig der Lust und dem Schmerz des Lebens aussetzt. Hier haben wir uns zurechtzufinden, und das ist eine Herausforderung und ein Segen zugleich.

Tiefes Glück erwartet uns hier auch als etwas, was jenseits unserer Ängste immer für uns da ist. Es entspringt dem Mysterium des Lebens selbst, diesem Strom des Schöpferischen. Deshalb pflegen uralte Menschen Blumen in ihrem Garten, deshalb kümmern sich Kinder, die selbst wenig zu essen haben, um streunende Katzen. Deshalb malen erblindete Maler eher noch mehr, deshalb schreiben taub gewordene Komponisten weiterhin die großartigsten musikalischen Werke. Sie stellen sich für das Leben bereit, und so fließt der Strom des Lebens durch sie und erneuert sich.

Es liegt in unserer Hand

Letzten Endes können Sie unter allen Umständen glücklich sein. Manchmal werden Sie durch etwas wie Annabelles Lächeln daran erinnert, manchmal müssen Sie sich nur dankbar vor Augen halten, was Sie alles haben. Das kleine Ich fühlt sich schnell vom Leben bedroht. Dann verkriecht es sich und lebt in Ängsten. Keine Frage, das Leben hat seine Wechselfälle, aber schlimme Vorkommnisse sind oft nicht so vernichtend, wie man sie sich vorstellt. Sie können einen neuen Anfang machen. Lassen Sie innerlich Ruhe einkehren und sehen Sie zu, was das Leben dann zu bieten hat. Das darin liegende Glück entsteht genau da, wo Sie sind.

A. Dioxides erzählte von einer Lebenslehre, die er einem alten Mann in einer griechischen Taverne verdankt:

Abend für Abend saß er da allein, immer am selben Tisch, und trank seinen Wein nach einem immer gleichen Ritual. Irgendwann musste ich ihn einfach danach fragen, und er sagte: »Junger Mann, zuerst betrachte ich das Glas, damit meine Augen etwas haben, was ihnen gefällt. Dann nehme ich es in die Hand, damit meine Hand etwas hat, was ihr gefällt. Dann hebe ich es an meine Nase, damit meine Nase etwas hat, was sie mag. Und wenn ich es eben ansetzen möchte, höre ich eine leise Stimme im Ohr, die sagt: ›Und ich?‹ Deshalb klopfe ich mit meinem Glas auf den Tisch. Dann gebe ich allen Sinnen, was sie gern haben, und ich lege alles hinein, was ich bin.«

Wenn Ihre liebende Aufmerksamkeit stärker wird, begegnen Sie der Welt und sich selbst mit mehr Zuwendung, was für Freude und Wohlbefinden sorgt. Von einer Freundin, die zu den wichtigsten Schriftstellerinnen der USA zählt, habe ich eine Menge über Selbstfürsorge gelernt. Sie hatte sich bereit erklärt, bei einer ganztägigen Benefizveranstaltung für eine Hilfsorganisation zu sprechen, aber sie fing sich vorher noch ein Virus ein und war an dem Tag fix und fertig und fieberte. Sie schaffte es gerade so, einen Teil des Tagespensums zu absolvieren, dann ging sie nach Hause. Mir erklärte sie später, sie hätte sich einfach um sich kümmern müssen, das könne ihr niemand abnehmen. Die Leute, sagte sie, seien sehr verständnisvoll gewesen, und zu Hause hätten sie bestimmt erzählt, wie diese weltbekannte Autorin da in ihrem Zustand noch gelesen und vorgetragen hatte. »Aber«, fügte sie hinzu, »wenn ich da oben abgekratzt wäre, hätten sie einfach eine noch viel bessere Story zu erzählen gehabt: ›Mann, ich war bei ihrem Tod dabei.‹«

Niemand kann sich an Ihrer Stelle um Ihr Leben küm-

mern. Auf *Ihre* Hände und *Ihr* Herz kommt es an. Sie sind wie immer aufgefordert, Ihren eigenen Weg zu finden.

Im Tenderloin District von San Francisco, einem für Armut, Obdachlosigkeit und Kriminalität, aber auch für seine lebendige Kunstszene bekannten Wohn- und Geschäftsviertel, gab es eine Schuldirektorin, die für Obdachlose Sandwiches zubereitete. An den Nachmittagen nach der Schule, wenn sie nicht zu müde war, ließ sie es sich nicht nehmen, für die Ernährung der Armen zu sorgen. Sie ging sogar selbst auf die Straße und verteilte ihre Brote. Es machte ihr nichts aus, wenn kein Dank kam oder sie manchmal sogar abgewiesen wurde. Sie tat das, was sie für richtig befand. Die örtlichen Medien erfuhren schließlich davon, was ihr eine gewisse Berühmtheit eintrug. Andere Lehrer waren begeistert und schickten ihr Geld für diese wunderbare Arbeit. Sie bekamen ihr Geld allesamt zurück und dazu die Notiz: »Macht doch selbst Sandwiches, zum Donnerwetter.«

Das freie Herz

Benjamin Franklin dachte alle Tage mit Freude an das Glück, das ihm aus Mäßigung, Stille, Ordnung und anderen ihm wertvollen Tugenden erwuchs. In der japanischen Naikan-Praxis geht es um Selbsterkenntnis und Aussöhnung mit sich selbst durch einen detaillierten, intensiven Rückblick auf das eigene bisherige Leben. Als Aung Sang Suu Kyi nach den langen Jahren des Hausarrests wieder frei war, freute ich mich für sie so unbändig wie damals nach meiner eigenen Entlassung aus der Klinik in St. Louis. Welche Würde, Anmut und Schönheit, wie sie als freier Mensch vor ihr Haus trat! Sie gab uns ein Vorbild für Haltung, Herzensgüte und geistige Klarheit. Sie war so voller Freude und

strahlte eine Präsenz aus, als käme sie gerade aus einem langen Retreat – was wohl auch der Fall war.

Stellen Sie sich diesen Anruf der Praxis Ihres Arztes vor: »Wir müssen dringend über Ihre Untersuchungsergebnisse mit Ihnen sprechen, kommen Sie bitte möglichst bald in die Praxis.« Sofort dreht sich das Räderwerk Ihrer Gedanken. Eine schlimme Diagnose? Später erweist sich alles als ein Irrtum, Sie sind kerngesund. Was geht dann in Ihnen vor? »O Gott, danke, ich hab mein Leben wieder. Wie schön, lebendig zu sein!« So sehen Dankbarkeit und Glück aus. So sieht auch achtsames liebendes Bewusstsein aus – gehen und atmen zu können, lebendig zu sein und dankbar für diesen wunderbaren, unbändig wilden Tanz durchs Leben. Dankbarkeit kommt nicht von dem, was Sie alles haben. Dankbarkeit kommt von Herzen. Sie können sogar für Ihre Zuteilung an Sorgen und Nöten dankbar sein, für das »Blatt«, das Ihnen ausgeteilt wurde. Auch um Ihre Probleme und Sorgen ist das Geheimnisvolle, das Mysterium. Manchmal sind es die schweren Dinge, durch die unser Herz lernt, was es zu lernen hat.

Freiheit und Freude sind weder Schwerarbeit, noch bedeuten sie eine Abkehr vom Leben. Sie sind das Wunderbare, das im Geist selbst liegt, sie sind dankbare Wertschätzung und die Lebendigkeit des Lebens. Sie sind das freie Herz, das jubelnd die Morgensonne begrüßt, sie sind das unverwüstliche Gras und der Atem, den der Wind über die Berge trägt. Die Erde ist ein Tempel, ein Heiligtum, das auch nachts im nie versiegenden Licht des Sternenmeers liegt. Jede Begegnung von Blicken, jede ausschlagende Eiche, jeder Geschmack von Himbeere und ofenfrischem Brot ist ein Segen – besondere Akkorde in der Sinfonie des Lebens, die Einladung zur Freiheit und die freudige Herrlichkeit eines freien, liebenden Herzens. All das ist uns gegeben, und all das können wir geben.

Dank

An Trudy Goodman, Ehefrau, Partnerin, Kollegin und Geliebte, die mein Leben so freudig und »liebe-voll« gemacht hat.

An meinen Freund und Zauberlektor Arnie Kotler, der dieses Manuskript nahm und zum Klingen brachte.

An Leslie Meredith, einen Meisterlektor, der meine Arbeit und meine Bücher geduldig, treu und unterstützend begleitet.

An Sara Sparling, meine engagierte, wunderbare Assistentin, der dieses Buch viel zu verdanken hat.

An vier Männer, die mir viel bedeuten, Wes Nisker, Phillip Moffitt, Stan Grof und Michael Meade.

An meinen sagenhaften Kollegenkreis, in dem ich so viel gelernt habe.

An meine Lehrer Ajahn Chah, Mahasi Sayadaw, Sri Nisargadatta, Ajahn Buddhadasa, Ram Dass, Kalu Rinpoche, Seung Sahn, Hameed Ali und viele andere.

An Caroline, meine kluge und coole Tochter, die sich so bereitwillig einsetzt.

An alle meine Brüder.

Sharon Salzberg

Wahre Liebe

Der buddhistische Weg, mit sich selbst
und anderen glücklich zu leben

Sharon Salzberg unterrichtet seit über vierzig Jahren buddhistische Meditation und ist die weltweit anerkannte Lehrerin für Liebesmeditation. Sie hat Tausende Menschen auf ihrem persönlichen Entwicklungsweg begleitet. In *Wahre Liebe* zeigt sie mit einem Drei-Schritte-Programm präzise und klar, wie wir lernen können, wirklich zu lieben. Achtsamkeit und Bewusstheit helfen, tief sitzende Gefühle wie Einsamkeit und Angst zu verwandeln und dauerhaft glückliche Beziehungen zu schaffen.

*»Sharon Salzberg ist eine fantastische Lehrerin,
und ihre Worte und Inspirationen erhellen den Weg,
um auf kluge Weise zu lieben.«*
Jack Kornfield

Tara Brach

Mit dem Herzen eines Buddha

Heilende Wege zu
Selbstakzeptanz und Lebensfreude

Wie lernt man, sich so anzunehmen, wie man ist? Wie stärkt man sein Selbstwertgefühl? Tara Brach führt den Leser auf den Weg des inneren Friedens, der zeigt, wie man im eigenen Herzen Zuflucht finden kann. Sie gibt genaue Anleitungen zu Meditation und Reflexion, sodass jeder zu einem positiven Verhältnis zu sich selbst finden kann.

»Mit dem Herzen eines Buddha *lädt uns ein, uns mit all unserem Schmerz, unseren Ängsten und Sorgen selbst zu umarmen und mit leichtem, doch festem Schritt den Pfad des Verständnisses und Mitgefühls zu gehen.*«
Thich Nhat Hanh

Jack Kornfield

Buddhas kleines Weisungsbuch

Jack Kornfield präsentiert die Essenz der buddhistischen Lehre alltagstauglich aufbereitet für die heutige Zeit. Ein wunderschönes Geschenk mit inspirierenden Sprüchen und stimmungsvollen Bildern.